#projektion2060 –
Die Freiburger Studie zu Kirchenmitgliedschaft und Kirchensteuer

DAVID GUTMANN, FABIAN PETERS

#PROJEKTION2060 – DIE FREIBURGER STUDIE ZU KIRCHENMITGLIEDSCHAFT UND KIRCHENSTEUER

ANALYSEN – CHANCEN – VISIONEN

Dr. David Gutmann, geb. 1978 in Filderstadt und Dr. Fabian Peters, geb. 1987 in Rinteln haben als Verfasser der Freiburger Studie im Mai 2019 bundesweit für Aufmerksamkeit gesorgt. In einem ökumenischen Forschungsprojekt an der Universität Freiburg haben sie erstmals eine koordinierte Mitglieder- und Kirchensteuervorausberechnung für jede der 20 evangelischen Landeskirchen und 27 katholischen (Erz-)Diözesen in Deutschland erstellt. Daneben haben die beiden Familienväter über 100 Vorträge und Workshops in ganz Deutschland und ihre insgesamt acht Kinder unter einen Hut gebracht. Ökumene war und ist den beiden Ökonomen ein Herzensanliegen.

Bibliografische Information der Deutschen Nationalbibliothek:
Die Deutsche Nationalbibliothek verzeichnet diese Publikation in der Deutschen Nationalbibliografie; detaillierte bibliografische Daten sind im Internet über http://dnb.d-nb.de abrufbar.

Umschlaggestaltung: Grafikbüro Sonnhüter, www.grafikbuero-sonnhueter.de, unter Verwendung eines Fotos von AF studio (shutterstock.com)
Lektorat: Hauke Burgarth, Pohlheim
DTP: Breklumer Print-Service, www.breklumer-print-service.com
Verwendete Schrift: Sabon LT Std, Frutiger LT Std, Times New Roman
Gesamtherstellung: GGP Media GmbH, Pößneck
Printed in Germany
ISBN 978-3-7615-6777-7

www.neukirchener-verlage.de

INHALT

Teil VII –
Das Buch im Buch: Visionen!

Über das Buch verteilt zeigen evangelische und katholische Verantwortliche auf, wie die projizierte Entwicklung die beiden Kirchen in den kommenden vier Jahrzehnten verändern wird und welche Auswirkungen dies auf das Bild von Kirche in Deutschland haben könnte. In diesem „Buch im Buch" werden Erfahrungen, Erkenntnisse und Zukunftsbilder mit und aus der Freiburger Studie beschrieben. So kann man hier erfahren, ...

VORWORT

Liebe Leserinnen und Leser,
seit Ende April 2019 müssen wir befürchten, dass die beiden großen Kirchen wohl bis zum Jahre 2060 ungefähr die Hälfte ihrer Mitglieder und die Hälfte ihrer Finanzkraft verlieren werden. Dies ist der harte Kern der Ergebnisse einer wissenschaftlichen Untersuchung des Forschungszentrums Generationenverträge (FZG). Erstmals legen die Freiburger Forscher mit diesem Buch eine zusammenfassende und zugleich in die Tiefe gehende Analyse der öffentlich viel diskutierten Freiburger Studie vor, die auch regionale und konfessionsspezifische Ergebnisse beinhaltet. Die Ergebnisse zeigen uns deutlich, dass die Entwicklung in der katholischen und evangelischen Kirche annähernd gleich verläuft. Offenbar gibt es *übergeordnete Aspekte* für die zurückgehenden Mitgliederzahlen. Zwar entwickeln sich die Zahlen regional unterschiedlich. Als Faustregel aber kann gelten: Eine „Wüstenwanderung später" – Israels Wüstenwanderung ins gelobte Land dauerte vierzig Jahre – sind Mitgliederbestand und Kirchensteuerkraft halbiert.

Die kontinuierliche Schwächung von institutionalisierter Religiosität wurde in der Vergangenheit regelmäßig analysiert und kommentiert. Die Freiburger Forscher haben eine neue Perspektive in diese Debatte eingebracht: Mit der Erkenntnis, dass nur etwa die Hälfte des Mitgliederrückganges auf demografische Entwicklungen zurückzuführen ist, die andere Hälfte des Rückgangs aber auf das Ein- und Austrittsverhalten gegenwärtiger und zukünftiger Mitglieder; diese Hälfte ist beeinflussbar. Und so zeigen die Autoren in diesem Buch auch einige mögliche Konsequenzen für die kirchliche Arbeit auf.

Und natürlich hat man immer Recht mit dem Hinweis, dass die Qualität der kirchlichen Arbeit verbessert werden könne – Qualitätsprozesse sind naturgemäß nie beendet –, dass mehr Mission betrieben werden sollte, dass man serviceorientierter arbeiten, Skandale verhindern und effektive Zusammenarbeit verstärken müsse, dass die Arbeit mit Familien, Kindern und Jugendlichen wichtiger sein sollte und insbesondere junge Erwachsene intensiver angesprochen werden müssten. Zahlreiche Ansatzpunkte sind auch in diesem Buch benannt und die Menge an weiteren Ratschlägen dürfte hoch bleiben und zumeist einen Treffer landen.

Allerdings sei an dieser Stelle zugleich der Hinweis erlaubt, dass die Kirchen schon vielfache Anstrengungen unternommen haben, jene Taufbereitschaft zu fördern und diese Austrittsneigung zu minimieren. Die Kirchen müssen sich nüchtern eingestehen: Auch im Blick auf die zweite, nicht durch Demografie bedingte Hälfte des Abschmelzungsprozesses werden sie durch geeignete Maßnahmen bestenfalls den Prozess verzögern können. Denn der Trend zur Deinstitutionalisierung lässt sich kaum aufhalten, weil er mit der radikalen Individualisierung zu tun hat.

Darum erscheint uns angesichts der Freiburger Ergebnisse sinnvoll zu sein, doppelt vorzugehen: einerseits mutige Impulse zu setzen und Erschöpftes loszulassen, sich zugleich aber auch nüchtern auf eine kleiner werdende Kirche innerlich und äußerlich einzustellen. Es gilt der Wahrheit ins Auge zu sehen, dass die Kirchen – wie die Parteien, Gewerkschaften, Vereine und Verbände – ihre institutionelle Bindungskraft verlieren. Und es wäre schon eine große Leistung, wenn sie durch geeignete Maßnahmen und mutige Christinnen und Christen diesen Prozess entschleunigen und verlangsamen könnten.

Für die Kirche bedeutet diese Einsicht, dass sie einen Rückbauprozess vor sich hat, der nicht leicht wird, aber auch befreien kann von manchen Lasten, die ererbt sind. Dieser Prozess wird zu erheblichen Konflikten führen. Aber zugleich eröffnet solch ein Prozess Klärungen in der Frage, wofür die Kirchen wirklich gut sein wollen und was ihre wesentlichen Aufgaben sind.

Für die gesellschaftliche Rolle bedeutet eine kleiner werdende Kirche in einem Sinne wenig: Der Inhalt christlicher Einsichten ist prinzipiell unabhängig von der Zahl seiner Vertreter; es bleibt der Auftrag der Kirchen, sich als öffentliche Theologie argumentativ Gehör zu verschaffen. Zugleich aber wird man sagen müssen: Für die Gesellschaft ändert sich in einem anderen Sinne sehr viel, wenn die mäßigende, aufgeklärte und den Gemeinsinn fördernde Stimme der institutionalisierten Frömmigkeit fehlt – in den Schulen, in den sozialen Aktivitäten, in den Diskursen über die Zivilität der Gesellschaft.

Und was bedeutet es für den Einzelnen? Wenn sich die Kirchen von der Sicht freimachen können, dass es in der Moderne stets bergab geht, dann könnten auch die kleiner werdenden Kirchen selbstbewusst bleiben, den Einzelnen in seinem Glauben stärken und gemeinsam einen Wandel befördern hin zu einer Kirche, die zuversichtlich bei ihrer Sache ist. Die Kirchen sind ja keine Partei, die um die Wiederwahl kämpfen muss. Sie verkörpern eine Haltung zum Leben, die immer, überall und zu allen Zeiten davor warnt, die Machbarkeit des Lebens absolut zu setzen. Es gilt, jeden einzelnen Glaubenden zu ermutigen in seiner Gewissheit, dass Glaube und Gottvertrauen den Menschen befreien.

Pater Dr. Hans Langendörfer SJ Sekretär der Deutschen Bischofskonferenz	Dr. Thies Gundlach Vizepräsident des Kirchenamts der EKD

DAS FUNDAMENT BRÖCKELT

Für die beiden großen Kirchen in Deutschland waren es gleich zwei herausfordernde Nachrichten: Zum einen werden sie bis 2060 voraussichtlich die Hälfte ihrer Mitglieder und auch ihrer finanziellen Möglichkeiten durch die Kirchensteuer verlieren. Zum anderen ist dafür nur zum Teil der vor allem kirchenintern viel beschworene demografische Wandel verantwortlich. Mehr als die Hälfte des vorausgesagten Mitgliederschwunds ist gewissermaßen hausgemacht und geht auf kirchenspezifische Faktoren zurück: Nicht alle Kirchenmitglieder bringen ihre Kinder zur Taufe. Es treten mehr Menschen aus der Kirche aus als in die Kirche ein. Den Kirchen laufen ihre Mitglieder davon. **Das Fundament bröckelt.**

Zumindest waren das die Schlagzeilen, die sich nach Veröffentlichung der ersten koordinierten ökumenischen Mitglieder- und Kirchensteuervorausberechnung in nahezu allen wesentlichen deutschen TV-, Print- und Onlinemedien rasant verbreiteten. Im Mittelpunkt der medialen Debatte stand neben der Darstellung dieser zwei zentralen Ergebnisse vor allem die Frage, wie die Kirchen auf die projizierte Entwicklung reagieren sollten. Unter dem Hashtag #projektion2060 wurden in den sozialen Medien die Ursachen des Mitgliederschwunds diskutiert, konkrete Ideen gesammelt, diesem entgegenzutreten und auch Zweifel an der Sinnhaftigkeit solch langfristiger Projektionen benannt. Erstaunlicherweise wurden diese Ergebnisse in der Öffentlichkeit kaum mit Schadenfreude kommentiert. In der Berichterstattung war vor allem die Sorge um die Zukunft einer Gesellschaft präsent, in der neben Parteien, Gewerkschaften und Vereinen auch die scheinbar ewige Institution Kirche spürbar an Relevanz verliert. Welche Folgen haben dieser Traditionsverlust und die Schwächung der Kirchen als Fürsprecher von Benachteiligten für unser Zusammenleben? In der innerkirchlichen Internetblase wurde aus der #projektion2060 vereinzelt gar eine #apokalypse2060. **Das Fundament bröckelt und Deutschland redet darüber.**

Die Diskussion machte auch vor den Kirchen selbst nicht halt. Zahlreiche kirchenleitende Gremien – von Kirchenvorständen und Pfarrgemeinderäten über Synoden, Kirchen- und Bistumsleitungen bis zur Deutschen Bischofskonferenz (DBK) und dem Rat der Evangelischen Kirche in Deutschland (EKD) – beschäftigten sich in den vergangenen zwei Jahren mit unserer im Raum der Kirchen schlicht als „Freiburger Studie“ bezeichneten Untersuchung. Unsere Ergebnisse zeigten den Verantwortlichen die intuitiv verständliche Erkenntnis auf, dass geeignete Maßnahmen zur Erhöhung von Tauf- und Eintrittsquoten sowie zur Senkung von Austrittsquoten dem vorausgesagten Mitgliederrückgang etwas entgegensetzen könnten. Nur wie sollten diese Maßnahmen aussehen? So wurde intensiv über die Qualitätssteigerung und Serviceorientierung der kirchlichen Arbeit, über Missionsanstrengungen und verbesserte kirchliche Angebote für junge Menschen und Familien diskutiert. **Das Fundament bröckelt und die Kirchen reagieren darauf.**

Auch wir Ökonomen wissen, dass Zahlen zu Kirchenmitgliedschaft und Kirchensteuer für sich genommen nichts über Qualität und Tiefgang kirchlicher Arbeit aussagen. Dennoch meinen wir, dass die Zahl der Kirchenmitglieder in Deutschland und auch die Höhe des Kirchensteueraufkommens Wirkung entfalten. Je mehr Menschen sich mit ihrer Mitgliedschaft zu einer der beiden Kirchen bekennen, desto größer sind auch die Möglichkeiten und die Akzeptanz der kirchlichen Verkündigung. Oder anders gesagt: Je weniger es werden, desto kleiner werden die Handlungsspielräume der beiden Kirchen. Uns war es deswegen ein Herzensanliegen, im Rahmen einer umfassenden, ökumenisch koordinierten Projektkommunikation nicht nur zentrale Ergebnisse, sondern auch praktisch-theologische und pastorale Implikationen für alle Ebenen kirchlicher Arbeit aufzuzeigen. Zwar ist es höchst unwahrscheinlich, dass sich gesellschaftliche Megatrends wie Säkularisierung, Pluralisierung und Individualisierung umkehren lassen. Aus den analysierten Daten ergeben sich jedoch für einen Teil des Mitgliederrückgangs kirchliche Handlungsansätze. Deshalb haben wir eine Forschungskooperation mit dem Seminar für katholische Theologie der Universität Siegen und der CVJM-Hochschule in Kassel gegründet. Unter Mitwirkung der badischen Landeskirche ging daraus im September 2018 die Gründung des ökumenischen Netzwerks Mitgliederorientierung hervor. Ein Sammelband, der erfolgversprechende Praxisbeispiele zur kirchlichen Reaktion auf das veränderte Austritts- und Taufverhalten aufzeigt und diese aus der Perspektive verschiedener Wissenschaftsdisziplinen reflektiert, war sichtbares Ergebnis des ersten Treffens.[1] Dieser ökumenische, interdisziplinäre und hierarchieübergreifende Austausch war auch beim zweiten Treffen des Netzwerks im Oktober 2019 in der Evangelischen Akademie Hofgeismar spürbar.

Mit dem vorliegenden Buch möchten wir den Blick hinter die Schlagzeilen zur Freiburger Studie ermöglichen. Neben den wissenschaftlichen Grundlagen und detaillierten bundesweiten wie regionalen Ergebnissen zeigen wir mögliche Konsequenzen für die kirchliche Arbeit und bisher ergriffene kirchliche Reaktionen auf. Auch die Auswirkungen aktueller Entwicklungen wie die deutlich gestiegenen Austrittszahlen der vergangenen Jahre und die Corona-Pandemie beleuchten wir in eigenen Kapiteln. Damit kommen wir dem vielfach an uns herangetragenen Wunsch einer zusam-

[1] Vgl. Gutmann u. a. (2020).

menfassenden und zugleich in die Tiefe gehenden Betrachtung der Freiburger Studie zu Kirchenmitgliedschaft und Kirchensteuer nach. Bisher haben wir Beiträge dazu lediglich in verschiedenen wissenschaftlichen Fachzeitschriften publiziert. Auch die von der Evangelischen Kirche in Deutschland (EKD) herausgegebene Projektbroschüre „Kirche im Umbruch“ bezog sich einerseits nur auf die evangelische Kirche und beleuchtete andererseits sowohl die methodische Vorgehensweise als auch die Darstellung der Ergebnisse nur überblicksartig.

Der Aufbau des Buches orientiert sich an seinem Untertitel: Analysen – Chancen – Visionen.

Analysen sind Gegenstand der ersten vier Teile des Buchs. Sie nehmen die institutionellen wie methodischen Grundlagen der Freiburger Studie in den Blick und stellen die Projektionsergebnisse detailliert dar. Nach einer empirisch wie rechtlich ausführlichen Darstellung der deutschen Status-quo-Systematik von Kirchenmitgliedschaft und Kirchensteuer in Teil I werden in Teil II Einflussfaktoren und Methodik des zugrundeliegenden Zwei-Schichten-Projektionsmodells beschrieben. Erstmals legen wir damit eine koordinierte Mitgliedervorausberechnung für die evangelische und die römisch-katholische Kirche in Deutschland vor, die auf eine für alle Landeskirchen und Diözesen einheitliche Datenbasis und Methodik zugreift. Die Ergebnisse unserer Projektion stellen wir in Teil III vor. Neben bundesweiten Entwicklungen werden die Auswirkungen unter geänderten Rahmenbedingungen analysiert. Dazu zählen ebenso die Folgen veränderter Austrittszahlen und Wanderungsbewegungen wie ökonomischer und steuerrechtlicher Parameter. Darüber hinaus präsentieren wir in Teil IV die Projektionsergebnisse für sieben Regionen nach einem einheitlichen Konzept und interpretieren sie im Kontext der bundesweiten Entwicklung.

Diese vier Teile bilden gewissermaßen unsere ökonomische Kernkompetenz ab. Die sich in Teil V anschließenden **Chancen** für die kirchliche Arbeit verlassen die reine Wirtschaftswissenschaft. Wir zeigen darin empirisch begründete ökonomische als auch pastorale Ansatzpunkte auf, um das Tauf-, Austritts- und Aufnahmeverhalten durch geeignete Maßnahmen zu beeinflussen, und untermauern Erfolg versprechende Strategien und Innovationen mit Praxisbeispielen. Dabei fließen unsere Erkenntnisse und Beratungsergebnisse aus über 100 Ergebnispräsentationen und Workshops ein, die wir in den unterschiedlichsten Gremien beinahe aller Diözesen und Landeskirchen durchgeführt haben. Zudem stellen wir Erkenntnisse unserer interdisziplinären Forschungskooperation über Kirchenaustritts- und -verbleibemotive vor.

Abschließend werden **Visionen** für die Zukunft der Kirchen in Deutschland aufgezeigt, die sich aus der #projektion2060 ergeben. Dazu sammeln wir in Teil VI bereits ergriffene kirchliche Reaktionen auf die projizierte Entwicklung und ordnen diese in den Gesamtzusammenhang ein. Wir zeigen auf, wie kirchliche Repräsentanten auf die Ergebnisse in der Öffentlichkeit und vor den kirchenleitenden Gremien reagierten und welche Widerstände sich in den Kirchen gegen Reformanstrengungen bemerkbar machten.

Wie die aufgezeigte Entwicklung die beiden Kirchen in den kommenden vier Jahrzehnten verändern wird und welche Auswirkungen dies auf das Bild von Kirche in Deutschland haben könnte, liegt schließlich vollkommen außerhalb des Wirkungsbereichs zweier Ökonomen. Dankbar sind wir daher sowohl für die einordnenden Worte als auch die theologische Perspektive von Pater Hans Langendörfer SJ und Thies Gundlach im Vowort. Über das Buch verteilt bringen Pressesprecher Stefan Förner, Bischof Michael Gerber, Bischöfin Beate Hofmann, Kirchenpräsident Volker Jung, Landesbischöfin Kristina Kühnbaum-Schmidt, Generalvikar Klaus Pfeffer, Generalsuperintendentin Ulrike Trautwein, Erzbischof Rainer Maria Kardinal Woelki, Oberkirchenrat Martin Wollinsky und Jan Zähringer ihre Erfahrungen, Erkenntnisse und Zukunftsbilder mit und aus der Freiburger Studie ein.

Die Arbeit an der #projektion2060 war Teil unserer Promotionen am Forschungszentrum Generationenverträge der Albert-Ludwigs-Universität Freiburg. Unser großer Dank gilt dessen Leiter Prof. Dr. Bernd Raffelhüschen, der uns mit seinen (doktor-)väterlichen Ratschlägen einerseits sicher durch die Unabwägbarkeiten der #projektion2060 geführt hat und andererseits auch in der Öffentlichkeit keinen Zweifel daran ließ, dass es sich bei der Freiburger Studie um „unsere Studie“ handelte. Die Forschungsarbeit wäre ohne die finanzielle Förderung durch die Deutsche Bischofskonferenz (DBK) und die Evangelische Kirche in Deutschland (EKD) nicht möglich gewesen. Dafür und für die kontinuierliche Begleitung und unkomplizierte Zusammenarbeit danken wir insbesondere Eva Scheidemantel (DBK), Pia Schrader und Jens Petersen (EKD) sowie den weiteren Mitgliedern der ökumenischen Projektgruppe Daniel Beckmann, Bernd Jünemann, Martin Günnewig und Martin Ritter. Dem ehemaligen Leiter der EKD-Finanzabteilung Thomas Begrich, dem ehemaligen Diözesanökonomen des Erzbistums Freiburg Michael Himmelsbach sowie dem Vizepräsidenten des EKD-Kirchenamtes Thies Gundlach danken wir für konstruktiv-kritische Diskussionen, die uns herausgefordert und sowohl unseren finanzwissenschaftlichen als auch theologischen Horizont erweitert haben. Auch von der interdisziplinären Zusammenarbeit mit André Kendel und den Theologieprofessoren Ulrich Riegel, Tobias Faix und Wolfgang Ilg hat unsere Arbeit stark profitiert.

Nicht ohne Stolz blicken wir auf die gelungene ökumenische Zusammenarbeit zurück. In Deutschland gibt es wohl nur wenige Projekte, die mit allen Herausforderungen und Schätzen des katholisch-evangelischen Dialogs so konsequent von Anfang bis Ende ökumenisch gedacht und durchgeführt wurden. Als „konfessionsverbindendes" Forscherteam sind wir davon überzeugt, dass solch eine Zusammenarbeit wegweisend und beispielgebend für die Arbeit in unseren Kirchen ist.

Nicht nur deswegen erscheint es uns mehr als passend, dass dieser Band zum 3. Ökumenischen Kirchentag 2021 in Frankfurt veröffentlicht wird. Wir hoffen, dass dessen Losung „Schaut hin" (Markus 6,38) auch für die kirchliche Arbeit mit der Freiburger Studie gilt. Welche andere biblische Geschichte als die der Losung zugrundeliegende Speisung der Fünftausend könnte so deutlich vor Augen führen, dass der genaue Blick auf kleine Zahlen große Chancen eröffnet. Oder wie es der Vorsitzende der Deutschen Bischofskonferenz Georg Bätzing formuliert hat: *„ […] dass ein erster oberflächlicher Blick nicht reicht, um Probleme anzupacken. Nötig ist das genaue Hinschauen, um die Tatsachen zu prüfen, Potenziale zu entdecken und Schwierigkeiten anzupacken."*[2]

Diersburg/Rheinstetten im November 2020

David Gutmann und Fabian Peters

2 Vgl. Bistum Limburg (2020).

TEIL I –
KIRCHENMITGLIEDSCHAFT UND KIRCHENSTEUER IN DEUTSCHLAND

1 KIRCHENMITGLIEDSCHAFT

Die Zugehörigkeit zur evangelischen und katholischen Kirche hat Deutschland über Jahrhunderte geprägt. Bis heute beeinflusst die Lehre der christlichen Kirchen das Menschenbild und die Wertvorstellungen in Deutschland.[3] So gehören auch 2019 mehr als die Hälfte der Bevölkerung einer der 20 evangelischen Landeskirchen oder 27 römisch-katholischen Diözesen an. Vorausetzung für die Kirchenmitgliedschaft ist in Deutschland die Taufe.[4] Diese wird zwar überwiegend im Säuglingsalter vollzogen, ist aber an kein bestimmtes Alter geknüpft. Insbesondere werden nicht alle Kinder von Kirchenmitgliedern zwangsläufig getauft und damit Mitglied der evangelischen oder katholischen Kirche. Für bereits Getaufte besteht die Möglichkeit, in die Kirche aus einer anderen Konfession über- beziehungsweise wieder einzutreten. Durch Tod oder Kirchenaustritt endet die Kirchenmitgliedschaft. Die Bestimmungen über die Mitgliedschaft sind im Rahmen des verfassungsrechtlich geschützten Autonomiebereichs innerkirchliches Recht. Sie klären Eintritt, Austritt oder Ausschluss. Die Taufe als kirchlicher Akt wird durch einen Austritt aus der Religionsgemeinschaft nicht berührt. Insofern ist ein Wiedereintritt grundsätzlich ohne Taufe möglich.[5] Nach Eintrag der getauften Person in die Kirchenbücher der örtlichen Gemeinde wird das staatliche Einwohnermeldeamt über die Mitgliedschaft der Person informiert. Die Kirchen besitzen den grundgesetzlich geregelten Status der Körperschaft des öffentlichen Rechts. Daher genießen sie gewisse Privilegien. Beispielsweise können sie Religionsunterricht an staatlichen Schulen anbieten, spezielle Regelungen im Arbeits- und Sozialrecht beschließen oder ihre Mitarbeitenden verbeamten. Zu den besonderen Rechten einer Körperschaft des öffentlichen Rechts zählt die Möglichkeit, Kirchensteuern von ihren Mitgliedern zu erheben.

Kirchenmitgliedschaft geht dabei nicht zwingend mit Religiosität einher. Das zeigt sich an folgendem Vergleich: Ausgehend von der Generations and Gender Survey 2005 geben *Hackett u. a.* (2011) an, dass 69 Prozent der deutschen Bevölkerung (56,6 Millionen) im Jahr 2010 Katholiken und Protestanten waren.[6] Im selben Jahr waren aber lediglich 48,6 Millionen

[3] Vgl. Bundesministerium des Innern, für Bau und Heimat (BMI) (2020).

[4] Daher kennen die deutschen Regelungen keine Mitgliedschaft oder Kirchensteuerpflicht von juristischen Personen.

[5] Vgl. Petersen (2017, S. 91 f.).

[6] Aus der internationalen Panelstudie Generations and Gender Survey 2005 geht hervor, dass es weitere 1,14 Millionen orthodoxe Christen und mehr als 550.000 andere Christen gibt. Vgl. Hackett u. a. (2011, S. 80).

Menschen offiziell als Mitglieder der beiden großen Kirchen gemeldet, was einem tatsächlichen Bevölkerungsanteil von 59 Prozent entsprach. Die Differenz zwischen der auf Umfragen basierenden Schätzung und den Kirchenbüchern von 10 Prozentpunkten beziehungsweise 8,0 Millionen Menschen zeigt einerseits die empirische Schwäche von Umfragedaten. Andererseits deutet es darauf hin, dass manche Bundesbürger ihr religiöses Zugehörigkeitsgefühl nicht ausschließlich über ihre formale Kirchenmitgliedschaft bestimmen. Die vorliegende Projektion unterscheidet daher bewusst zwischen individueller religiöser Einstellung und formaler Kirchenmitgliedschaft und konzentriert sich auf letzteres. Die Analysen beruhen auf Daten aus dem kirchlichen Meldewesen der römisch-katholischen Diözesen und evangelischen Landeskirchen in Deutschland. Der Unterschied zwischen Religiosität und Kirchenmitgliedschaft kann anhand des Gottesdienstbesuchs eindrücklich veranschaulicht werden: So beträgt der Anteil der Gottesdienstbesucher an allen Kirchenmitgliedern für die evangelischen Landeskirchen lediglich 5 Prozent und für die katholischen Diözesen 10 Prozent.[7]

2019 sind 52 Prozent der Bevölkerung Deutschlands Mitglied einer der beiden großen Kirchen: 22,6 Millionen Deutsche sind katholisch, 20,7 Millionen sind evangelisch. Daneben gehören rund 2,4 Millionen Deutsche einer anderen christlichen Konfession an.[8] Nach Christen bilden Muslime mit geschätzten 4,7 Millionen Anhängern die zweitgrößte Gruppe.[9] Abbildung 1 zeigt die Altersstruktur der evangelischen und katholischen Kirchenmitglieder zum 31.12.2019. Die weiblichen Mitglieder sind gegenüber den männlichen in der Überzahl. Es sind drei mitgliederstarke Altersbereiche zu erkennen: In den Geburtsjahrgängen um das Jahr 1960 stechen die sogenannten Babyboomer hervor, die 2019 zwischen 50 und 60 Jahre alt sind. Deren Eltern bilden oberhalb die zweite Auswölbung. Es handelt sich um die Geburtsjahrgänge vor 1940, die 2019 um die 80 Jahre alt sind. Unterhalb der geburtenstarken Jahrgänge sind deren Kinder zu erkennen, die überwiegend Anfang der 1990er-Jahre geboren wurden und 2019 um die 30 Jahre alt sind. Den Babyboomern folgen insgesamt kleinere Jahrgänge nach, was zum einen an den geringeren Geburtenstärken dieser Jahrgänge liegt. Zum anderen werden die Jahrgänge von 30 bis ca. 45 Jahren auch deswegen kleiner, da viele der 2019 zwischen 30- und 45-Jährigen aus der

[7] Vgl. Kirchenamt der EKD (2018 S. 8, 15, eigene Berechnung) und Sekretariat der Deutschen Bischofskonferenz (2019b, Tabelle 7.3).

[8] Vgl. Kirchenamt der EKD (2020a, S. 4).

[9] Die Anzahl der Muslime in Deutschland wird nicht statistisch erfasst. Die Schätzungen schwanken zwischen 4,4 und 4,7 Millionen Menschen. Vgl. Halm/Sauer (2017, S. 16) sowie Hackett u. a. (2015, S. 237), eigene Berechnung.

Abbildung 1: Kirchenmitglieder in Deutschland

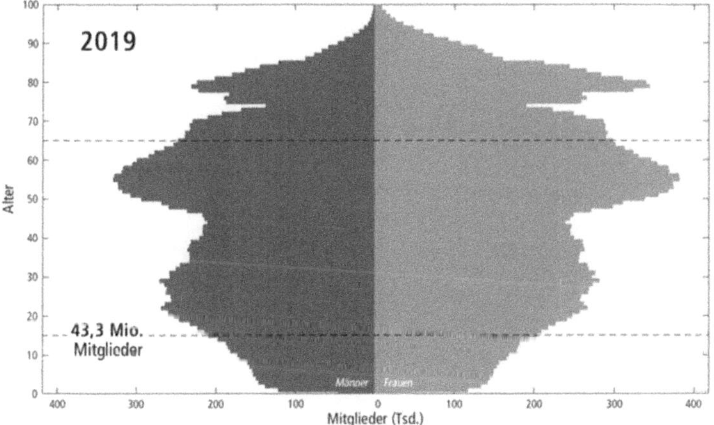

Quelle: Kirchenamt der EKD (2020b), Verband der Diözesen Deutschlands (2020a), eigene Berechnung.

Kirche austreten. Dieses Phänomen betrifft beide Geschlechter, ist aber bei den Männern aufgrund höherer Austrittszahlen stärker ausgeprägt.

Im Jahr 2019 sind 63 Prozent der Kirchenmitglieder in Deutschland im erwerbsfähigen Alter zwischen 15 und 64 Jahren und damit potenzielle Kirchensteuerzahlende.[10] 11 Prozent sind jünger als 15 Jahre, 26 Prozent sind älter als 65 Jahre. Daran lässt sich erahnen, dass auch zukünftig mit einer Reduzierung der Mitgliederbestände zu rechnen ist: Es werden mehr Kirchenmitglieder sterben als von unten nachrücken. Zwischen den beiden Konfessionen zeigen sich – vor allem bei den älteren Jahrgängen – Unterschiede: Im Durchschnitt sind die Mitglieder der katholischen Kirche in Deutschland mit 46,2 Jahren jünger als die evangelischen Kirchenmitglieder mit 47,8 Jahren. Während 28 Prozent der Protestanten älter als 65 Jahre alt sind, beträgt dieser Anteil bei den Mitgliedern der katholischen Kirche lediglich 25 Prozent. Im erwerbsfähigen Alter zwischen 15 und 64 Jahren sind es hingegen relativ mehr Katholiken (64 Prozent) als Protestanten (61 Prozent).

[10] Eine Analyse der Kirchensteuerzahlendenstruktur folgt in Kapitel 2.2.

Abbildung 2: Gesamtbevölkerung in Deutschland

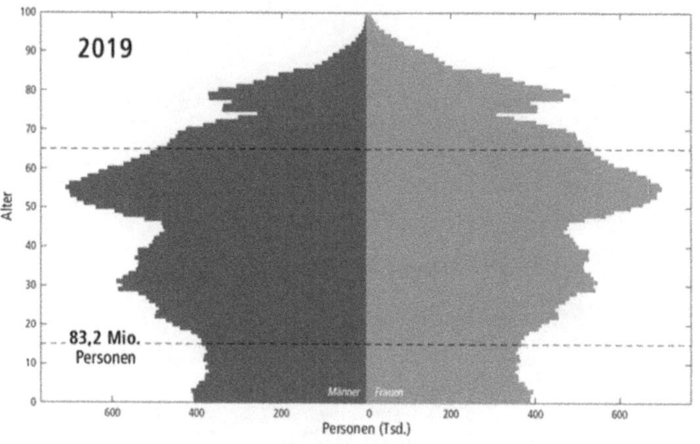

Quelle: Statistisches Bundesamt (2020a), eigene Darstellung.

Abbildung 2 zeigt, dass die deutsche Gesamtbevölkerung eine jüngere Altersstruktur als die beiden großen Kirchen aufweist. 21 Prozent der Bevölkerung sind älter als 65 Jahre (Kirchenmitglieder 26 Prozent). 14 Prozent sind jünger als 15 Jahre (Kirchenmitglieder 11 Prozent). Da die nachrückenden Jahrgänge in der Gesamtbevölkerung relativ größer ausfallen als in der Altersstruktur der Kirchenmitglieder, wird der demografische Wandel die beiden großen christlichen Kirchen Deutschlands vermutlich härter treffen als die Gesamtbevölkerung.

Die Altersstruktur der Kirchenmitglieder 2017 bildet das Basisjahr der vorliegenden Langfristprojektion. Mädchen, die 2017 geboren wurden, werden in etwa 30 Jahren selbst Kinder bekommen. Mitglieder, die jetzt über 65 Jahre alt sind, werden zu diesem Zeitpunkt über 95 Jahre alt und aufgrund der durchschnittlichen Lebenserwartung größtenteils verstorben sein. Eine Mitgliedervorausberechnung ist bezüglich dieser demografischen Faktoren für viele Jahre prädeterminiert.

Die Altersstruktur der Kirchenmitglieder variiert in den Diözesen und Landeskirchen Deutschlands stark. Am Beispiel dreier Altersstrukturen sollen Unterschiede verdeutlicht werden. Abbildung 3 zeigt eine relativ junge, eine relativ erwerbsintensive und eine relativ alte Landeskirche beziehungsweise Diözese. Die Unterschiede sind auf den ersten Blick erkennbar: Während die relativ junge Altersstruktur am ehesten der bundesweiten Altersstruktur der Kirchenmitglieder gleicht, sind in der erwerbsintensiven Struktur 72 Prozent der Kirchenmitglieder im Alter zwischen 15 und 64 Jahren. Bei der relativ alten Mitgliederstruktur sind 40 Prozent der Kirchenmitglieder 65 Jahre und älter. Derartige besondere Strukturen können mit äußeren Merkmalen in Verbindung gebracht werden: So ist eine erwerbsintensive Altersstruktur typisch in städtisch geprägten Diasporagebieten – also Territorien mit traditionell geringem Kirchenmitgliederanteil der entsprechenden Konfession. Die relativ alte Kirchenmitgliederstruktur zeigt hingegen eine typische evangelische Ostkirche. Hier ist die nachlassende Konvention der Kirchenmitgliedschaft ab den Geburtsjahrgängen der 1950er-Jahre mit dem neuen politischen System in Ostdeutschland deutlich zu erkennen – auch da das Gebiet der neuen Bundesländer ursprünglich evangelisch dominiert war. So werden in den kommenden zwanzig Jahren die Sterbeverluste in der relativ älteren Mitgliederstruktur deutlich höher ausfallen als in den übrigen Kirchen. Die mitgliederstärksten Jahrgänge sind zwischen 75 und 85 Jahre alt. Lediglich 31 Prozent der Kirchenmitglieder sind jünger als 40 Jahre. Vor allem die geringere Zahl von Frauen im gebärfähigen Alter wird zur Geburt deutlich weniger Kinder führen. Bei der Einbuchtung zwischen dem 21. und dem 29. Jahrgang handelt es sich um einen sogenannten Echoeffekt im Zusammenhang mit der Wiedervereinigung. Die Altersgruppe zwischen 41 und 49 Jahren war zum Zeitpunkt der Wiedervereinigung zwischen 11 und 19 Jahren alt. Viele dieser künftigen Eltern sind in den Jahren nach 1990 in westdeutsche Bundesländer migriert.

Im Unterschied dazu zeigen sowohl die junge als auch die erwerbsintensive Mitgliederstruktur eine deutlich günstigere Ausgangssituation. Neben dem im Vergleich geringeren Anteil der über 64-Jährigen wirkt sich die große Zahl der Frauen im gebärfähigen Alter positiv auf die weitere Entwicklung aus. Hier zeigt sich ein Unterschied zwischen der jungen und der erwerbsintensiven Mitgliederstruktur. Obwohl die erwerbsintensive Mitgliederstruktur deutlich mehr konfessionsgebundene Mütter zwischen Anfang 20 und Ende 40 aufweist, folgen deutlich weniger Kinder zwischen 0 und 10 Jahren nach. Hieran zeigen sich zwei von drei Charakteristika städtisch geprägter Kirchen: Zum einen ist die Taufquote, also das Verhältnis von Kindertaufen zu Geburten von konfessionellen Müttern, deutlich geringer als in ländlich geprägten Kirchen. Zum anderen profitieren städti-

Abbildung 3: Unterschiedliche Mitgliederstrukturen 2019

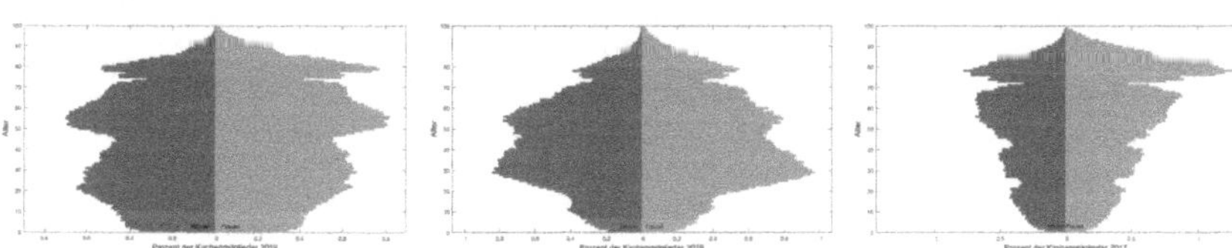

Links: relativ jung, Mitte: erwerbsintensiv, Rechts: relativ alt

Quelle: Kirchenamt der EKD (2020b), Verband der Diözesen Deutschlands (2020a), eigene Berechnung.

sche Kirchen vom starken Zuzug aus anderen Regionen Deutschlands. Ein drittes Charakteristikum zeigt sich am Mitgliederrückgang, der zwischen den starken Jahrgängen der Ende 20-Jährigen bis zu den Mitte 40-Jährigen nur zu einem geringen Teil durch Fortzüge begründet wird: In städtisch geprägten Kirchen ist die Austrittsquote tendenziell höher als in ländlich geprägten.

Abbildung 4: Bevölkerungsanteil evangelischer Kirchenmitglieder

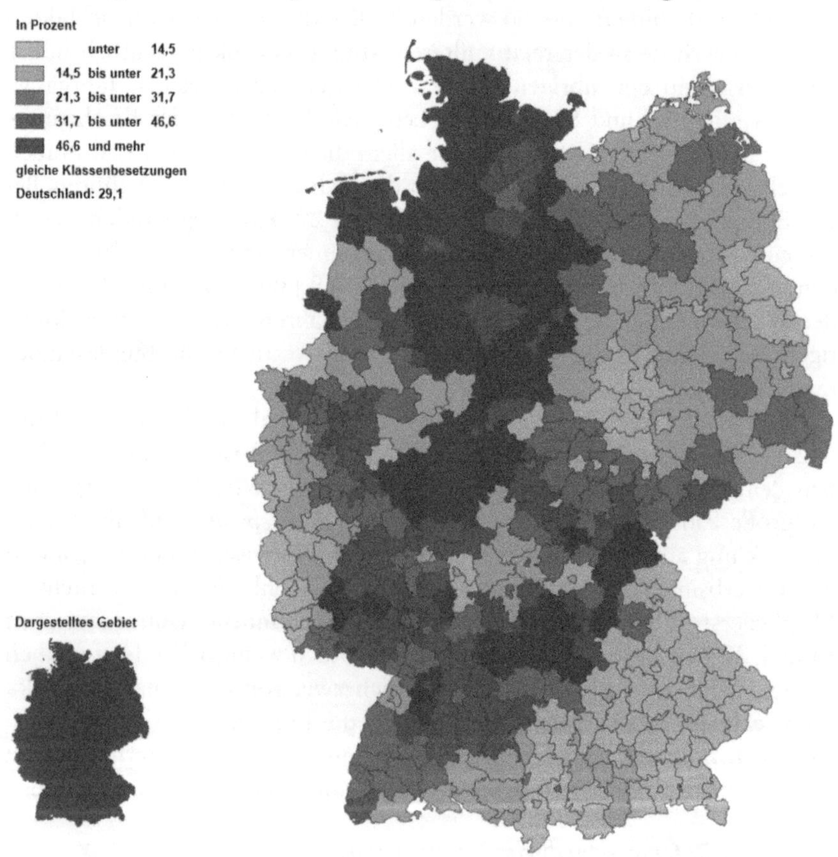

Quelle: Statistische Ämter des Bundes und der Länder (2014a).

Gemeinde –
lebendig und einladend
Neue Ideen für die Gemeindearbeit
neukirchener

Über Glaubenssachen reden

Das ist gar nicht so einfach. Wie soll man über Dinge reden, die einem selbst oft nicht ganz klar sind? Die Talk-Box Vol. 6 hilft mit ihren Impulskarten dabei, sich spielerisch auf Glaubensfragen einzulassen – egal, ob im Religions- und Konfirmandenunterricht, in Glaubenskursen, Hauskreisen oder einfach in Gesprächen in der Gemeinde.

Metalldose mit 120 farbigen Impulskarten
ISBN 978-3-7615-5950-5
€ 16,00*

Was bewegt Teens?

Neugierde, Vorfreude, Unsicherheit ... Was ist da noch? Die Talk-Box Vol. 12 für Teens macht es spielend leicht, mit Jugendlichen, Konfis, Firmlingen, Freizeitteilnehmern oder Schülern ins Gespräch zu kommen. Mit 120 Impulskarten rund um alles, was Teens bewegt.

Metalldose mit 120 farbigen Impulskarten
ISBN 978-3-7615-6460-8
€ 16,00*

Abbildung 5: Bevölkerungsanteil katholischer Kirchenmitglieder

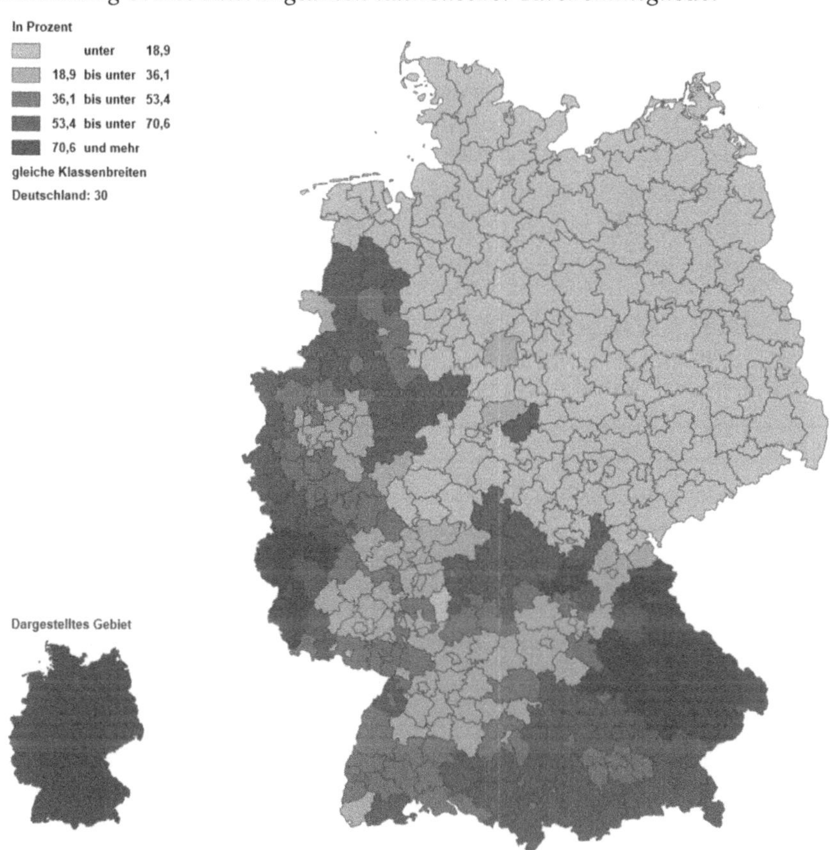

Quelle: Statistische Ämter des Bundes und der Länder (2014a).

An diesen Unterschieden wird deutlich, dass die altersspezifischen Ausgangsbedingungen die künftige Mitgliederentwicklung unterschiedlich beeinflussen. In einer relativ jungen wie in einer erwerbsintensiven Mitgliederstruktur werden mehr Kinder geboren als in einer relativ alten. Dagegen wird die Zahl der Sterbefälle geringer sein. Die Folgen dieses doppelten Alterungsprozesses werden insbesondere in den Diözesen und Landeskirchen mit durchschnittlich älteren Kirchenmitgliedern nicht aufzuhalten sein.

Kleinteilige regionale Unterschiede in der Konfessionszugehörigkeit der deutschen Bevölkerung lassen sich mit Daten des ZENSUS 2011 ermitteln. Gemäß den Angaben, die bei der Befragung dieser repräsentativen Haushaltsstichprobe gemacht wurden, waren 2011 rund 62 Prozent der Bevölkerung Mitglied der evangelischen oder katholischen Kirche.[11] Dies ist ein etwas höherer Anteil, als sich mit Informationen der kirchlichen Statistik zum Stichtag 31.12.2011 ermitteln lässt. Die offiziellen Meldedaten ergeben einen Kirchenmitgliederanteil von 60 Prozent.[12] Katholiken bilden im Saarland und Bayern die absolute Mehrheit der Bevölkerung und sind auch in Rheinland-Pfalz, Nordrhein-Westfalen und Baden-Württemberg stark vertreten. Dagegen gehört ein überwiegender Anteil der Bevölkerung in Schleswig-Holstein und in Niedersachsen der evangelischen Kirche an. In Bremen sowie in Hessen bilden Protestanten die relativ größte Gruppe. In den Bundesländern Ostdeutschlands gehört nur ein geringer Anteil der Bevölkerung den beiden christlichen Kirchen an, wobei die evangelische Kirche in der ostdeutschen Bevölkerung stärker vertreten ist als die katholische.[13] Abbildungen 4 und 5 stellen die Verteilung der Katholiken und Protestanten im Bundesgebiet auf Basis des ZENSUS dar.

---

[11] Vgl. Statistische Ämter des Bundes und der Länder (2016, S. 21).

[12] Vgl. Sekretariat der Deutschen Bischofskonferenz (2019b). Zu möglichen Gründen der Abweichung vgl. die Erklärungsansätze zu Beginn des Kapitels.

[13] Vgl. Statistische Ämter des Bundes und der Länder (2016, S. 22).

2 KIRCHENSTEUERAUFKOMMEN

Wichtigste Einnahmequelle der beiden großen Kirchen ist die Kirchensteuer. Diese können in Deutschland alle Kirchen und Religionsgemeinschaften, die Körperschaften des öffentlichen Rechts sind, zur Finanzierung ihrer Aufgaben von ihren Mitgliedern erheben.[14] Die konkrete Ausgestaltung der Kirchensteuer liegt in der Zuständigkeit der Bundesländer.[15] Deren Kirchensteuergesetze eröffnen den Kirchen die Möglichkeit, die Kirchensteuer durch die staatliche Finanzverwaltung zu erheben und an die Kirchen weiterzuleiten. Für diese Dienstleistung, von der alle Diözesen und Landeskirchen Gebrauch machen, entrichten sie eine Verwaltungskostenentschädigung an den Staat.[16] Bei der Ermittlung der Kirchensteuerhöhe gelten die staatlichen steuerrechtlichen Vorschriften.[17] Zunächst wird die staatliche Einkommensteuer des Kirchenmitglieds und damit die individuelle Lohn-, Einkommen- und Kapitalertragsteuer herangezogen und von dieser ein Zuschlag als Kirchensteuer erhoben.[18] Die Höhe des Hebesatzes wird von den Kirchen im Rahmen des Kirchensteuergesetzes der jeweiligen Bundesländer festgesetzt und beträgt in Baden-Württemberg und Bayern 8 Prozent sowie im restlichen Bundesgebiet 9 Prozent.[19] Während die Kirchenlohn- und Kircheneinkommensteuer von der Finanzverwaltung beziehungsweise den Kirchensteuerämtern festgesetzt und erhoben wird, werden Kapitalerträge in der Form einer Abgeltungsteuer anonym und in der Regel abgeltend direkt an der Quelle besteuert.[20]

Beim Kirchensteueraufkommen muss zwischen der Kirchenlohnsteuer, die im Jahr 2019 einen Anteil von 74 Prozent des Gesamtkirchensteueraufkommens ausmachte, der Kircheneinkommensteuer (23 Prozent) und Kirchensteuer auf die Abgeltungsteuer (3 Prozent) unterschieden werden.[21] Die

---

[14] Dieses Verfassungsrecht garantiert Art. 140 des Grundgesetzes (GG) in Verbindung mit Art. 137 Abs. 6 der Weimarer Reichsverfassung (WRV).

[15] Das Bundesverfassungsgericht sieht in „dieser verfassungsgemäßen Verpflichtung des Staates zugleich die Pflicht begründet, in Rechtsetzung und Vollzug die Möglichkeit geordneter Verwaltung der Kirchensteuer sicherzustellen, denn nur unter dieser Voraussetzung kann die Gewährleistung des Art. 137 Abs. 6 WRV ihre Wirkung voll entfalten". BVerfG v. 8.2.1977, 1 BvR 329/71 u. a., BVerfG 44, S. 37 ff.

[16] Vgl. Petersen (2017, S. 216).

[17] Vgl. für weitergehende Informationen Petersen (2017, S. 11 ff.). In Bayern werden Kirchensteuern von eigenen Kirchensteuerämtern der Religionsgemeinschaften verwaltet. Vgl. Petersen (2017, S. 45).

[18] Vgl. zur Festsetzung und Erhebung von Zuschlagsteuern § 51a EStG.

[19] Einzige Ausnahme ist die römisch-katholische Gemeinde Bad Wimpfen in Baden-Württemberg, die dem Bistum Mainz angehört. Hier gilt ein Hebesatz von 9 Prozent. Vgl. Petersen (2017, S. 19).

[20] Vgl. Petersen (2017, S. 55).

[21] Vgl. Kirchenamt der EKD (2020b); Verband der Diözesen Deutschlands (2020b); eigene

Kirchenlohnsteuer wird direkt von den Arbeitgebern an die Finanzämter abgeführt. Sie wird vor allem von der Anzahl der sozialversicherungspflichtig beschäftigten Kirchenmitglieder sowie der Entwicklung der Löhne und Gehälter beeinflusst und entwickelt sich weitestgehend dementsprechend. Dagegen ist die Entwicklung des Kircheneinkommensteueraufkommens von verschiedenen, dem Veranlagungsjahr vor- und nachgelagerten Faktoren abhängig und daher deutlich volatiler.

2.1 Spezifische Regelungen zur Kirchensteuer

Die Kirchensteuer ist als Zuschlag zur Einkommensteuer akzessorisch mit ihr verbunden. Die strenge Akzessorietät wird vor allem durch zwei Tatbestände durchbrochen: zum einen durch die Anwendung des § 51a EStG sowie zum anderen durch die Begrenzung der Progression, die sogenannte Kappung.

Übersteigt die Kirchensteuer einen gewissen Prozentsatz des zu versteuernden Einkommens wird je nach Landeskirche beziehungsweise Diözese von Amts wegen oder auf Antrag des Steuerpflichtigen eine Begrenzung des Kirchensteuersatzes, die sogenannte Kappung der Progression, durchgeführt. Dadurch ändert sich die Bemessungsgrundlage der Kirchensteuer von der festgesetzten Einkommensteuer auf das zu versteuernde Einkommen. Ist die Kirchensteuerschuld bei Anwendung der Kappungsgrenze geringer, reduziert sich die Kirchensteuer entsprechend. Diese Kappungsgrenze liegt bundesweit je nach Bundesland und Religionsgemeinschaft zwischen 2,75 und 4 Prozent des zu versteuernden Einkommens.[22]

Beispiel für die Berechnung der Kirchensteuer unter Berücksichtigung der Kappung

Ein Bankvorstand aus Rostock bezieht im Veranlagungszeitraum 2020 ein zu versteuerndes Einkommen von 200.000 Euro. Er ist ledig und katholisch. Zur Ermittlung der Kirchensteuer wird die Bemessungsgrundlage von 200.000 Euro dem Einkommensteuertarif des § 32a I EStG unterworfen, was zu einer Einkommensteuerschuld von 75.036 Euro führt. Der Hebesatz der Kirchensteuer beträgt in Mecklenburg-Vorpommern 9 Prozent. So liegt die Kirchensteuerschuld bei 6.753 Euro. Der Kap-

Berechnung.

22 Vgl. Petersen (2017, S. 157 ff.). Dort findet sich auch eine Übersicht aller in Deutschland geltenden Kappungssätze.

pungssatz des Erzbistums Hamburg beträgt 3 Prozent, sodass sich im Falle der Kappung eine Kirchensteuerschuld von 6.000 Euro ergibt. Der Kappungsvorteil beträgt somit 753 Euro. Der Bankvorstand zieht aus beruflichen Gründen nach Köln und wird damit Mitglied des dortigen Erzbistums, in dem der Kappungssatz 4 Prozent beträgt. Unter Berücksichtigung der Kappung würde sich nun eine Kirchensteuerschuld von 8.000 Euro ergeben. Folglich kommt die gewöhnliche Kirchensteuerfestsetzung zur Anwendung. Es ergibt sich kein Kappungsvorteil.

§ 51a EStG regelt die Festsetzung und Erhebung von Zuschlagsteuern. Für die Kirchensteuer hat dies nach aktueller Rechtslage Bedeutung bei der Berechnung der Kapitalertragsteuer sowie bei der steuerlichen Berücksichtigung von Kindern.[23] Der Familienleistungsausgleich des § 31 EStG sieht entweder die Zahlung von Kindergeld oder die Inanspruchnahme von Kinderfreibeträgen vor. Den steuerpflichtigen Eltern wird bei der Veranlagung zur Einkommensteuer für das sächliche Existenzminimum des Kindes ein Kinderfreibetrag sowie ein Freibetrag für den Betreuungs- und Erziehungs- oder Ausbildungsbedarf gewährt.[24] Das Finanzamt prüft im Rahmen der Einkommensteuererklärung automatisch, ob statt des ausgezahlten Kindergeldes die steuerliche Ersparnis durch die Kinderfreibeträge größer wäre (sogenannte Günstigerprüfung). Je nach Anzahl der berücksichtigungsfähigen Kinder, der Höhe des zu versteuernden Einkommens und der Veranlagungsart ergeben sich unterschiedliche Einkommensgrenzen, ab denen Kinderfreibeträge gegenüber dem Kindergeld vorteilhaft sind. Steuersystematisch wirkt der Familienleistungsausgleich als eine Kombination aus Steuerermäßigung aufgrund des prinzipiell für alle Steuerpflichtigen geltenden Freibetrags und staatlichem Transfer.[25]

Bei der Ermittlung der Kirchensteuer gibt es hingegen keine Günstigerprüfung, da den Freibeträgen keine dem staatlichen Kindergeld entsprechende Transferzahlung gegengerechnet werden kann. Kinderfreibeträge werden daher bei der Berechnung der Kirchensteuer (und weiterer Annexsteuern wie dem Solidaritätszuschlag) stets voll berücksichtigt und verkürzen die Bemessungsgrundlage entsprechend.[26] Da der Kinderfreibetrag sowie der Betreuungsfreibetrag für jedes berücksichtigungsfähige Kind

23 Ausführlich dazu Petersen (2017, S. 139 ff.).

24 Vgl. § 32 VI EStG. Die Beträge gelten für nach §§ 26, 26b zusammenveranlagte Ehegatten.

25 Vgl. § 31 EStG und für weitere Erläuterungen bspw. Peters (2017, S. 421 ff.).

26 Pro Elternteil können im Veranlagungsjahr 2020 2.586 Euro sächliches Existenzminimum und 1.320 Euro Betreuungs-, Erziehungs- und Ausbildungsbedarf geltend gemacht werden. Vgl. § 32 VI Einkommensteuergesetz i. d. F. der Bekanntmachung vom 8.10.2009 (BGBl. I S. 3366, 3862), das zuletzt durch Artikel 6 des Gesetzes vom 12.08.2020 (BGBl. I S. 1879) geändert worden ist.

gewährt werden, verringert sich die für die Berechnung der Kirchensteuer maßgebliche Bemessungsgrundlage für Eltern mit jedem zusätzlichen Kind. Ein Wegfall der Kinderfreibeträge führt folglich zu einem spürbaren Anstieg der Kirchensteuerzahlung, der im Rahmen der Einkommensteuerveranlagung transparent und bewusst wahrgenommen wird. Für die Kirchensteuerpflichtigen kann dies zum Anlass werden, die Kirchenmitgliedschaft infrage zu stellen.[27]

Beispiel für die Berechnung der Kirchensteuer unter Berücksichtigung von Kindern

Ein zusammen veranlagtes Ehepaar aus München verfügt im Veranlagungsjahr 2020 über ein gemeinsam zu versteuerndes Einkommen von 55.000 Euro. Das Paar hat einen 24-jährigen Sohn, der derzeit studiert und kein eigenes Einkommen hat. Beide Ehepartner sind katholisch und gehören der Erzdiözese München und Freising an. Zur Ermittlung ihrer gemeinsamen Kirchensteuerschuld wird zunächst die Bemessungsgrundlage von 55.000 Euro um den Kinderfreibetrag von 7.812 Euro reduziert. Es ergibt sich ein zu versteuerndes Einkommen von 47.188 Euro. Dieses wird unter Anwendung des Ehegattensplittings gemäß § 32a V EStG dem Einkommensteuertarif des § 32a I EStG unterworfen, was zu einer gemeinsamen Einkommensteuerschuld von 6.638 Euro führt. Der Hebesatz der Kirchensteuer beträgt in Bayern 8 Prozent, sodass die gemeinsame Kirchensteuerschuld 531 Euro beträgt. Im Falle der Einkommensteuer würde der Kinderfreibetrag hingegen nicht zur Anwendung kommen. Die gemeinsame Einkommensteuerschuld beträgt 8.875 Euro, da dem Einkommensteuertarif die ungekürzte Bemessungsgrundlage von 55.000 Euro unterworfen wird. Eine zuvor vom Finanzamt automatisch durchgeführte Günstigerprüfung hat ergeben, dass die Auszahlung von Kindergeld in Höhe von jährlich 2.448 Euro gegenüber dem Steuervorteil in Höhe von 2.237 Euro aufgrund der Inanspruchnahme des Kinderfreibeitrags vorteilhaft ist.[28] Die Einkommensteuerschuld wird somit ohne Anrechnung des Kinderfreibetrags ermittelt. Für den Fall, dass der Anspruch des Kindergelds zum Beispiel aufgrund des Erreichens der Altersgrenze des Kindes wegfällt, ergäbe sich unter sonst gleichen Bedingungen eine Kirchensteuerschuld in Höhe von 710 Euro. Folglich würde

[27] Zu den Auswirkungen einer Erhöhung des Kinderfreibetrags vgl. Peters/Gutmann (2019).

[28] Monatlich wird im Veranlagungsjahr 2020 ein Kindergeld i. H. v. 204 Euro gezahlt. Vgl. § 66 I Einkommensteuergesetz i. d. F. der Bekanntmachung vom 8.10.2009 (BGBl. I S. 3366, 3862), das zuletzt durch Artikel 6 des Gesetzes vom 12.08.2020 (BGBl. I S. 1879) geändert worden ist.

sich die Kirchensteuerzahlung des Ehepaars bei gleichgebliebenen Einkommen aufgrund des weggefallenen Kinderfreibetrags um 179 Euro (plus 34 Prozent) erhöhen.

Darüber hinaus wird die strenge Akzessorietät der Mindestbetragskirchensteuer, der Ermäßigung in Erlassfällen sowie des besonderen Kirchgelds in glaubensverschiedener Ehe durchbrochen.[29] Dabei ist das besondere Kirchgeld eine eigenständige Kirchensteuer, die jenen Kirchenmitgliedern auferlegt wird, die aufgrund der wirtschaftlichen Leistungsfähigkeit eines in der Regel konfessionslosen Ehepartners zu einer höheren Besteuerung herangezogen werden als ihre individuellen Einkünfte ergeben würden. Das besondere Kirchgeld wird dabei in der Regel mit der Kirchensteuer in Form des Zuschlags zur Einkommensteuer verrechnet.[30]

Beispiel für die Berechnung des besonderen Kirchgelds in glaubensverschiedener Ehe

Ein gemeinsam veranlagtes kinderloses Ehepaar aus Karlsruhe verfügt im Veranlagungsjahr 2020 über zu versteuernde Einkünfte von 75.000 Euro, die ausschließlich von der Ehegattin erbracht werden. Beide sind evangelisch. Zur Ermittlung der Kirchensteuer wird die Bemessungsgrundlage von 75.000 Euro dem Einkommensteuertarif des § 32a I EStG unterworfen, was zu einer Einkommensteuerschuld von 15.193 Euro führt. Der Hebesatz der Kirchensteuer beträgt in Baden-Württemberg 8 Prozent. So liegt die Kirchensteuerschuld bei 1.215 Euro. Nun tritt die Ehepartnerin aus der Kirche aus, sodass fortan nur noch der Ehemann kirchensteuerpflichtig ist. Da dieser mit 0 Euro über ein geringeres zu versteuerndes Einkommen als seine Ehepartnerin mit 75.000 Euro verfügt, wird Kirchensteuer in der Form des besonderen Kirchgelds in glaubensverschiedener Ehe erhoben. Dieses beträgt für gemeinsam zu versteuernde Einkünfte zwischen 74.500 Euro und 87.499 Euro 540 Euro. Bei Einzelveranlagung würde keine Kirchensteuer fällig werden.

[29] Vgl. Petersen (2004, S. 108 ff.).
[30] Vgl. Petersen (2017, S. 51 f.).

2.2 Kirchensteuerzahlende und deren Kirchensteuerzahlung[31]

Die evangelische und die katholische Kirche in Deutschland verfügen wie jede Mitgliederorganisation über personenbezogene Daten ihrer Mitglieder. § 42 des Bundesmeldegesetzes regelt die Datenübermittlung an öffentlich-rechtliche Religionsgesellschaften. Damit werden Daten wie unter anderem Name, Geburtsdatum, Geschlecht, Anschrift, Religionszugehörigkeit sowie Ein- und Auszugsdatum regelmäßig zwischen staatlichen Meldebehörden und kirchlichen Meldestellen ausgetauscht. Allerdings dürfen Angaben über die von der staatlichen Finanzverwaltung erhobenen Kirchensteuern der Mitglieder nicht übermittelt werden. Die eingezogenen Kirchensteuern werden von den Bundesländern kumuliert und anonymisiert an die Kirchen übertragen. Ein Datenaustausch personenbezogener Daten erfolgt in diesem Fall nicht.[32]

Gleichwohl sind für die Kirchen, deren größte und wichtigste Einnahmequelle die Kirchensteuer ist, Informationen zu den Kirchensteuerzahlenden von enormer Bedeutung. Die kirchliche Verwaltung kann mit eigenen Daten Fragen nach dem Alter, der Einkommensschichtung oder der individuellen Höhe der Steuerzahlung der Kirchensteuerzahlenden nicht beantworten. Gerade vor dem Hintergrund der hohen Austrittszahlen in den vergangenen Jahren, die teilweise auch mit der Erhebung oder Verwendung von Kirchensteuern in Verbindung standen, hat die Struktur und Zusammensetzung der Kirchensteuerzahlenden unter Risikogesichtspunkten enorm an Bedeutung gewonnen.[33]

Im Jahr 2019 haben 21,8 Millionen Mitglieder der evangelischen und katholischen Kirche tatsächlich Kirchensteuer bezahlt. Obwohl mehr als die Hälfte der Kirchenmitglieder Frauen sind, gibt es weniger weibliche Kirchensteuerzahlende (49 Prozent, 10,7 Millionen) als männliche (51 Prozent, 11,1 Millionen). Wie Abbildung 6 zeigt, ist der altersspezifische Anteil der Kirchensteuerzahlenden an allen altersgleichen Kirchenmitgliedern bei den Männern stets höher als bei den Frauen. In beiden Geschlechtern sind die meisten Kirchensteuerzahlenden zwischen dem 30. und 60. Lebensjahr zu beobachten. Die höchsten altersspezifischen Anteile an Kirchensteuer-

[31] Eine eingehende Analyse der Kirchensteuerzahlenden auf Basis der Einkommensteuerstatistiken der Jahre 2010 und 2015 findet sich bei Gutmann (2020).

[32] An dieser Stelle kann und soll nicht die – juristisch möglicherweise interessante – Fragestellung diskutiert werden, ob die Kirchen als Steuergläubiger Anspruch auf Daten ihrer Kirchensteuerpflichtigen haben.

[33] Vgl. Riegel u. a. (2019, S. 176 f.).

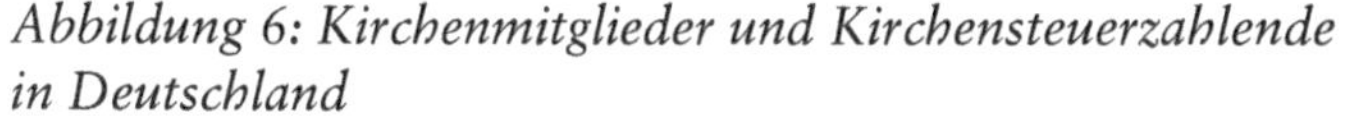

Abbildung 6: Kirchenmitglieder und Kirchensteuerzahlende in Deutschland

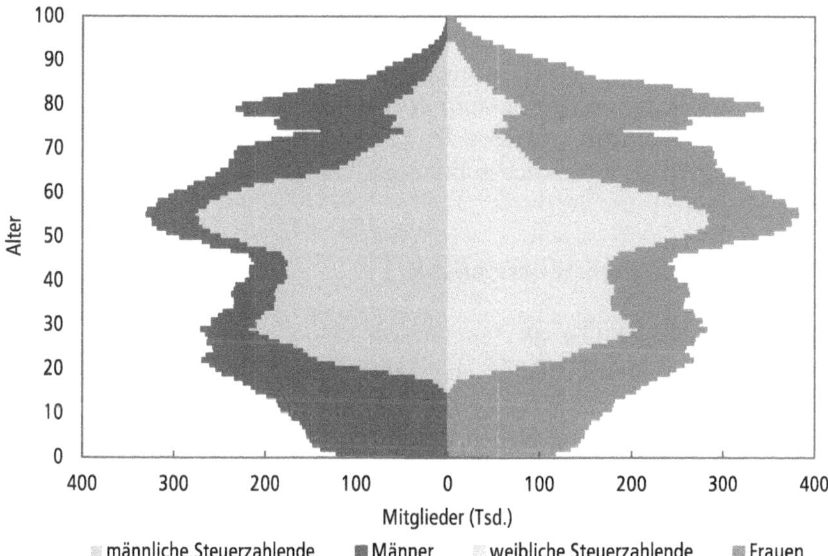

Quelle: Kirchenamt der EKD (2020b), Verband der Diözesen Deutschlands (2020a), Statistisches Bundesamt (2020e), eigene Berechnung.

zahlenden erreichen sowohl Frauen (75 Prozent) als auch Männer (84 Prozent) mit 50 Jahren.

Die durchschnittliche Kirchensteuerzahlung pro Steuerzahlendem lag 2019 deutschlandweit bei 582 Euro. Sie wird maßgeblich durch die Höhe der durchschnittlichen individuellen Einkommensteuerzahlung beeinflusst. Je höher diese ist, desto höher ist auch das Kirchensteueraufkommen. Gleichzeitig steigen die finanziellen Auswirkungen von zahlungswirksamen Kirchenaustritten. Besonders hoch ist dieses Ausfallrisiko im Falle der katholischen Kirche in der Region Mitte.[34] Dort beträgt die durchschnittliche Kirchensteuerzahlung pro Steuerzahlendem 675 Euro. Auch in den mitgliedermäßig kleinen Diözesen im Osten ist die durchschnittliche Kirchensteuerzahlung mit 674 Euro überraschend hoch. Die geringste durchschnittliche Steuerzahlung wird – ebenfalls nicht intuitiv erwartbar – in der Region Südosten (520 Euro) erzielt. Im Falle der evangelischen Kirche sind die geringsten durchschnittlichen Steuerzahlungen im Nordwesten (538 Euro) sowie im Osten (585 Euro) und die höchsten – und damit auch das höhere Ausfallrisiko – in den Regionen Norden (625 Euro), Mitte (635 Euro)

[34] Die Vorstellung der regionalen Ergebnisse erfolgt in Teil IV anhand von sieben Regionen. Vgl. dazu Abbildung 30.

sowie im Südwesten (643 Euro) festzustellen. Bemerkenswert ist, dass konfessionsübergreifend der Anteil der steuerzahlenden Kirchenmitglieder in den beiden südlichen Regionen Südosten und Südwesten über dem Anteil der Kirchenmitglieder liegt. In den anderen Regionen ist der Anteil der steuerzahlenden Kirchensteuerfälle an allen Steuerfällen geringer als der Anteil der Mitglieder an der Gesamtbevölkerung. Somit zahlen relativ mehr Mitglieder der südlich gelegenen Diözesen und Landeskirchen tatsächlich Kirchensteuern als im restlichen Bundesgebiet.

Exkurs Einkommensteuerstatistik

Datengrundlage bildet die Einkommensteuerstatistik des Bundes. Die Einkommensteuerstatistik ist eine Vollerhebung von Daten der Steuerfestsetzung, die alle elektronischen Lohn- und veranlagten Einkommensteuerfälle umfasst. Neben fiskalischen Größen wie beispielsweise Bruttolohn, Einkünfte, zu versteuerndem Einkommen sowie Lohn-, Einkommen- und Kirchensteuer, enthält die Statistik mit Wohnort, Geburtsdatum, Geschlecht und Religionszugehörigkeit auch persönliche Daten, zu denen sowohl Kinderfreibeträge als auch die Höhe des Kindergelds zählen.[35] Mittels dieser Informationen können Struktur und Wirkungsweise der Einkommensteuer analysiert werden, um unter anderem Auswirkungen möglicher Änderungen des Steuerrechts für die einzelnen Steuerpflichtigen sowie das Steueraufkommen im Vorfeld zu prüfen. Aufgrund der langen Veranlagungsdauer – bis zur Schließung des Festsetzungsspeichers vergehen nach Ende des Veranlagungsjahres 2 ¾ Jahre – liegt im Jahr 2020 die Lohn- und Einkommensteuerstatistik für das Jahr 2016 vor.[36]

Mit den Daten der Einkommensteuerstatistik werden regelmäßig Auswertungen zur Einkommenssituation in Deutschland erstellt oder Fragen der Einkommensbesteuerung beantwortet. Neben den *Statistischen Ämtern des Bundes und der Länder* (2014b, 2017) stellen beispielsweise *Brümmerhoff/Büttner* (2015) allgemeine Ergebnisse der Einkommensteuerstatistik vor.[37] Speziellere Fragestellungen untersuchen zum Beispiel *Merz/Zwick* (2005) oder *Dittrich/Gerber/Kordsmeyer* (2013), die die Einkommensverteilung der Steuerfälle nach Berufsgruppen analysieren. Mit den Daten der Einkommensteuerstatistik wird auch regelmäßig

---

[35] Vgl. Statistisches Bundesamt (2016b, S. 5).

[36] Vgl. Statistisches Bundesamt (2016b, S. 6).

[37] Vgl. Statistische Ämter des Bundes und der Länder (2014b, 2017); Brümmerhoff/Büttner (2015, S. 45 ff.).

zu Einkommensreichtum und Spitzeneinkommen geforscht.[38] *Breidenbach/Döhrn/Kasten* (2015) sowie *Bach/Beznoska/Steiner* (2016) haben unter Zuhilfenahme der Daten der Einkommensteuerstatistik die Verteilungswirkungen des deutschen Steuersystems analysiert.

Auswertungen zur Kirchensteuer wurden seltener veröffentlicht. Eine Zusammenstellung der Kirchensteuer und der Kirchensteuerpflichtigen nach Bundesländern veröffentlichte das *Bundesministerium der Finanzen.*[39] Ausführlicheres Tabellen- und Kartenmaterial zu den Steuerfällen nach Religion sowie zum Anteil der kirchensteuerpflichtigen Personen an allen Steuerfällen wurden von den *Statistischen Ämtern des Bundes und der Länder* (2014b) zur Verfügung gestellt. Berechnet wurden beispielsweise der Anteil der Kirchensteuerzahlenden an den steuerlich erfassten Kirchenmitgliedern und die durchschnittlich festgesetzte Kirchensteuer je Kirchensteuerzahlendem.[40]

Die wenigen Veröffentlichungen über Kirchensteuerzahlende und Kirchensteueraufkommen beziehen sich allesamt auf staatliche Regionalgliederungen. Für die Kirchen mit ihrer eigenen Regionalstruktur aus Diözesen und Landeskirchen sind diese Auswertungen nur bedingt aussagefähig. Um diese Forschungslücke zu schließen, wurden die Lohn- und Einkommensteuerstatistiken mithilfe von Zuordnungsverzeichnissen[41] auf die kirchlichen Regionalstrukturen übertragen und in einer Sonderauswertung Kirchensteuer vom Statistischen Bundesamt für die Territorien der evangelischen Landeskirchen und katholischen Diözesen aufbereitet.[42]

In der Einkommensteuerstatistik 2016 sind die steuerlichen Einkünfte von rund 53,9 Millionen Einwohnern nachgewiesen. Von diesen waren 14,4 Millionen Mitglied der evangelischen und 15,9 Millionen Mitglied der katholischen Kirche.[43] Obwohl die Sonderauswertung Kirchensteuer bereits für die Veranlagungsjahre 2001, 2004 und 2007 erstellt wurde, ist ein Vergleich mit Vorperioden erst ab dem Veranlagungsjahr 2010 uneingeschränkt möglich. Zum einen fehlten vor 2007 aufgrund der zu diesem Zeitpunkt noch nicht oder noch nicht vollständig eingeführten elektronisch übermittelten Lohnsteuerbescheinigungen Steuerfälle und

[38] Vgl. Merz (2004); Merz/Zwick (2005); Bach/Corneo/Steiner (2006).

[39] Vgl. Bundesministerium der Finanzen (2017b, S. 83).

[40] Vgl. Statistische Ämter des Bundes und der Länder (2014b, 2017).

[41] Das Zuordnungsverzeichnis ordnet die politischen Gemeinden der Bundesrepublik Deutschland den evangelischen Landeskirchen und den katholischen (Erz-)Diözesen zu.

[42] Zu den Ergebnissen der Sonderauswertung Kirchensteuer für die Einkommensteuerstatistik der Jahre 2001, 2004 und 2007 sowie für die Einkommensteuerstatistik 2013 wurden interne Arbeitspapiere erstellt, jedoch nicht veröffentlicht. Vgl. Gutmann (2017); Gutmann/Peters (2018).

[43] Vgl. Statistisches Bundesamt (2020e).

zum anderen sind seit 2010 die an der Quelle abgegoltenen Einkommensteuern auf Kapitalerträge nicht mehr enthalten.[44]

In der Einkommensteuerstatistik werden die unbeschränkt *Steuerpflichtigen* im Sinne des Einkommensteuergesetzes nachgewiesen. Da Zusammenveranlagte als ein Steuerpflichtiger gezählt werden, sind diese von *Steuerfällen* (Personen) zu unterscheiden. Schließlich zahlen nicht alle Steuerfälle auch tatsächlich Einkommensteuer, sondern nur *Steuerzahlende*. Die beschriebene Unterscheidung gilt ebenso auch für die Kirchensteuer.[45]

Die durchschnittliche altersspezifische Kirchensteuerzahlung variiert je nach Lebensalter stark (vgl. Abbildung 7). Sie steigt mit dem Eintritt in das Berufsleben Anfang des dritten Lebensjahrzehnts von 70 Euro bis zum 45. Lebensjahr auf 772 Euro kontinuierlich an. Die im Durchschnitt höchsten Kirchensteuerzahlungen werden zwischen dem 45. und dem 60. Lebensjahr erreicht. Während die altersspezifische Kirchensteuerzahlung bei Frauen und Männern ähnlich verläuft, sind die Kirchensteuerzahlungen bei Männern durchweg höher als bei Frauen. Hier machen sich sowohl höhere weibliche Teilzeitquoten als auch ein genereller Gender-Pay-Gap bemerkbar. Der in den Jahren bis 2019 beobachtete Anstieg des Kirchensteueraufkommens ist zwar in erster Linie auf die konjunkturell bedingten Lohn- und Gehaltssteigerungen zurückzuführen. Dieser konjunkturelle Effekt wird allerdings durch einen demografischen Effekt verstärkt: Die geburtenstarken Jahrgänge sind im Startjahr der Projektion zwischen 50 und 60 Jahre alt und damit in der Phase der durchschnittlich höchsten Kirchensteuerzahlung. Während das Kirchensteuerprofil in seiner Grundform bestehen bleibt, werden die geburtenstarken Jahrgänge ab Mitte der 2020er-Jahre in den Ruhestand treten und damit auch die Phase der durchschnittlich höchsten Kirchensteuerzahlung hinter sich lassen.

Die geburtenstarken Jahrgänge waren in dem in Abbildung 7 dargestellten Veranlagungsjahr 2016 um die 50 Jahre alt und damit lebensbiografisch in der Phase der höchsten Kirchensteuerzahlungen. Mit dem voraussichtlichen Eintritt in den Ruhestand Mitte der 2020er- bis Mitte der 2030er-Jahre, werden die geburtenstarken Jahrgänge deutlich weniger Kirchensteuern leisten. Dies wird sich in der Folge im Kirchensteueraufkommen der Diö-

[44] Vgl. Statistisches Bundesamt (2016a, 2019b).

[45] Im Veranlagungsjahr 2016 haben 72 Prozent der evangelischen oder katholischen Steuerfälle tatsächlich Kirchensteuern gezahlt. Vgl. Statistisches Bundesamt (2020e).

Abbildung 7: Kirchensteuer je steuerzahlendem Kirchenmitglied

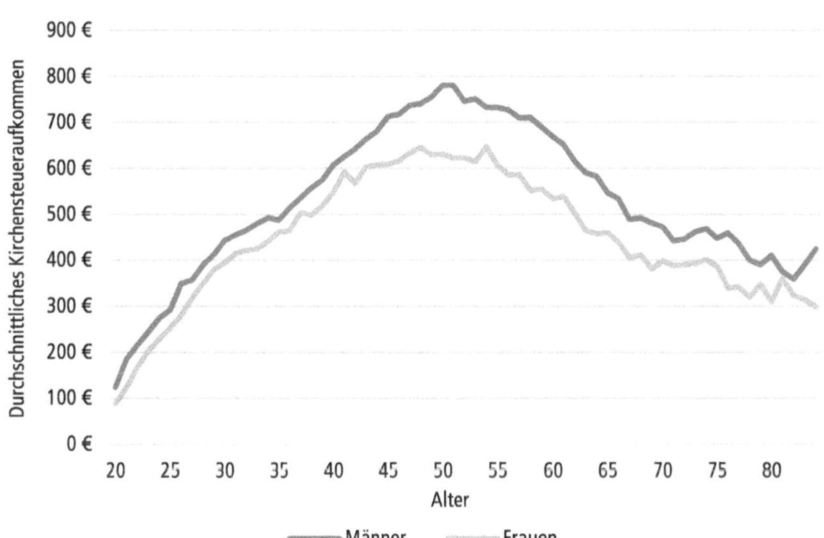

Quelle: Statistisches Bundesamt: Einkommensteuerstatistik, 2016 (2020e), eigene Berechnung.

zesen und Landeskirchen niederschlagen.[46] Langfristig werden sich durch die seit 2005 schrittweise eingeführte nachgelagerte Besteuerung von Alterseinkünften Veränderungen im staatlichen und damit auch kirchlichen Steuerprofil ergeben. Diese Veränderungen werden die Höhe des Einkommensteueraufkommens langfristig positiv beeinflussen.[47] Auch die Kirchen werden langfristig von der nachgelagerten Besteuerung der Alterseinkünfte profitieren. Aufgrund der demografischen Konstellation werden sie ab 2031 höhere Kirchensteuereinnahmen erhalten als ohne Reform. Bis 2030 wird allerdings das Kirchensteueraufkommen geringer ausfallen als ohne Berücksichtigung der Reform.[48]

In Abbildung 8 wird die Verteilung des Kirchensteueraufkommens auf alle Kirchenmitglieder der evangelischen und katholischen Kirche in Deutschland in Größenklassen des zu versteuernden Einkommens dargestellt. Insgesamt bezahlen 53 Prozent – 56 Prozent aller Protestanten und 51 Prozent aller Katholiken – keine Kirchensteuern. Darunter fallen insbe-

[46] Dies gilt grundsätzlich auch für das Aufkommen aus der Einkommensteuer; vgl. hierzu Beznoska/Hentze (2016, S. 85). Jedoch bieten sich dem Staat andere Möglichkeiten der Kompensierung (z. B. Erhöhung der Mehrwertsteuer).

[47] Vgl. Gutmann/Peters/Raffelhüschen (2019).

[48] Vgl. Peters/Gutmann (2020). Auf die Auswirkungen der nachgelagerten Besteuerung wird insbesondere in Kapitel 6.2.3 und 9.6 näher eingegangen.

Abbildung 8: Verteilung des Kirchensteueraufkommens

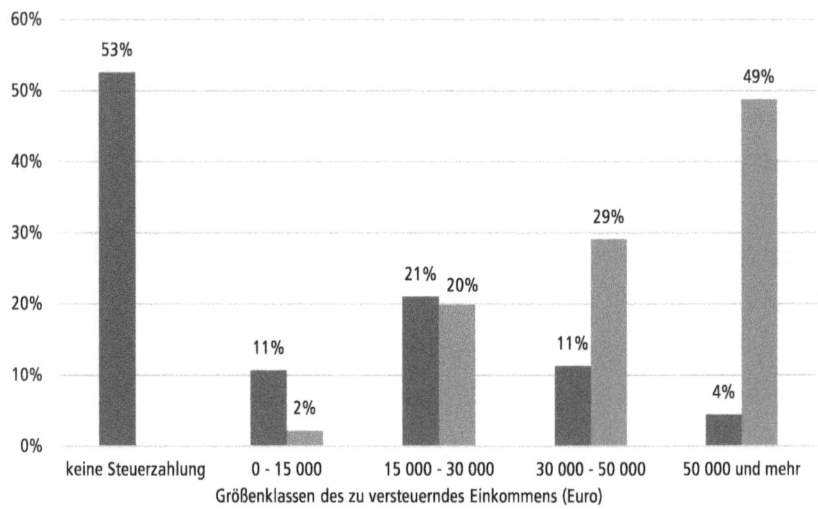

Quelle: Statistisches Bundesamt: Einkommensteuerstatistik, 2016 (2020e), eigene Berechnung.

sondere Kinder, Arbeitslose sowie Erwerbstätige und Rentner, deren Einkünfte unterhalb der steuerlichen Freibeträge liegen. Den überwiegenden Anteil am gesamten Kirchensteueraufkommen tragen Kirchenmitglieder mit einem zu versteuernden Einkommen ab 30.000 Euro. Das sind 15 Prozent der Kirchenmitglieder – 14 Prozent der Protestanten und 16 Prozent der Katholiken –, die einen Anteil von 77 Prozent des Kirchensteueraufkommens leisten – 76 Prozent des evangelischen und 77 Prozent des katholischen Kirchensteueraufkommens.

Das verdeutlicht die Ungleichverteilung bei der Erbringung des Kirchensteueraufkommens: Während mehr als die Hälfte der Kirchenmitglieder keine Kirchensteuern entrichtet, leisten vergleichsweise wenige Kirchensteuerzahlende den größten Anteil am Steueraufkommen. Diese Ungleichverteilung ist Folge des progressiven Steuertarifs und liegt in der Akzessorietät der Kirchensteuer von der Einkommensteuer begründet. Sie ist vergleichbar hoch bei der staatlichen Einkommensteuer. 15,6 Prozent der Gesamtbevölkerung verfügen über zu versteuernde Einkommen ab 30.000 Euro. Bei Protestanten und Katholiken sind es 14,5 Prozent der Kirchenmitglieder. Diese Einkommensgruppen erbringen ca. 75 Prozent des Einkommen- beziehungsweise Kirchensteueraufkommens. Auch wenn die Unterschiede auf den ersten Blick nicht allzu groß erscheinen, so trägt im Vergleich zu den staatlichen Verhältnissen ein geringerer Anteil der Kirchenmitglieder den weit überwiegenden Anteil zum Kirchensteueraufkommen bei. Dies wird bei zu versteuernden Einkommen von 250.000 Euro und mehr noch einmal deutlich: 0,16 Prozent der Bevölkerung leisten 11,9 Prozent des Einkommensteueraufkommens. Bei den Kirchenmitgliedern sind es 0,15 Prozent, die 12,5 Prozent des Kirchensteueraufkommens tragen.[49] Den Hocheinkommensbeziehern kommt damit relativ gesehen eine größere fiskalische Bedeutung zu als beim Staat.

Ergänzend kommt die Problematik hinzu, dass man der kirchlichen Steuerpflicht im Gegensatz zur staatlichen durch Kirchenaustritt ausweichen kann. Aus fiskalischer Sicht ist das Ausfallrisiko von Kirchenmitgliedern mit einem zu versteuernden Einkommen ab 30.000 Euro aus diesem Grunde besonders hoch.

[49] Vgl. Statistisches Bundesamt (2020e).

3 BISHERIGE ENTWICKLUNG

Wenn die beiden großen christlichen Kirchen in Deutschland im Sommer eines jeden Jahres ihre „Zahlen und Fakten" für das abgelaufene Jahr veröffentlichen,[50] wird in jedem Jahr ein Rückgang der Mitglieder vermeldet.[51] Vor allem die Zahl der Kirchenaustritte ist regelmäßig Gegenstand der öffentlichen Berichterstattung und Diskussion. Die Religionszugehörigkeit der deutschen Bevölkerung hat sich in den vergangenen Jahrzehnten stark verändert. So war im Jahr 1960 die Kirchenmitgliedschaft Konvention. Knapp 94 Prozent der westdeutschen Bevölkerung gehörten entweder der evangelischen oder katholischen Kirche an. Seitdem haben beide Kirchen kontinuierlich Mitglieder verloren.

Aus dem kirchlichen Meldewesen geht hervor, dass die Zahl der Mitglieder einer Diözese oder einer Landeskirche in Deutschland zwischen 2000 und 2019 von 53,4 auf 43,3 Millionen stetig gesunken ist. Dies entspricht einem Rückgang von insgesamt 19 Prozent beziehungsweise 1 Prozent pro Jahr seit 2000. Der Anteil der Katholiken oder Protestanten an der deutschen Bevölkerung ging von 65 Prozent im Jahr 2000 auf 53 Prozent im Jahr 2019 zurück.

Das Kirchensteueraufkommen der evangelischen und der katholischen Kirche in Deutschland belief sich im Jahr 2019 auf rund 12,7 Milliarden Euro. 2000 lag es bei 8,7 Milliarden Euro. Damit hat es in den letzten zwanzig Jahren einen Anstieg um 45 Prozent erlebt.[52] Auf annähernd gleichbleibende Kirchensteueraufkommen Anfang der 2000er-Jahre folgte ein Rückgang, der im Zusammenhang mit der letzten größeren Einkommensteuerreform 2004/05 steht. Getrieben durch den in der jüngeren Vergangenheit beispiellosen wirtschaftlichen Aufschwung stieg das Kirchensteueraufkommen bis 2019 deutlich an. Einzig die Finanz- und Wirtschaftskrise in den Jahren 2009/10 hat diese durchaus als zweites Wirtschaftswunder zu bezeichnende Entwicklung geringfügig unterbrochen.

Obwohl im gleichen Zeitraum die Mitgliederzahlen der beiden großen Kirchen um 19 Prozent sanken,[53] sind die Kirchensteuereinnahmen auch

[50] Vgl. Kirchenamt der EKD (2019a); Sekretariat der Deutschen Bischofskonferenz (2019a).

[51] Vgl. Sekretariat der Deutschen Bischofskonferenz (2019b, Tabelle 7.24).

[52] Vgl. Kirchenamt der EKD (2020b); Verband der Diözesen Deutschlands (2020b); eigene Berechnung.

[53] Vgl. Kirchenamt der EKD (2020b); Sekretariat der Deutschen Bischofskonferenz (2019b); eigene Berechnung.

Abbildung 9: Entwicklung der Kirchenmitglieder und des Kirchensteueraufkommens

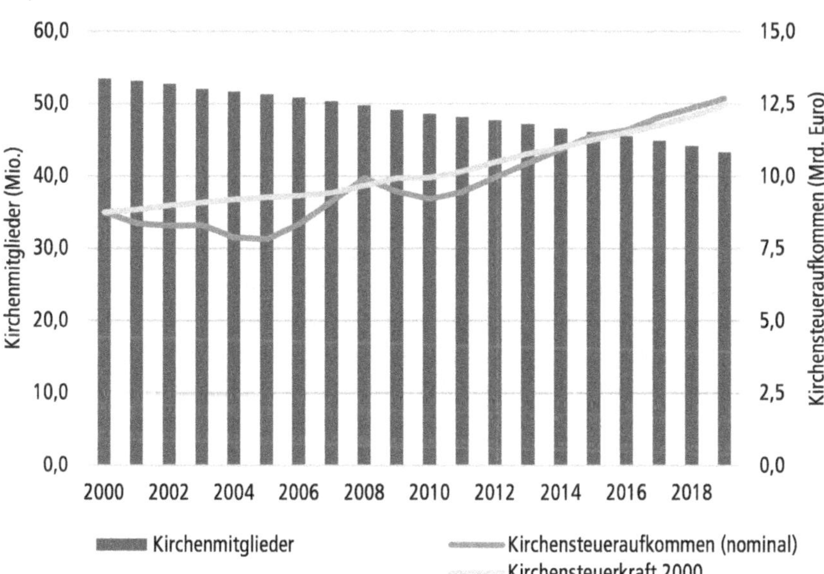

Quelle: Kirchenamt der EKD (2020b), Verband der Diözesen Deutschlands (2020a, 2020b), eigene Berechnung.

kaufkraftbereinigt um 2 Prozent leicht gestiegen.[54] Diese gegenläufigen Bewegungen lassen sich großteils mit der gesamtwirtschaftlichen Entwicklung in Deutschland erklären. Denn als Zuschlag zur Einkommensteuer ist das Kirchensteueraufkommen stark mit der staatlichen Entwicklung verbunden. Mehr als zehn Jahre ununterbrochenes Wirtschaftswachstum – wie sie in Deutschland zuletzt in den 1960er-Jahren beobachtet wurden – haben sich nicht nur in staatlichen Steuerzuwächsen niedergeschlagen, sondern auch zu kirchlichen Mehreinnahmen geführt. Der dauerhafte Anstieg der Erwerbstätigenquote und überdurchschnittliche Lohn- und Gehaltssteigerungen[55], die durch die kalte Progression teilweise in Steuermehreinnahmen umgewandelt wurden, führten unmittelbar zu steigenden Kirchensteueraufkommen. Der Einfluss kirchenspezifischer Faktoren auf das Kirchensteueraufkommen offenbart sich dadurch erst bei genauerer Überprüfung. Ein

[54] Eigene Berechnung auf Basis eines fiktiven Preisindex eines typischen kirchlichen Warenkorbs, der sich zu 70 Prozent gemäß Lohnsteigerungen, 20 Prozent gemäß der Baupreisentwicklung und 10 Prozent gemäß dem Verbraucherpreisindex des Statistischen Bundesamts zusammensetzt. Vgl. Kapitel 7.1.

[55] Vgl. Statistisches Bundesamt (2017b S. 360), Statistische Ämter des Bundes und der Länder (2020a, Tabelle 2.1).

Vergleich der relativen Entwicklung des staatlichen und kirchlichen Steueraufkommens zeigt jedoch deutliche Unterschiede. So ist das Lohn- und veranlagte Einkommensteueraufkommen seit 2000 mit einem nominalen Anstieg von 92 Prozent doppelt so stark gestiegen wie das Kirchensteueraufkommen.[56] Da Kirchensteuern nur von Mitgliedern der steuererhebenden Religionsgemeinschaften erhoben werden, liegt es nahe, diese schwächere Entwicklung auf die hohen Kirchenaustritte der vergangenen Jahre zurückzuführen. Aber sowohl eine von der Gesamtbevölkerung abweichende Altersschichtung der steuerzahlenden Kirchenmitglieder als auch Änderungen im Einkommensteuerrecht wie die deutliche Erhöhung des Kinderfreibetrags im Jahr 2010 können als Erklärungsansätze für die unterschiedliche Entwicklung zusätzlich herangezogen werden.

In Europa nahm die christliche Bevölkerung zwischen 1910 und 2010 zu. Der Anteil an der Gesamtbevölkerung ging jedoch von 95 auf 76 Prozent zurück.[57] *Pollack/Rosta* (2015) untersuchten anhand der European Values Study die Entwicklung der Religionszugehörigkeit in verschiedenen westeuropäischen Ländern. Die Autoren konnten zeigen, dass die Religionszugehörigkeit zwischen 1981 und 2008 rückläufig war.[58] *Burkimsher* (2014) untersuchte die verfügbaren Daten zur Entwicklung der Religiosität in 24 europäischen Ländern mit verschiedenen Methoden zur Bewertung aktueller Entwicklungen. Sie kam zu dem Schluss, dass die Indikatoren abhängig von der Methode nicht eindeutig zeigen, ob Religiosität ansteigt, absinkt oder stabil bleibt.[59] Seit einigen Jahren besteht im wissenschaftlichen Diskurs Uneinigkeit über den kontinuierlichen Rückgang der Religiosität. Der Anstieg von Kirchenaustritten, die Abnahme der (überwiegend katholischen) Priesterweihen und der gesellschaftliche Relevanzverlust wurden als deutliche Zeichen der Säkularisierung interpretiert.[60] Neben Befürwortern der Säkularisierungstheorie gibt es auch Stimmen, die statt eines kontinuierlichen Rückgangs in Zukunft eine Wiederbelebung der Religion erwarten.[61]

Bemerkenswerterweise lassen die länderspezifischen Ergebnisse von *Pollack/Rosta* (2015) keinen Zusammenhang zwischen Kirchenmitgliederentwicklung und Finanzierungsform erkennen. Nach deren Ergebnissen ist der Rückgang des Christentums nicht nur in Deutschland festzustellen. Auch

[56] Vgl. Bundesministerium der Finanzen (2020b); Kirchenamt der EKD (2020b); Verband der Diözesen Deutschlands (2020b); eigene Berechnung.
[57] Vgl. Hackett u. a. (2011, S. 15).
[58] Vgl. Pollack/Rosta (2015, S. 93).
[59] Vgl. Burkimsher (2014, S. 442 f.).
[60] Vgl. Pollack/Rosta (2015, S. 89).
[61] Vgl. Pollack/Rosta (2015, S. 89 ff.) für eine kurze, aber umfassende Beschreibung der Debatte.

in Ländern ohne Kirchensteuersystem wie Belgien, wo sich die Religionsgemeinschaften vorwiegend aus staatlichen Leistungen und Spenden finanzieren, oder in Großbritannien bei der Church of England, die von Vermögenserträgen und Spenden lebt, ist die Zahl derer, die angeben evangelisch oder katholisch zu sein, stark gesunken.[62]

[62] Vgl. Pollack/Rosta (2015, S. 93) sowie Petersen (2017, S. 246 ff.).

TEIL II –
MODELL UND METHODIK

4 ZWEI-SCHICHTEN-PROJEKTIONSMODELL

Kern der Freiburger Studie ist ein Zwei-Schichten-Projektionsmodell, das es ermöglicht, die Entwicklung der Kirchenmitglieder und des Kirchensteueraufkommens langfristig zu projizieren. In der ersten Schicht werden mithilfe eines Kohorten-Komponenten-Modells die Kirchenmitglieder bis zum Jahr 2060 annahmebasiert vorausberechnet. Darauf aufbauend wird in der zweiten Schicht – unter Berücksichtigung konjunktureller, arbeitsmarktspezifischer, kirchen- und einkommensteuerrechtlicher sowie mitgliedschaftsbezogener Rahmenbedingungen – das Kirchensteueraufkommen ermittelt. So wird durch das Modell die wissenschaftlich bewährte und am häufigsten verwendete Methodik der Bevölkerungsfortschreibung aufgegriffen und durch Erweiterung um kirchenspezifische Faktoren zur Kirchenmitgliedervorausberechnung weiterentwickelt.[63] Die unmittelbare Verknüpfung der ersten und zweiten Schicht erlaubt es, Wechselwirkungen zwischen der Struktur und Entwicklung der Kirchenmitglieder und der langfristig zu erwartenden Höhe des Kirchensteueraufkommens zu beschreiben.

Abbildung 10 zeigt, dass der Ausgangspunkt für die Berechnungen in der ersten Schicht der alters- und geschlechtsspezifische Mitgliederbestand einer Diözese oder Landeskirche im Jahr 2017 ist. Dieser wird Jahr für Jahr um die alters- und geschlechtsspezifische Anzahl an Taufen, Sterbe-

Abbildung 10: Schematische Darstellung des Zwei-Schichten-Projektions-modells (Grundmodell)

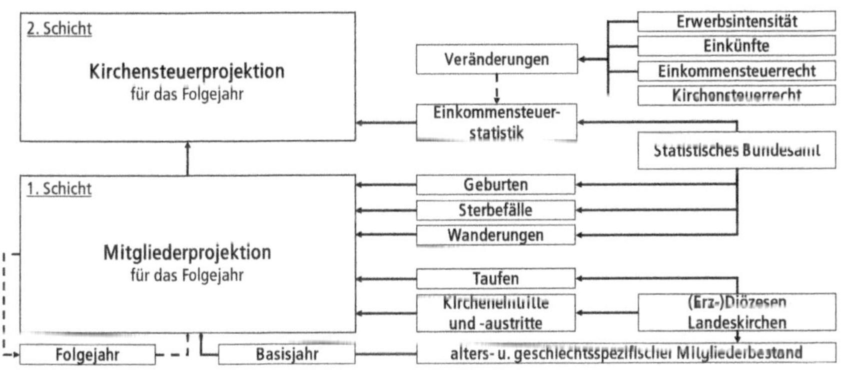

Quelle: eigene Darstellung.

[63] Vgl. George u. a. (2004).

fällen, Wanderungen sowie Aus- und Eintritten korrigiert. Bei der Entwicklung der Kirchenmitgliedschaft wird zwischen demografischen und kirchenspezifischen Einflüssen unterschieden. Als demografische Faktoren werden Geburtenhäufigkeit, Sterblichkeit und Wanderungsbewegungen von Kirchenmitgliedern berücksichtigt. Daten zu Fertilität, Mortalität und Migration wurden vom Statistischen Bundesamt zur Verfügung gestellt. Ihre Fortschreibung orientiert sich an den Annahmen der Bevölkerungsvorausberechnung des Statistischen Bundesamtes. Kirchenspezifische Faktoren sind Tauf-, Austritts- und Aufnahmeverhalten. Die dafür nötigen regionalen Daten zu Mitgliedern, Taufen, Aufnahmen und Austritten stammen aus dem kirchlichen Meldewesen der Landeskirchen und Diözesen. Für deren langfristige Entwicklung wird der Trend der vergangenen fünf Jahre fortgeschrieben. Zur Ermittlung von Kindertaufen werden zusätzlich die Geburten von weiblichen Kirchenmitgliedern als Grundlage herangezogen.[64]

Der sich so ergebende alters- und geschlechtsspezifische Mitgliederbestand in der Folgeperiode wird in der zweiten Schicht zunächst um jene Kirchenmitglieder bereinigt, die keine positiven Kirchensteuerzahlungen leisten. Darunter fallen nicht nur Kinder und ältere Kirchenmitglieder, sondern auch jene, die erwerbslos sind oder zu versteuernde Einkünfte unterhalb der steuerlichen Freibeträge erzielen. Zur Ermittlung des Kirchensteueraufkommens des Folgejahres werden diese Steuerzahlenden mit deren durchschnittlicher alters- und geschlechtsspezifischer Kirchensteuerzahlung multipliziert. Datengrundlage sowohl zur Ermittlung der kirchensteuerwirksamen Mitglieder als auch deren jährlicher Kirchensteuerschuld bildet eine Sonderauswertung Kirchensteuer der Lohn- und Einkommensteuerstatistik.[65]

Sowohl die individuelle Kirchensteuerhöhe als auch der Anteil der kirchensteuerwirksamen Mitglieder verändert sich in den Folgejahren. Jährliche Lohn- und Gehaltssteigerungen der Kirchenmitglieder führen unmittelbar zu höheren Bemessungsgrundlagen und dementsprechend höheren Kirchensteuerzahlungen. Eine Veränderung der Erwerbsintensität der Gesamtbevölkerung – etwa aufgrund von wirtschaftlicher Prosperität oder verlängerter Lebensarbeitszeit – wirkt sich auf die Zahl der Kirchensteuerzahlenden aus. Schließlich kann es zu Änderungen im Steuerrecht kommen, wie dies durch die langfristig eingeführte nachgelagerte Besteuerung von Alterseinkünften der Fall ist. Diese beeinflussen nicht nur die Höhe der Kirchensteuerzahlung, sondern führen auch zu einer veränderten Altersschichtung der Kirchensteuerzahlenden.

---

[64] Für eine detaillierte Beschreibung der Modellannahmen sei auf Kapitel 6 verwiesen.

[65] Vgl. Statistisches Bundesamt (2018a, 2018b).

Die langfristige Entwicklung von Kirchenmitgliedern und Kirchensteueraufkommen wird für jede der 27 katholischen Diözesen und 20 evangelischen Landeskirchen in Deutschland projiziert. Dabei werden die in Abbildung 11 dargestellten Interaktionen berücksichtigt. Um sowohl die Entwicklung der Gesamtbevölkerung als auch den jeweiligen Anteil der Konfessionen zu ermitteln, wird auch jener Teil der Gesamtbevölkerung Deutschlands berücksichtigt, der weder Mitglied einer evangelischen Landeskirche noch einer katholischen Diözese ist (Restbevölkerung). So bildet die Gesamtheit der Diözesen, Landeskirchen sowie der Restbevölkerung die gesamte Wohnbevölkerung Deutschlands ab.

Im Modell stehen damit 49 Subpopulationen (28 katholische, 20 evangelische sowie die Restbevölkerung) in Interaktion.[66] Kirchenaustritte in Diözesen und Landeskirchen führen einerseits zu weniger Kirchenmitgliedern und gleichzeitig zu einem Anstieg der Restbevölkerung. (Wieder-)Aufnahmen verringern hingegen die Zahl der nicht konfessionell gebundenen Bevölkerung und erhöhen den Mitgliederstand einer Landeskirche oder Diözese. Da der Saldo dieser beiden Größen regelmäßig negativ ist, verringern diese Bewegungen in der Regel die Mitgliederstände der Kirchen. Binnenwanderungen innerhalb Deutschlands führen ausschließlich zu Veränderungen innerhalb der je konfessionsgleichen Subpopulationen. Binnenabwanderung einer Landeskirche führt zu Binnenzuwanderung in gleicher Höhe in einer oder mehreren anderen Landeskirchen. Für katholische Umzüge über Diözesangrenzen hinweg gilt das entsprechend. Von Jahr zu Jahr verringern sich alle Subpopulationen um Sterbefälle. Während sich die kirchlichen Subpopulationen um die Anzahl der jeweiligen Taufen erhöhen, vergrößert sich die Restbevölkerung nicht nur um Geburten von Nichtmitgliedern der beiden großen Kirchen, sondern auch um jene Neugeborenen innerhalb der kirchlichen Subpopulationen, die nicht getauft werden.

In Abbildung 11 nicht abgebildet sind Außenwanderungen, also Wanderungsbewegungen über die Grenzen Deutschlands hinweg. Diese werden im Modell berücksichtigt und betreffen – in unterschiedlicher Stärke – sowohl die kirchlichen Subpopulationen als auch die Restbevölkerung.

Die detailgetreue Modellierung der grundsätzlichen Wechselwirkungen in und zwischen den beiden Schichten des Projektionsmodells eröffnet die Möglichkeit für umfassende Analysen. Allerdings kann sie nicht darüber hinwegtäuschen, dass Projektionen auf Annahmen basieren. Sie sagen nicht die Zukunft voraus, sondern müssen als „Was-wäre-wenn-Rechnung" verstanden werden. Prinzipiell werden heutige Verhältnisse zunächst um Infor-

[66] Im Falle der katholischen (Erz-)Diözesen wird neben den 27 deutschen (Erz-)Diözesen auch der Offizialiatsbezirk Oldenburg der Diözese Münster betrachtet, sodass sich 28 katholische Subpopulationen ergeben.

Abbildung 11: Schematische Darstellung unter Berücksichtigung der Subpopulationen

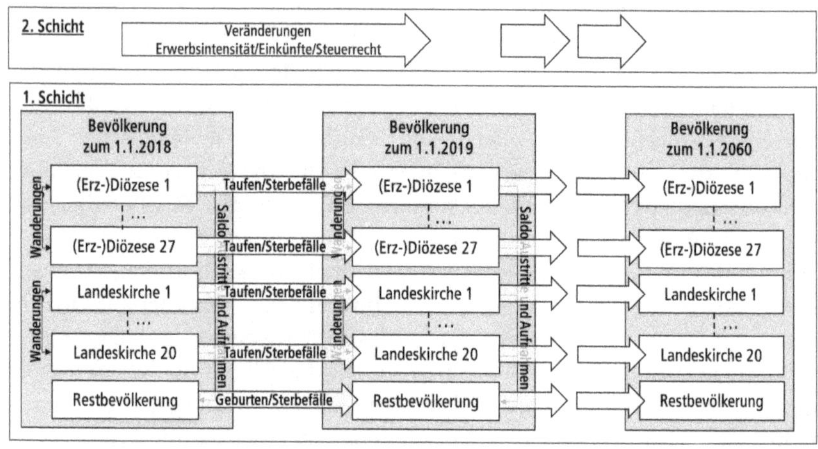

Quelle: eigene Darstellung.

mationen, die mit hoher Sicherheit schon heute zur zukünftigen Veränderung vorliegen, angereichert und in die Zukunft gespiegelt.[67] Existenzielle Krisen und massive – möglicherweise exogen erzwungene – Verhaltensänderungen können nicht berücksichtigt werden. Projektionen dienen weniger der exakten Vorhersage, sondern vielmehr der Veranschaulichung von Einflussfaktoren.[68] So kann der Einfluss einzelner Determinanten konkret überprüft werden. Die vorliegende Projektion zeigt auf, wie sich gegenwärtige und sich verändernde demografische, kirchliche und ökonomische Trends sowohl auf Kirchenmitgliedschaftszahlen als auch auf das Kirchensteueraufkommen zukünftig auswirken würden. Derlei Analysen wiederum eröffnen den Raum für kirchliche Handlungsmöglichkeiten.

[67] So wurde bspw. eine voraussichtlich weiter steigende Lebenserwartung im Projektionsmodell berücksichtigt.

[68] Bowles/Zuchandke (2012, S. 2).

5 DETERMINANTEN

Die künftige Entwicklung der Kirchenmitglieder und des Kirchensteueraufkommens in den Landeskirchen und Diözesen ist von einer Reihe unterschiedlicher Einflussfaktoren abhängig, die sich gegenseitig beeinflussen. So führen steigende Zuzüge von Evangelischen in einer Landeskirche nicht nur zu entsprechenden Rückgängen in einer anderen Landeskirche. Je nach Altersstruktur und Frauenanteil verursachen diese regional signifikant differierende Verläufe von Geburten und in der Folge auch Taufen zwischen den Landeskirchen. Entsprechendes gilt für Wanderungen zwischen Diözesen. Gleichzeitig wird durch Wanderungsbewegungen auch die Höhe der Kirchenaustritte beeinflusst. Umzüge aus eher ländlichen in städtische Regionen erhöhen die Austrittswahrscheinlichkeit signifikant. So kann es passieren, dass stärkere konfessionelle Binnenwanderungen langfristig einen geringeren Anteil der Kirchenmitglieder an der Gesamtbevölkerung nicht nur auf dem Territorium der Abwanderungskirche, sondern in ganz Deutschland zur Folge hätten. Das wiederum würde sich auch auf die Entwicklung der Kirchensteuer auswirken – zum einen natürlich auf deren Gesamthöhe, aber zum anderen auch auf die regionale Verteilung zwischen Landeskirchen und Diözesen.

Um diese Wechselwirkungen sichtbar zu machen, wird im Folgenden der Einfluss der einzelnen Determinanten auf die Mitglieder- und Kirchensteuerentwicklung beschrieben. Dazu wird zwischen Determinanten der ersten Schicht – der Mitgliederprojektion – und der zweiten Schicht – Kirchensteuerprojektion – unterschieden. Die Einflussfaktoren der ersten Schicht wirken sich in der Regel unmittelbar auf die Mitgliederentwicklung und mittelbar auf die Kirchensteuerentwicklung aus. Ökonomische und steuerrechtliche Veränderungen wirken sich in der zweiten Schicht des Projektionsmodells dagegen ausschließlich auf die Höhe des Kirchensteueraufkommens aus. Prinzipiell wäre auch die Modellierung einer mittelbaren Wirkung auf die Mitgliederentwicklung denkbar gewesen. Allerdings lassen sich derlei Folgerungen aus der Analyse des Datenbestands nur schwerlich ableiten. Da das Projektionsergebnis wesentlich von der Datenqualität sowie den aus der Datenanalyse getroffenen Annahmen abhängt, werden auch die aus den Entwicklungspfaden gewonnenen Erkenntnisse und Folgerungen dargestellt. Die Reihung der Determinanten orientiert sich dabei an der in Kapitel 4 dargestellten Wirkungsweise.

5.1 Einflussfaktoren der ersten Schicht

Bei der Projektion der Kirchenmitgliedschaft wird zwischen demografischen und kirchenspezifischen Faktoren unterschieden. Während demografische Faktoren die kirchliche und staatliche Bevölkerung prinzipiell gleichermaßen betreffen, wirken sich kirchenspezifische Fakten nur auf die Populationen der Landeskirchen und Diözesen aus. Zu den demografischen Faktoren zählen Fertilität, Mortalität und Migration. Sie entsprechen den Determinanten der staatlichen Bevölkerungsvorausberechnung. Da sich bei den demografischen Faktoren zwischen der kirchlichen und staatlichen Bevölkerung keine signifikanten Unterschiede ergeben, orientieren sich die Annahmen zum zukünftigen Verlauf von Geburtenhäufigkeit und Sterblichkeit an der 13. Bevölkerungsvorausberechnung des Bundes. So ist die Vergleichbarkeit von Kirchenmitglieder- und staatlicher Bevölkerungsprojektion sichergestellt.[69] Die Entwicklung der Kirchenmitglieder wird darüber hinaus von kirchenspezifischen Determinanten beeinflusst. Darunter wird das Tauf-, Eintritts- und Austrittsverhalten zusammengefasst. Während die demografischen Faktoren weitestgehend als gegeben hingenommen werden müssen, liegen die Ursachen bei den kirchenspezifischen Faktoren auf einer individuellen Entscheidungsebene der Kirchenmitglieder. So besteht hier grundsätzlich die Möglichkeit zur Veränderung und damit zur Einflussnahme.

Teilt man den Mitgliederrückgang auf diese beiden Kategorien auf, ergibt sich in konkreten Zahlen für das Jahr 2019 folgendes Bild: Den 646.000 Sterbefällen, die einer der beiden großen Kirchen angehörten, stehen 405.000 Geburten von Kindern evangelischer oder katholischer Mütter gegenüber. Hinzu kommt ein negativer Saldo aus Zuzügen und Fortzügen von Kirchenmitgliedern von 9.000. Somit betrug 2019 der Mitgliederrückgang aufgrund demografischer Faktoren 250.000 beziehungsweise 0,6 Prozent. Dazu kommen kirchenspezifische Einflüsse: 539.000 Austritten stehen 33.000 Aufnahmen und 17.000 Erwachsenentaufen gegenüber. Außerdem wurden 2019 nicht 405.000 sondern lediglich 302.000 Kinder getauft, sodass die evangelische und katholische Kirche 2019 zusammen 592.000 beziehungsweise 1,3 Prozent ihrer Mitglieder aufgrund kirchenspezifischer Einflüsse verloren haben. Kirchenspezifische Faktoren haben demnach eine mehr als doppelt so große Rolle wie demografische gespielt.[70]

69 Vgl. bspw. Statistisches Bundesamt (2015).

70 Vgl. Kirchenamt der EKD (2020b); Verband der Diözesen Deutschlands (2020a); eigene Berechnung. Im Jahr 2017 war das Verhältnis noch 0,5 Prozent demografischer Verlust zu 0,9 Prozent kirchenspezifischer Verlust. Vgl. Peters u. a. (2019, S. 22 f.).

5.1.1 Geburten

Für die Berechnung zukünftiger Bevölkerungs- wie Kirchenmitgliedschaftszahlen sind Fertilität und Mortalität zentrale Parameter. In Deutschland – wie auch in anderen westeuropäischen Gesellschaften – wird seit den 1970er-Jahren ein doppelter Alterungsprozess beobachtet: Niedrige Geburtenraten gepaart mit stetig steigender Lebenserwartung führten zu einer verhältnismäßig älteren Struktur der Bevölkerung.[71] Lag die zusammengefasste Geburtenziffer noch in den 1990er-Jahren zwischen 1,3 und 1,4 Kindern je Frau, ist sie bis 2017 wieder leicht auf 1,57 angestiegen. 2019 betrug sie 1,54. Damit liegt die deutsche Quote nah am Durchschnittswert der 28 EU-Mitgliedstaaten. Für viele europäische Länder zeichnet sich seit einigen Jahren eine Konvergenz der jährlichen Geburtenraten ab. Staaten mit einer bisher relativ hohen Geburtenhäufigkeit wie Frankreich, Irland, das Vereinigte Königreich, Norwegen, Finnland und die Niederlande erlebten in den vergangenen Jahren einen Fertilitätsrückgang. In Ländern mit geringeren zusammengefassten Geburtenziffern wie Österreich, Schweiz, Polen oder Rumänien ist die Fertilität hingegen angestiegen. Lediglich in Italien, Spanien und Portugal verweilt die Geburtenrate unter 1,4 Kindern je Frau.[72]

Ob sich die gesamtdeutsche Geburtshäufigkeit auf die Kirchenmitglieder unmittelbar übertragen lässt, ist zumindest auf den ersten Blick fraglich. Einige Studien weisen auf Unterschiede hin. Beispielsweise zeigte *Peri-Rotem* (2016) in einer Analyse für Großbritannien, Frankreich und die Niederlande Fertilitätsunterschiede je nach Religionszugehörigkeit auf. Ihre Ergebnisse legten aber zugleich nahe, dass diese Abweichungen weniger auf die Religionszugehörigkeit an sich als vielmehr auf die religiöse Sozialisierung in der jeweiligen Gesellschaft zurückzuführen sind.[73] *Frejka/Westoff* (2008) konnten 2008 mit Daten des European Value Survey Fertilitätsunterschiede in den USA und Europa zwischen Christen und Nichtchristen aufzeigen. Sie kamen zu dem Schluss, dass Religiosität mit einer höheren Fertilität verbunden ist. Dabei haben sie Religiosität an der Häufigkeit des Gottesdienstbesuchs und an der Bedeutung der Religion im täglichen Leben gemessen.[74] Die Autoren wiesen zudem unter christlichen (insbesondere evangelischen) Frauen eine höhere Fertilität nach als unter konfessionslosen und orthodoxen Frauen.[75]

Ergebnisse auf Basis der Einkommensteuerstatistik zeigen hingegen für Deutschland praktisch keine Unterschiede zwischen Protestanten, Katho-

[71] Vgl. Fetzer (2005, S. 3).
[72] Vgl. Statistisches Bundesamt (2020c) und Eurostat (2020).
[73] Vgl. Peri-Rotem (2016).
[74] Vgl. Frejka/Westoff (2008, S. 27 f.).
[75] Vgl. Frejka/Westoff (2008, S. 22).

liken und Personen, die keiner Kirche angehören.[76] Wie aus Tabelle 1 hervorgeht, verfügen Konfessionslose sogar über mehr steuerlich berücksichtigungsfähige Kinder als Kirchenmitglieder. Dies könnte darauf hindeuten, dass eine Kirchenmitgliedschaft nicht unbedingt Aussagen über die Religiosität zulässt. Zum anderen ist der höhere Wert von steuerlich berücksichtigungsfähigen Kindern bei Konfessionslosen wahrscheinlich auch auf die hohe Zahl an Kirchenaustritten katholischer und evangelischer Eltern im Alter von 25 bis 35 Jahren und damit auf eine im Vergleich zur Gesamtbevölkerung ältere Altersstruktur der Kirchenmitglieder zurückzuführen. Da die Einkommensteuerstatistik nahezu die gesamte deutsche Bevölkerung im Alter zwischen 20 und 65 Jahren umfasst, werden im Projektionsmodell keine Unterschiede bei der Geburtenhäufigkeit von Kirchenmitgliedern und der Gesamtbevölkerung angenommen.[77]

Tabelle 1: Durchschnittliche Anzahl steuerlich berücksichtigungsfähiger Kinder pro Steuerfall

	Anzahl berücksichtigungsfähiger Kinder	Steuerfälle mit berücksichtigungsfähigen Kindern	Steuerfälle ohne berücksichtigungsfähige Kinder	Anzahl Steuerfälle	Durchschnittliche Anzahl berücksichtigungsfähiger Kinder
Protestanten	4.798.539	2.934.018	8.166.401	11.100.419	0,43
Katholiken	5.326.062	3.222.269	8.784.843	12.007.112	0,44
Andere	7.958.377	5.003.949	12.064.516	17.068.465	0,47
Gesamt	18.082.977	11.160.235	29.015.760	40.175.995	0,45

Quelle: Statistisches Bundesamt (2018b), eigene Berechnung.

5.1.2 Sterbefälle

2019 betrug in Deutschland die Lebenserwartung von Männern bei Geburt 78,6 Jahre und bei Frauen 83,4 Jahre. Seit etwa 145 Jahren sind diese Werte gestiegen. Zunächst ist vor allem die Sterblichkeit bei Säuglingen und Kindern stark zurückgegangen. Seit den 1970er-Jahren haben sich auch die Überlebensverhältnisse älterer Menschen stark verbessert. So war 1970 die Lebenserwartung bei Geburt in beiden Geschlechtern noch um mehr als 10 Jahre geringer (Männer: 67,2, Frauen: 73,4). Auch zukünftig gehen Demografen von weiter steigenden Werten aus. Zwar ist die Lebenserwartung seit etwa 2010 weniger stark gestiegen als in den vorangegangenen Jahr-

[76] Vgl. Statistisches Bundesamt (2018b).

[77] Vgl. dazu die Ausführungen in Kapitel 2.2.

zehnten, doch wird zur Erklärung der Verlangsamung des Anstiegs in erster Linie die außergewöhnliche Häufung starker Grippewellen in den Wintern der 2010er-Jahre in Erwägung herangezogen. Weitere zukünftige Fortschritte in der medizinischen Versorgung, bei der Hygiene, der Ernährung, der Wohnsituation sowie verbesserte Arbeitsbedingungen und steigender materieller Wohlstand sind erhebliche Potenziale für einen weiteren Anstieg der Lebenserwartung. Im europäischen Vergleich nimmt Deutschland keine Spitzenstellung ein. Gegenüber Frankreich, Italien, Luxemburg, Norwegen, Spanien und der Schweiz beträgt der Abstand für beide Geschlechter mindestens ein Jahr.[78]

Im Falle der Sterblichkeit kommen mehrere Studien zu dem Ergebnis, dass in Europa keine Unterschiede zwischen Mitgliedern der beiden großen Kirchen und der Gesamtbevölkerung bestehen. So zeigt eine Studie für die Schweiz aus dem Jahr 2010, dass Angehörige der katholischen und evangelischen Kirche eine durchschnittliche Sterblichkeit aufweisen. Die niedrigste Lebenserwartung haben Personen, die nicht Mitglied einer christlichen Kirche sind. Im Gegensatz dazu ist die Lebenserwartung von Mitgliedern anderer christlicher Kirchen am höchsten.[79] Auch in Österreich konnten keine Unterschiede bei der Sterblichkeit zwischen Kirchenmitgliedern und Nichtmitgliedern nachgewiesen werden. Allerdings begründen die Autoren diese Annahme mit nicht verfügbaren Daten.[80] Da auch für Deutschland keine Daten verfügbar sind, werden für die Projektion keine Unterschiede zwischen Kirchenmitgliedern und dem Rest der Bevölkerung unterstellt.

5.1.3 Wanderungen

Bei den Wanderungsbewegungen ist zwischen Binnen- und Außenwanderungen zu unterscheiden. Binnenwanderungen innerhalb Deutschlands führen ausschließlich zu Veränderungen innerhalb der je konfessionsgleichen Subpopulationen. Katholische Binnenwanderungen werden als Migrationsbewegungen von Katholiken innerhalb Deutschlands von einer katholischen Diözese in eine andere verstanden. Entsprechendes gilt für evangelische Binnenwanderungen. Außenwanderungen sind über die Grenzen Deutschlands hinausgehende Wanderungsbewegungen. Bundesweit sind Binnenzuwanderungen und Binnenabwanderungen ausgeglichen, da Zuwanderung in einer Diözese zwangsläufig zu Abwanderung in einer oder mehreren anderen Diözesen in entsprechender Höhe führt. Allerdings können Binnenwanderungsbewegungen in einzelnen Diözesen und Landeskir-

[78] Vgl. Statistisches Bundesamt (2019a, 2020d).

[79] Vgl. Lerch u. a. (2010, S. 235).

[80] Vgl. Goujon/Jurasszovich/Potančoková (2017, S. 56).

chen zu einem Anwachsen oder Rückgang der Kirchenmitglieder beitragen. Die konfessionellen Wanderungsströme wurden für die beiden großen Kirchen in einer Sonderauswertung vom Statistschen Bundesamt aus der Wanderungsstatistik auf die kirchlichen Organisationsstrukturen übertragen.[81] Diese Sonderauswertung offenbart, dass besonders bei Diözesen und Landeskirchen, die einen im Bundesvergleich geringeren Konfessionsanteil verzeichnen, Binnenwanderungsbewegungen zu einem positiven Wanderungssaldo führen. Dies liegt im Wesentlichen daran, dass zuwandernde Personen mit höherer Wahrscheinlichkeit der eigenen Konfession angehören als abwandernde. Auch profitieren Landeskirchen und Diözesen mit hohem städtischem Anteil von starken Binnenwanderungsbewegungen. Die meisten Binnenwanderungsbewegungen finden im Alter zwischen 20 und 35 statt. Zwischen 18 und 24 Jahren sind sie häufig durch den Umzug zum Ausbildungs- oder Studienort motiviert (sogenannte Bildungswanderung). Binnenwanderungen ab 25 Jahren werden als Umzüge aufgrund beruflicher Anlässe klassifiziert.

Die in Abbildung 12 dargestellte Entwicklung der Außenwanderungssalden zeigt deutliche Unterschiede im Zeitverlauf zwischen evangelischer und katholischer Kirche.[82] Die starken evangelischen Außenwanderungsgewinne vor der Jahrtausendwende sind mit Zuzügen deutschstämmiger Personen aus den Ländern des ehemaligen Ostblocks zu erklären (sogenannte Russlanddeutsche). Diese Wanderungsbewegungen sind zwischenzeitlich abgeschlossen und dürften für die langfristige Projektion keine Rolle spielen.[83] Demgegenüber sind die katholischen Wanderungsbewegungen seit 2011 sehr stark durch die Zuwanderung aus Süd- und Osteuropa mit den katholischen Hauptherkunftsländern Italien, Kroatien, Polen und Spanien geprägt. Da die demografische Entwicklung in diesen europäischen Ländern ähnlich wie in Deutschland verläuft, wird auch dort das Potenzial an Menschen im wanderungsaktiven Alter in den kommenden Jahrzehnten abnehmen.[84]

---

81 Vgl. Statistisches Bundesamt (2018c).

82 Salden aus evangelischen und katholischen Kirchenmitgliedern, die nach Deutschland zuziehen bzw. aus Deutschland fortziehen und ihre Kirchenmitgliedschaft amtlich registrieren lassen. Inwieweit Nichtdeutsche, die aus ihrem Herkunftsland keine Kirchensteuerpflicht kennen, bei der Einreise ihre Konfession angeben, ist nicht Gegenstand dieser Untersuchung. Aus der Analyse der evangelischen und katholischen Wanderungsbewegungen liegen allerdings Erkenntnisse vor, die dies zumindest infrage stellen. Auch für die christlichen Binnenwanderungen kann nicht ausgeschlossen werden, dass – zumindest in der Vergangenheit vor Anschluss an das staatlich automatisierte Meldewesenverfahren (OSCI XMeld) – im Rahmen von Umzügen über die Bundesländergrenzen hinweg die Religionszugehörigkeit nicht angegeben wurde.

83 Vgl. Eicken/Schmitz-Veltin (2010, S. 582).

84 Vgl. Statistisches Bundesamt (2015, S. 38).

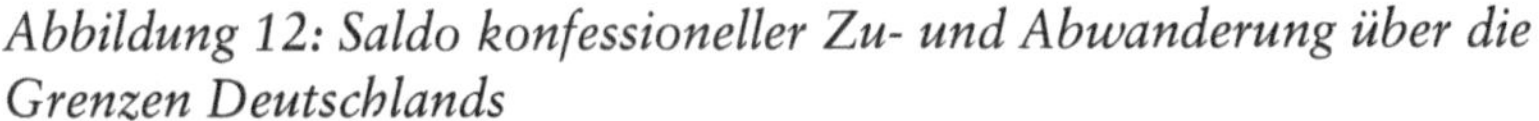

Abbildung 12: Saldo konfessioneller Zu- und Abwanderung über die Grenzen Deutschlands

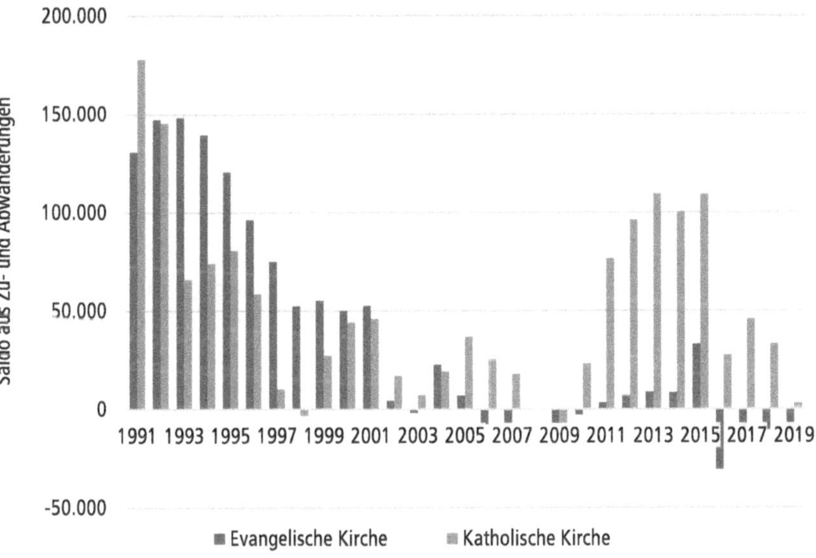

Quelle: Statistisches Bundesamt (2018c), eigene Berechnung.

Die starke Zuwanderung von Schutzsuchenden in den Jahren 2014 und 2015 sowie Änderungen der statistischen Erhebungsmethode im Jahr 2016 schränken die Vergleichbarkeit der Daten in diesen Jahren ein. Aus diesem Grund wird für die Projektion der Kirchenmitglieder der Zeitraum zwischen 2000 und 2013 ohne das von einer Statistikbereinigung betroffene Jahr 2008 betrachtet. In diesen Jahren betrug der gesamtdeutsche Außenwanderungsüberschuss 2,2 Millionen Personen, von denen 0,1 Millionen (6 Prozent) auf die evangelische und 0,5 Millionen (23 Prozent) auf die katholische Kirche entfielen.

5.1.4 Taufen

Die Kirchenmitgliedschaft wird in Deutschland – anders als in anderen europäischen Ländern – durch die Taufe begründet. Damit ist sie neben der Geburtenentwicklung auch von der Taufbereitschaft der Eltern abhängig. Zu Beginn der 1990er-Jahre wurden in Deutschland jährlich fast 300.000 katholische und 300.000 evangelische Taufen gezählt; 2017 waren es 170.000 katholische und 176.000 evangelische Taufen. Ob ein Kind getauft wird, hängt maßgeblich von der Kirchenmitgliedschaft der

Eltern ab.[85] Setzt man die Zahl der Kindertaufen mit der Zahl der Geburten von evangelischen beziehungsweise katholischen Müttern ins Verhältnis, ergab sich 2017 eine Quote von 80 Prozent.[86] Werden in einem Jahr fünf Kinder von Kirchenmitgliedern zur Welt gebracht, dann werden im gleichen Jahr vier getauft. Das sind nicht zwangsläufig die gleichen Kinder – aber diese Quote hat sich seit Beginn der 2010er-Jahre in Landeskirchen und Diözesen kaum verändert und scheint ein zuverlässiger Schätzfaktor zu sein.[87] Bei dieser Kindertaufquote ergeben sich keine nennenswerten Unterschiede zwischen der evangelischen und katholischen Kirche. Sie variiert jedoch regional stark zwischen 40 und 106 Prozent. Je städtischer eine Landeskirche oder Diözese geprägt ist, desto weniger Kinder werden getauft. Je höher der Anteil der Mitglieder beider Kirchen an der Gesamtbevölkerung, desto mehr sind es. Dabei bedeuten weniger getaufte Kinder nicht nur kurzfristig weniger Mitglieder, sondern führen auch langfristig zu weniger Geburten von Kirchenmitgliedern. So verstärken die kirchenspezifischen Einflüsse langfristig den ohnehin demografisch bedingten Rückgang.

Im Vergleich zu den Kindertaufen haben Erwachsenentaufen eine quantitativ untergeordnete Bedeutung. 2017 fanden 86 Prozent aller Taufen in den ersten sechs Lebensjahren statt. Dabei wiesen die beiden Konfessionen Unterschiede im Taufverhalten auf. Während bei der katholischen Kirche 94 Prozent aller Getauften das sechste Lebensjahr noch nicht vollendet hatten, betrug dieser Anteil bei der evangelischen Kirche lediglich 78 Prozent. Weitere 15 Prozent der evangelischen Taufen fanden in den zehn Lebensjahren danach bis zum 16. Geburtstag statt. Eine besondere Bedeutung kam dabei der Konfirmation zu: Beinahe jede zehnte evangelische Taufe wurde rund um die Feier dieses Festes vollzogen. Damit ist die Konfirmation die bedeutendste Gelegenheit zum Kircheneintritt, die es in der evangelischen Kirche gibt. Hier zeigen sich signifikante Unterschiede zur katholischen Kirche: Zwar konnte auch bei der katholischen Kirche im Kommunionsalter, rund um das neunte Lebensjahr, ein leichter Anstieg der Taufen beobachtet werden. Dieser fiel allerdings bei weitem nicht so stark aus. Insbesondere kann die katholische Kirche im Zusammenhang

---

[85] Als Kindertaufen werden die Taufen von nach deutschem Recht Religionsunmündigen (vor Vollendung des 14. Lebensjahres) verstanden.

[86] Es werden alle Geburten evangelischer und katholischer Mütter mit allen Taufen bis einschließlich des 14. Lebensjahres verglichen, die jeweils im selben Jahr stattfinden. Zähler und Nenner beziehen sich somit nicht auf denselben Zeitpunkt, bilden aber einen guten Benchmark.

[87] Vgl. Kirchenamt der EKD (2020b); Verband der Diözesen Deutschlands (2020a); eigene Berechnung.

mit dem Sakrament der Firmung keine statistisch signifikante Erhöhung der Taufzahlen feststellen.[88]

5.1.5 Kircheneintritte und -austritte

Neben den Taufen wird die Mitgliederentwicklung durch die Differenz aus Kircheneintritten und -austritten beeinflusst. Diese ist in allen Diözesen und Landeskirchen negativ. Gleichwohl zeigen sich Unterschiede zwischen den Konfessionen: Kirchenaustritte sind in der evangelischen Kirche höher als in der katholischen. Wie Abbildung 13 zeigt, haben sich die Zahlen allerdings in beiden Kirchen seit den 1990er-Jahren angenähert. Zusätzlich sind nicht nur Kirchenaustritte, sondern auch Kircheneintritte – definiert als (Wieder-)Aufnahmen und Erwachsenentaufen – in der evangelischen Kirche höher, sodass beide Kirchen mit relativ gleichen Verlustraten konfrontiert sind: Jährlich gibt es etwa 30.000 (Wieder-)Aufnahmen in die evangelische Kirche und 10.000 in die katholische Kirche. Hinzu kommen fast 20.000 evangelische sowie etwa 3.000 katholische Erwachsenentaufen. Interessanterweise liegt in allen Regionen Deutschlands das Verhältnis der evangelischen Kircheneintritte an allen Protestanten bei 0,2 Prozent. Regionale Unterschiede lassen sich nur bei der Zusammensetzung erkennen: In den östlichen Landeskirchen werden tendenziell mehr Erwachsenentaufen gezählt. In den übrigen Landeskirchen überwiegen die (Wieder-)Aufnahmen.

Während sich in beiden Konfessionen die Kircheneintrittsquote im Laufe der Zeit kaum verändert hat, variiert die Zahl der Kirchenaustritte von Jahr zu Jahr teilweise stark. Sie scheint in beiden Kirchen ähnlichen Trends zu folgen und durch gesellschaftliche Ereignisse beeinflusst zu werden: So lassen sich die hohen Kirchenaustritte Anfang der 1990er-Jahre in Zusammenhang mit der deutschen Wiedervereinigung bringen. Die Austrittsquote, die den Anteil der Kirchenaustritte eines Jahres an allen Mitgliedern beschreibt, lag 1990 in der evangelischen Kirche bei 1,3 Prozent und in der katholischen Kirche bei 0,7 Prozent. Sowohl die Einführung des Solidaritätszuschlags im Jahr 1992 als auch die Entscheidung der Bundesregierung im Jahr 1995, diesen Zuschlag auf die Einkommensteuer auf unbestimmte Zeit zu erheben, führte zu einem sichtbaren Anstieg der Kirchenaustritte. Bis ins Jahr 2005 sind die Kirchenaustritte dann gefallen; die Austrittsquote betrug in der evangelischen Kirche 0,5 Prozent und in der katholischen Kirche 0,4 Prozent. Ab 2010 sind weitere Peaks im Verlauf der Kirchenaustritte zu beobachten: Im Jahr 2013 führte der verschwenderische Lebensstil des Bischofs von Limburg zu einer breiten öffentlichen Debatte über den

[88] Vgl. Kirchenamt der EKD (2020b); Verband der Diözesen Deutschlands (2020a); eigene Berechnung.

Abbildung 13: Entwicklung von Kircheneintritten und -austritten

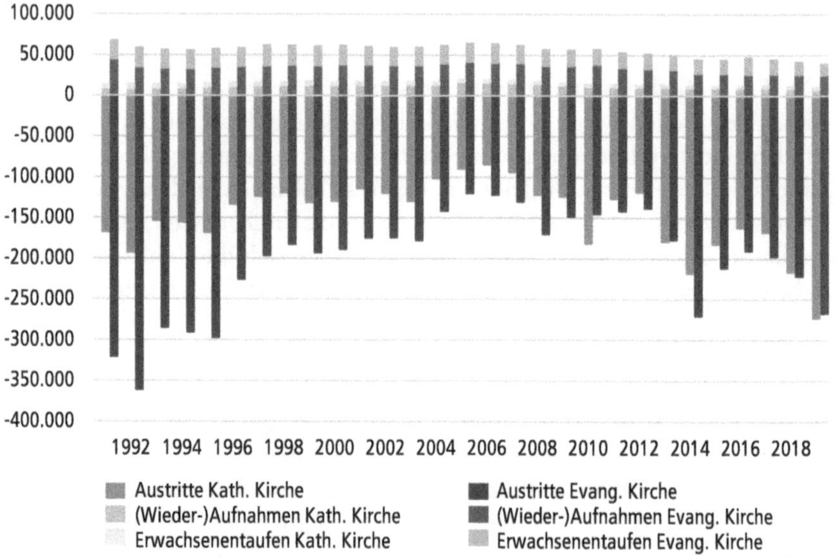

Quelle: Kirchenamt der EKD (2020b), Verband der Diözesen Deutschlands (2020a), eigene Berechnung.

kirchlichen Umgang mit Finanzen. Im darauffolgenden Jahr ging die Ankündigung einer Verfahrensänderung der Kirchensteuererhebung auf Kapitalerträge mit einem weiteren Anstieg der Kirchenaustritte einher, sodass sich von 2012 bis 2014 die Kirchenaustritte bundesweit beinahe verdoppelten. Während diese Ereignisse die Entwicklung beider Kirchen ähnlich beeinflussten, lassen sich in den Jahren 2010 und 2018 Unterschiede zwischen den Konfessionen feststellen. Die öffentliche Diskussion um sexuellen Missbrauch stand mit einem Anstieg der Austritte in Verbindung, der 2010 nur und 2018 stärker in der katholischen Kirche ausgeprägt war. 2019 sind die Kirchenaustritte gleichermaßen auf bisherige relative Höchststände von 1,3 Prozent in der evangelischen beziehungsweise 1,2 Prozent in der katholischen Kirche gestiegen.[89]

Während sich der beschriebene Verlauf der Austrittszahlen dem Wesen nach in allen Regionen Deutschlands und in beiden Konfessionen beobachten lässt, zeigen sich bei der Höhe der Kirchenaustritte regionale Zusammenhänge. In städtischen Gebieten wie Berlin, Hamburg oder München sind die Austrittsquoten höher als in ländlichen Regionen. Die Bereitschaft zum Kirchenaustritt fällt darüber hinaus in Regionen mit einem hohen Kir-

[89] Vgl. Sekretariat der Deutschen Bischofskonferenz (2019b, Tabellen 7.24 und 7.25).

chenmitgliederanteil an der Gesamtbevölkerung – gleich welcher Konfession – kleiner als in Regionen mit geringerem Christenanteil aus.

Die alters- und geschlechtsspezifische Anzahl der ausgetretenen Mitglieder im Verhältnis zur jeweiligen Kohortenstärke macht weitere Unterschiede beim Austrittsverhalten deutlich. In Abbildung 14 ist diese für das Jahr 2017 abgebildet. Es lassen sich signifikante Unterschiede zwischen den Geschlechtern und Alterskohorten feststellen. Zunächst fällt auf, dass Männer deutlich häufiger als Frauen aus der Kirche austreten. Spielt der Kirchenaustritt in beiden Geschlechtern bis zum 15. Lebensjahr nur eine statistisch untergeordnete Rolle, steigt die Austrittswahrscheinlichkeit ab dem 16. Lebensjahr stark an. Mit 27 Jahren erreicht sie ihren Höhepunkt, sodass in diesem Lebensjahr 3,1 Prozent der männlichen und 2,2 Prozent der weiblichen Kirchenmitglieder ihren Kirchenaustritt erklären. Danach sinkt die Wahrscheinlichkeit, die Kirche zu verlassen, wieder bis zum Alter von etwa Mitte 30.

Darüber hinaus ist zu erkennen, dass die Austrittswahrscheinlichkeit während des vierten Lebensjahrzehnts deutlich absinkt. Bis zum Alter von Mitte 50 liegt sie aber weiterhin über der durchschnittlichen Austrittsquote aller Mitglieder. Erst danach sinkt die Austrittswahrscheinlichkeit bis zum 75. Lebensjahr auf nahezu null. Folglich wird eine überdurchschnittliche Austrittswahrscheinlichkeit zwischen dem 20. und 60. Lebensjahr, also während der Erwerbsphase, sichtbar. Über 90 Prozent aller Kirchenaustritte erfolgen in dieser Lebensphase.

Abbildung 14: Austrittswahrscheinlichkeit 2017

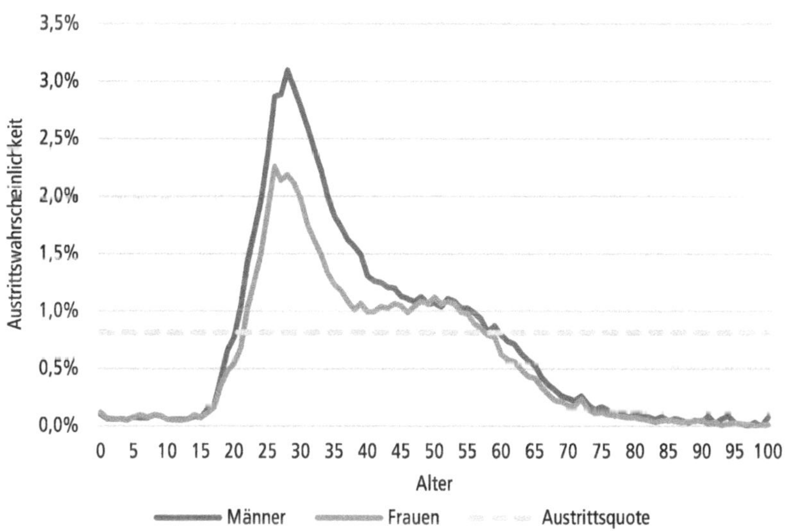

Quelle: Kirchenamt der EKD (2020b), Verband der Diözesen Deutschlands (2020a), eigene Berechnung.

5.1.6 Effekte der Determinanten auf die Projektionsergebnisse

Wird der Einfluss der einzelnen Determinanten im Zusammenhang betrachtet, kann intuitiv der Verlauf des Anteils der katholischen und evangelischen Kirchenmitglieder an der Gesamtbevölkerung nach Alter erklärt werden. 2019 waren 52 Prozent der gesamten Bevölkerung Deutschlands Mitglied einer der beiden großen Kirchen. Abbildung 15 zeigt jedoch, dass der Christenanteil an der Bevölkerung zwischen den verschiedenen Alterskohorten sehr unterschiedlich ist. Der ansteigende Christenanteil bis zum 15. Lebensjahr beruht auf einem biografischen Effekt, der in Kindheit und Jugend stattfindenden Taufen. Da die meisten Taufen im Säuglingsalter vollzogen werden, ist in den ersten drei Lebensjahren ein besonders starker Anstieg auf rund 40 Prozent zu verzeichnen. Danach führen Taufen im Kindesalter bis zum Alter von 15 Jahren zu einem langsameren Anstieg auf knapp 60 Prozent der gleichaltrigen Bevölkerung. Bis zum 21. Lebensjahr stagniert der Anteil der Kirchenmitglieder. In den folgenden Alterskohorten sinkt der Anteil auf weniger als 50 Prozent. Dieser Rückgang ist hauptsächlich auf die in dieser Phase verstärkt stattfindenden Kirchenaustritte zurückzuführen. Besonders bei evangelischen Landeskirchen wäre der Rückgang noch größer, wenn Aufnahmen und Erwachsenentaufen nicht für eine gegenläufige Entwicklung sorgen würden. Ab dem 40. Lebensjahr steigt der Anteil der

Abbildung 15: Anteil der Kirchenmitglieder an der Gesamtbevölkerung 2019

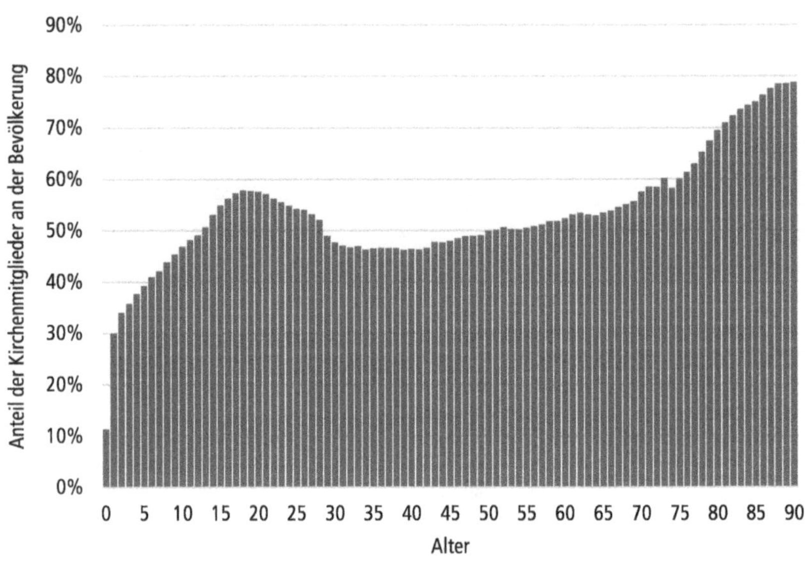

Quelle: Kirchenamt der EKD (2020b), Verband der Diözesen Deutschlands (2020a), eigene Berechnung.

evangelischen und katholischen Kirchenmitglieder wieder kontinuierlich an. Etwa im Alter von 70 Jahren wird der Wert der 15- bis 25-Jährigen erreicht. Mehr als zwei Drittel der 2019 über 80-Jährigen waren Kirchenmitglieder. Bei den über 85-Jährigen gehörten sogar mehr als drei Viertel einer der beiden großen Kirchen an. Der hohe Anteil an Kirchenmitgliedern in der älteren Bevölkerung ist darauf zurückzuführen, dass in diesen Alterskohorten die Kirchenmitgliedschaft nach wie vor Konvention ist. Sie wurden quasi vollständig bei Geburt getauft. Nur wenige sind im Laufe des Lebens aus der Kirche ausgetreten.

5.2 Einflussfaktoren der zweiten Schicht

In der zweiten Schicht des Projektionsmodells wird das Kirchensteueraufkommen der Landeskirchen und Diözesen auf Basis der in der ersten Schicht ermittelten Mitgliederstruktur projiziert. Daher wirken sich Veränderungen der in Kapitel 5.1 beschriebenen Determinanten auch auf die Entwicklung des Kirchensteueraufkommens aus. Daneben wird die Höhe des Kirchensteueraufkommens durch arbeitsmarktspezifische, konjunkturelle sowie kirchen- und einkommensteuerrechtliche Einflussfaktoren determiniert.

Bemessungsgrundlage für die Kirchensteuer ist die staatliche Lohn- und Einkommensteuer der Kirchenmitglieder. Diese ist ausgehend vom alters- und geschlechtsspezifischen Anteil der Steuerzahlenden an den Kirchenmitgliedern im Wesentlichen von der Entwicklung der Erwerbstätigen in Deutschland sowie deren zu versteuernden Einkommen abhängig. Der Anteil der kirchensteuerwirksamen Protestanten und Katholiken an allen Kirchenmitgliedern entwickelt sich – sofern nicht kirchenspezifische Gründe in der ersten Schicht des Projektionsmodells entgegenlaufen – entsprechend dem Anteil der erwerbstätigen Bevölkerung. Die Höhe der zu versteuernden Einkünfte wiederum entwickelt sich entsprechend der Lohn- und Gehaltssteigerungen der Kirchenmitglieder. Somit sind für die Entwicklung des Kirchensteueraufkommens die wirtschaftlichen Rahmenbedingungen und insbesondere die konjunkturelle Entwicklung sowie die daraus folgenden Auswirkungen auf den Arbeitsmarkt maßgeblich.[90] Da die Datenlage weder im Fall der Erwerbsintensität noch der Lohn- und Gehaltssteigerungen auf unterschiedliche Entwicklungen zwischen kirchlicher und staatlicher Bevölkerung hinweist, werden im Folgenden gesamtwirtschaftliche Parameter betrachtet. Die Höhe der individuellen Kirchensteuerschuld wird darüber hinaus durch Änderungen im Kirchen- und Einkommensteuerrecht beeinflusst.

[90] Vgl. Arndt (2009, S. 31).

5.2.1 Erwerbsintensität

Deutschland hat in den vergangenen Jahren einen starken wirtschaftlichen Aufschwung erlebt. So ist das Bruttoinlandsprodukt – wie aus Abbildung 16 hervorgeht – seit Anfang der 1990er-Jahre stets gestiegen. Einzige Ausnahme bildet die Wirtschafts- und Finanzkrise im Jahr 2009. Bis zum Beginn der Corona-Krise hat die deutsche Wirtschaft dann eine derart positive Entwicklung genommen, wie sie in der deutschen Geschichte erst einmal während des Wirtschaftswunders der 1960er-Jahre beobachtet wurde. Dementsprechend ist auch die Zahl der Arbeitnehmer seit 2010 um durchschnittlich 2,7 Prozent pro Jahr gestiegen. Seit Anfang der 1990er-Jahre sanken die Arbeitnehmerzahlen lediglich zwischen 2001 und 2005. Diese Entwicklung veranlasste die Schröder-Administration zur Verabschiedung der Hartz-Gesetze. Im gesamten Betrachtungszeitraum zwischen 1991 und 2017 stiegen die Arbeitnehmerzahlen insgesamt um 13 Prozent von 35,3 Millionen auf 40,0 Millionen.[91]

Der Anteil der Erwerbstätigen an der Bevölkerung im erwerbsfähigen Alter von 15 bis 64 Jahren ist in Deutschland zwischen 1991 und 2017 von 68 Prozent auf 75 Prozent angestiegen (vgl. Abbildung 17). Für den Anstieg der Erwerbstätigenquote sind in erster Linie die erwerbstätigen Frau-

Abbildung 16: Arbeitnehmer und Bruttoinlandsprodukt

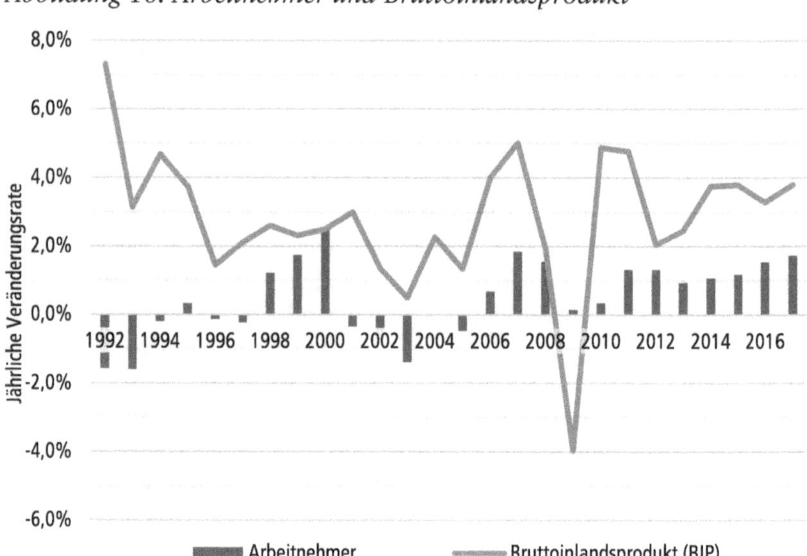

Quelle: Statistische Ämter des Bundes und der Länder (2020a), eigene Berechnung.

[91] Vgl. Statistische Ämter des Bundes und der Länder (2020a).

Abbildung 17: Erwerbstätigenquote der 15- bis unter 65-Jährigen

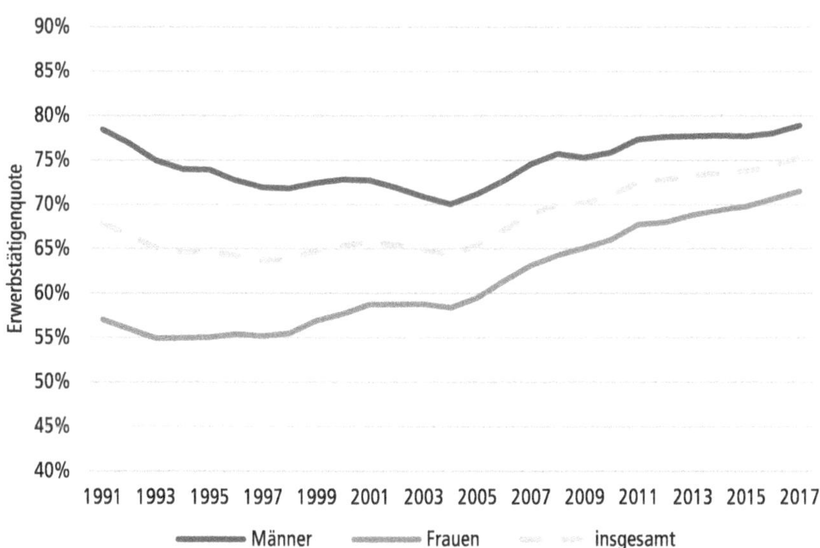

Quelle: Statistisches Bundesamt (2020a), eigene Berechnung.

en verantwortlich. Zwar sind in Deutschland wie auch in allen anderen EU-Ländern Frauen seltener erwerbstätig als Männer. Doch während 1991 lediglich 57 Prozent der Frauen im Alter zwischen 15 und 65 Jahren einer Erwerbstätigkeit nachgingen, waren es im Jahr 2017 bereits 72 Prozent. Im EU-Vergleich nimmt Deutschland sowohl bei den Frauen als auch bei den Männern eine Spitzenposition ein.[92] Es ist jedoch zu berücksichtigen, dass die Erwerbstätigenquote keine Aussage über den Umfang der jeweiligen Erwerbstätigkeit erlaubt.

Langfristig ist nicht damit zu rechnen, dass die Erwerbstätigenquote der Gesamtbevölkerung sinkt. Zwar ist möglicherweise mit drohenden Beschäftigungsverlusten durch Digitalisierungsprozesse zu rechnen. So hat eine Studie im Jahr 2015 festgestellt, das 42 Prozent der Jobs in Deutschland prinzipiell von Automatisierungsprozessen betroffen sein dürften, sodass 12 Prozent aller beruflichen Tätigkeiten dadurch zukünftig entfallen könnten.[93] Auf der anderen Seite wird der demografische Wandel zwangsläufig zu Engpässen an Arbeitskräften führen (und hat teilweise schon dazu geführt), die diese Beschäftigungsverluste kompensieren könnten.[94] Kurz- und

[92] Vgl. Eurostat (2019).

[93] Vgl. Bonin/Gregory/Zierahn (2015).

[94] Die noch nicht abgeschlossene Diskussion über die Auswirkungen der Digitalisierung und den damit einhergehenden tiefgreifenden Strukturwandel des Arbeitsmarkts, aber auch die dadurch entstehenden Chancen wurde vom Sachverständigenrat zur Begutachtung der Ge-

mittelfristig unterliegt das Beschäftigungsniveau allerdings Schwankungen. Aufgrund von konjunkturellen Tiefphasen – 2020 insbesondere in Folge der Corona-Krise – kann es sich auch verringern.[95]

Vergleicht man die Erwerbstätigkeit der Gesamtbevölkerung mit den kirchlichen Steuerzahlerquoten, fällt auf, dass die entsprechenden kirchlichen Anteile geringer als die staatlichen sind. Während 70 Prozent der 15- bis 64-jährigen männlichen Kirchenmitglieder im Jahr 2017 tatsächlich Kirchensteuern bezahlen, sind in der Gesamtbevölkerung 82 Prozent erwerbstätig. Bei den Frauen sind 62 Prozent der 15- bis 64-jährigen weiblichen Kirchenmitglieder kirchensteuerwirksam, während in der Gesamtbevölkerung 73 Prozent der 15- bis 64-jährigen Frauen erwerbstätig sind. Diese Unterschiede deuten nur auf den ersten Blick auf differierende Entwicklungen zwischen Kirchenmitgliedern und Gesamtbevölkerung hin. Vielmehr lassen sie sich mit definitorischen und kirchenspezifischen Gründen erklären. Zum einen werden hier unterschiedliche Kennzahlen miteinander verglichen. Eine Erwerbsintensität, wie sie im Falle der Gesamtbevölkerung beschrieben wurde, setzt zwar ein Einkommen voraus. Dieses muss aber nicht zwangsläufig zu einer Steuerzahlung führen. Liegen die zu versteuernden Einkünfte unterhalb der Freibeträge entsteht keine Steuerschuld. Im Falle der Kirchenmitglieder wurden jedoch nur die Personen betrachtet, die auch tatsächlich Kirchensteuern bezahlen. Hinzu kommt, dass aufgrund der Durchbrechung der Akzessorietät zwischen Kirchensteuer und Einkommensteuer – insbesondere bei der Betrachtung der Kinderfreibeträge – der Anteil der kirchlichen Steuerzahlenden an allen Kirchenmitgliedern geringer ist als der entsprechende Anteil der Gesamtbevölkerung, die tatsächlich Einkommensteuern bezahlt.[96]

5.2.2 Einkünfte

Neben der Erwerbsintensität der Kirchenmitglieder ist für die langfristige Entwicklung der Kirchensteuer ein geeigneter nominaler Wachstumspfad der Einkünfte zu identifizieren. Schließlich richtet sich die Höhe der Kirchensteuer nach der Höhe des individuell zu versteuernden Einkommens. Dieses wiederum steigt vor allem entsprechend der Entwicklung von Bruttolöhnen und -gehältern an. Die überaus positive wirtschaftliche Entwicklung der vergangenen Jahre spiegelt sich in den Gehalts- und Lohnsteigerungen wider. Bundesweit sind die Bruttolöhne und -gehälter seit 1992

samtwirtschaftlichen Entwicklung umfassend aufgegriffen. Vgl. Sachverständigenrat zur Begutachtung der Gesamtwirtschaftlichen Entwicklung/Statistisches Bundesamt (2017, S. 31 ff.).

95 Zur Auswirkung der Corona-Krise auf die Langfristprojektion sei auf Kapitel 7.3 verwiesen.

96 Vgl. hierzu die Ausführungen in Kapitel 2.1 sowie 5.2.4.

Abbildung 18: Bruttolöhne und -gehälter sowie Verbraucherpreisindex

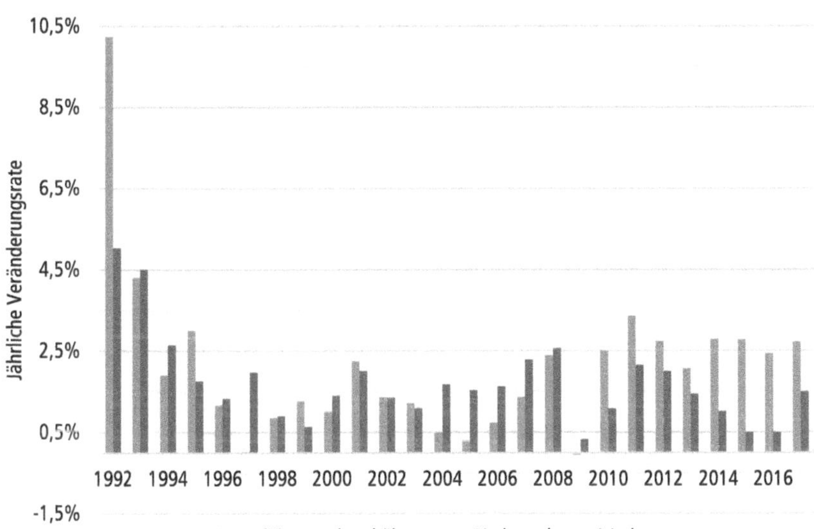

Quelle: Statistische Ämter des Bundes und der Länder (2020a), eigene Berechnung.

kontinuierlich gestiegen. Selbst die Wirtschafts- und Finanzkrise im Jahr 2009 führte lediglich zu einer roten Null. Dabei sind die jährlichen Veränderungsraten der Bruttolöhne und -gehälter pro Arbeitnehmer – wie aus Abbildung 18 hervorgeht – teilweise großen Schwankungen unterworfen.

Steigende Löhne und Gehälter allein sind freilich kein Zeichen von wirtschaftlicher Prosperität. Nur wenn die nominalen Gehaltssteigerungen die allgemeine Preisentwicklung übersteigen, sind die Einkünfte auch real – also kaufkraftbereinigt – gestiegen. Von 2000 bis 2009 haben die Nominallohnsteigerungen durchschnittlich nicht einmal die Inflationsrate erreicht, sodass Löhne und Gehälter in diesem Zeitraum bei realer Betrachtungsweise gesunken sind. Seit 2010 stiegen die Löhne hingegen – wie Abbildung 18 zeigt – deutlich stärker als der Verbraucherpreisindex.

Zwischen 1992 und 2017 lagen die Wachstumsraten der Bruttolöhne pro Arbeitnehmer[97] in den ostdeutschen Bundesländern mit Ausnahme von fünf Jahren[98] über den vergleichbaren Wachstumsraten der westdeutschen Bundesländer. Nachdem der Abstand zwischen den Bruttolöhnen in Ost-

[97] Löhne und Gehälter der Arbeiter, Angestellten, Beamten, Richter, Soldaten usw. vor Abzug der Lohnsteuer und der Sozialversicherungsbeiträge der Arbeitnehmer sowie Sachleistungen, die den Arbeitnehmern unentgeltlich oder verbilligt zur Verfügung gestellt werden. Vgl. Statistische Ämter des Bundes und der Länder (2020a).

[98] 2001, 2003, 2006, 2007 und 2012.

deutschland zu denen in Westdeutschland im Jahr 1991 noch 9.202 Euro betragen hatte, verringerte sich der Abstand seit 1994 (5.531 Euro) nur noch sehr langsam auf 4.913 Euro im Jahr 2017.[99]

Entsprechend der Bruttolöhne und -gehälter haben sich auch die gesetzlichen Renten entwickelt. Zwischen 2010 und 2019 übertrafen sie mit jährlichen Rentensteigerungen von durchschnittlich 2,2 Prozent in West- und 3,2 Prozent in Ostdeutschland deutlich die Inflationsrate, die in diesem Zeitraum durchschnittlich 1,3 Prozent pro Jahr betrug. Von 2000 bis 2009 war die Inflationsrate mit durchschnittlich 1,6 Prozent pro Jahr höher als die entsprechenden Rentensteigerungen in West- (1 Prozent) und Ostdeutschland (1,2 Prozent), sodass die Renten in diesem Zeitraum real an Kaufkraft verloren haben.

5.2.3 Einkommensteuerrecht

Änderungen in der Einkommensteuergesetzgebung haben nicht nur Auswirkungen auf das staatliche Steueraufkommen, sondern wirken unmittelbar auch auf die Kirchensteuer als Annexsteuer zur Einkommensteuer. Sie beeinflussen damit auch das Steueraufkommen der Kirchen. Steuerrechtsänderungen verändern entweder den Einkommensteuertarif oder führen zu einer Verkürzung beziehungsweise Verlängerung der Bemessungsgrundlage. Dementsprechend ändert sich die Einkommen- und in deren Folge auch die Kirchensteuerzahlung. Übersteigt dadurch der steuerbare Teil des Einkommens die anzurechnenden Freibeträge, können Kirchenmitglieder erstmals kirchensteuerwirksam werden. Steuerrechtsänderungen liegen außerhalb der Entscheidungssphäre der Kirchen und können sowohl nur geringe als auch weitreichende und langfristige Auswirkungen auf Kirchensteuerzahlende und Kirchensteueraufkommen haben. Während für Gesetzgebungsverfahren des Bundes regelmäßig die Mehrausgaben für den Haushalt beziehungsweise die Steuermindereinnahmen für Bund, Länder und Gemeinden berechnet werden, liegen für die Haushalte der Diözesen und Landeskirchen keine finanziellen Folgenabschätzungen vor. Daher muss dies für die vorliegende Projektion gesondert getan werden.

Für kirchliche Finanzverantwortliche sind dabei solche Steuerreformen von besonderer Bedeutung, die sich unterschiedlich stark auf das Einkommen- und Kirchensteueraufkommen auswirken. Grundsätzlich wirken sich Steuerrechtsänderungen unter sonst gleichen Bedingungen gleichermaßen auf das staatliche Einkommen- und das Kirchensteueraufkommen aus. Die strenge Akzessorietät der Kirchensteuer von der Einkommensteuer wird allerdings – wie in Kapitel 2.1 beschrieben – an wenigen Punkten durch-

[99] Vgl. Statistische Ämter des Bundes und der Länder (2020a).

brochen. Diese Unterschiede zeigen sich insbesondere bei der steuerlichen Berücksichtigung von Kindern. Werden Veränderungen des Kinderfreibetrags beschlossen, hat dies massiv unterschiedliche Auswirkungen auf Einkommen- und Kirchensteueraufkommen. Während im Falle der Einkommensteuer im Rahmen des Familienleistungsausgleichs grundsätzlich eine Günstigerprüfung zwischen der Auszahlung von Kindergeld und der Inanspruchnahme des Freibetrags vorgenommen wird und letztere so nur bei ca. 10 Prozent der Einkommensteuerpflichtigen für jedes anspruchsberechtigte Kind angerechnet wird, wirkt sich der Kinderfreibetrag im Falle der Kirchensteuer stets steuermindernd aus. Daher reduzieren die Kinderfreibeträge – anders als bei der Einkommensteuer – in der Phase der Kindererziehung die Kirchensteuerzahlung deutlich und führen insgesamt zu einer Reduzierung des Kirchensteueraufkommens. Gleichermaßen bedeutet dies, dass sich die individuelle Kirchensteuerschuld bei Wegfall der Anspruchsberechtigung spürbar erhöht.

Die Bedeutung von Kinderfreibetragserhöhungen verdeutlicht die beispielhafte Analyse des Familienentlastungsgesetzes 2018. Dieses sah zum 1. 1. 2019 sowie zum 1. 1. 2020 eine zweistufige Erhöhung des Kinderfreibetrags um real 1,5 Prozent vor. Diese Steuerrechtsänderung führt unter sonst gleichen Bedingungen zu einem realen Rückgang des Kirchensteueraufkommens der beiden großen Kirchen um 12,5 Millionen Euro beziehungsweise 0,1 Prozent. Erwartungsgemäß erfahren nur Kirchensteuerpflichtige mit berücksichtigungsfähigen Kindern – insbesondere zwischen 30 und 54 Jahren – eine reale steuerliche Entlastung. Diese beträgt durchschnittlich 0,3 Prozent. Würde der Kinderfreibetrag auf das Niveau des für Erwachsene geltenden Existenzminimums angehoben, hätte dies einen realen Kirchensteuerrückgang von 161 Millionen Euro beziehungsweise 1,3 Prozent zur Folge. Kirchensteuerpflichtige mit Kindern würden dann durchschnittlich um immerhin 4,3 Prozent entlastet. Eine derartige Erhöhung des Kinderfreibetrags entspricht einer Steigerung um 21,2 Prozent. Aufgrund der progressiv ausgestalteten Einkommensteuer steigt die steuerliche Entlastungswirkung mit zunehmenden Einkommen an. Allerdings tritt eine tatsächliche Entlastung bei längst nicht allen Kirchensteuerpflichtigen mit Kindern ein. Hierfür bedarf es eines zu versteuernden Einkommens, das oberhalb der Freibeträge liegt.[100]

Mit der sukzessiven Einführung der nachgelagerten Besteuerung von Alterseinkünften hat der Gesetzgeber eine weitreichende Steuerreform auf den Weg gebracht. Das Alterseinkünftegesetz (AltEinkG) sieht eine grund-

[100] Vgl. Peters/Gutmann (2019). Um die kaufkraftbereinigte Auswirkung der Kinderfreibetragserhöhungen zu ermitteln, wurden die Kinderfreibetragssteigerungen um die inflationsbedingte Zunahme korrigiert.

sätzliche Veränderung der lebensbiografischen Einkommensbesteuerung vor: Einkünfte während der Rentenphase müssen zukünftig in voller Höhe der Einkommensteuer unterworfen werden. Altersvorsorgeaufwendungen hingegen sollen gänzlich von der Bemessungsgrundlage der Einkommensteuer abgezogen werden. Die Besteuerungsumstellung erfolgt sukzessive im Zeitraum zwischen 2005 und 2040, wobei die volle Absetzbarkeit der Vorsorgebeiträge bereits 2025 erreicht wird.[101]

Die steuerliche Neuregelung wird den Verlauf der in Kapitel 2.2 beschriebenen alters- und geschlechtsspezifischen Kirchensteuerzahlung verändern. Die durchschnittliche Kirchensteuerzahlung eines Kirchenmitglieds wird sich – wie Abbildung 19 zeigt – während der Erwerbsphase unter sonst gleichen Bedingungen verringern. Die erhöhte Abzugsfähigkeit von Altersvorsorgeaufwendungen führt zu verringerten Bemessungsgrundlagen. Folglich reduziert sich die durchschnittliche Kirchensteuerzahlung bis zum Renteneintritt. Im Veranlagungsjahr 2025 können Altersvorsorgeaufwendungen in voller Höhe abgesetzt werden, sodass zu diesem Zeitpunkt die maximale steuerliche Entlastung erreicht ist und sich danach während der Erwerbsphase keine weitere Reduzierung ergibt. Zwischen dem 25. und dem 59. Lebensjahr beträgt die steuerliche Entlastung ab 2025 gegenüber

Abbildung 19: Kirchensteuer je steuerzahlendem Kirchenmitglied

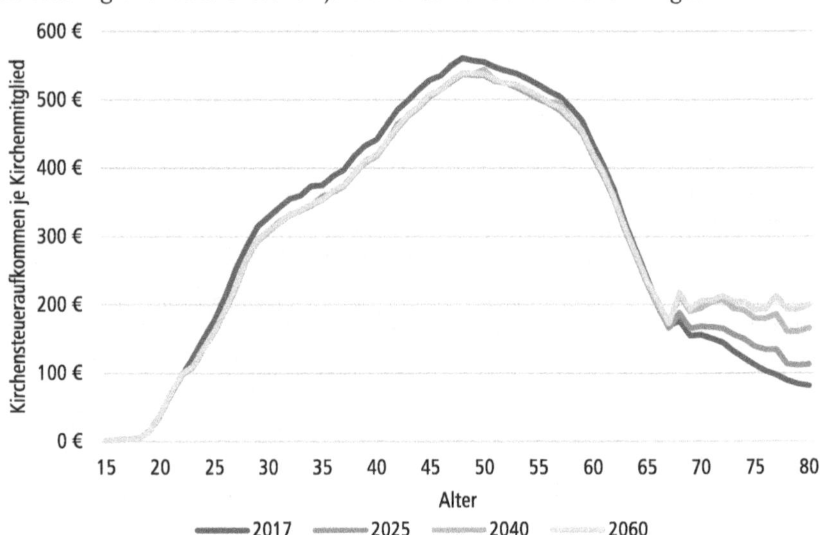

Quelle: FDZ der Statistischen Ämter des Bundes und der Länder, EVS 2013, Statistisches Bundesamt (2017), eigene Berechnung.

[101] Vgl. Deutscher Bundestag (2004, S. 2).

dem Jahr 2017 zwischen 4 und 11 Prozent. Im Rentenalter steigen hingegen die durchschnittlichen Kirchensteuerzahlungen an. Ab dem 60. Lebensjahr ist sie für das betrachtete Jahr 2025 um bis zu 38 Prozent höher; 2040 bis zu 116 Prozent. Im Jahr 2060 werden es 227 Prozent sein. In Abbildung 19 ist gut zu erkennen, dass die lebensbiografisch höheren Kirchensteuerzahlungen zunächst jüngere in den Ruhestand tretende Jahrgänge betreffen werden. Mit voranschreitender Jahreszahl wird sich die höhere Rentenbesteuerung allerdings auf sämtliche kirchensteuerpflichtige Personen im Rentenalter auswirken. Das sukzessive Vordringen in die älteren Jahrgänge liegt darin begründet, dass sich die Höhe der steuerbaren Rente nicht wie bei der Abzugsfähigkeit der Vorsorgeaufwendungen nach dem Veranlagungsjahr, sondern nach dem Jahr des tatsächlichen Renteneintritts bemisst.

Die nachgelagerte Besteuerung von Alterseinkünften wirkt sich nicht nur auf die durchschnittlich zu zahlende Kirchensteuer aus, sondern führt – durch den kontinuierlich wachsenden Anteil abzugsfähiger Vorsorgeaufwendungen und den gleichzeitigen Anstieg der steuerbaren Alterseinkünfte – auch zu Veränderungen in der Struktur der Kirchensteuerzahlenden und der Aufkommensbelastung einzelner Altersgruppen, die nachfolgend betrachtet werden.

Abbildung 20: Kirchensteueraufkommensverteilung über 60 Jahren

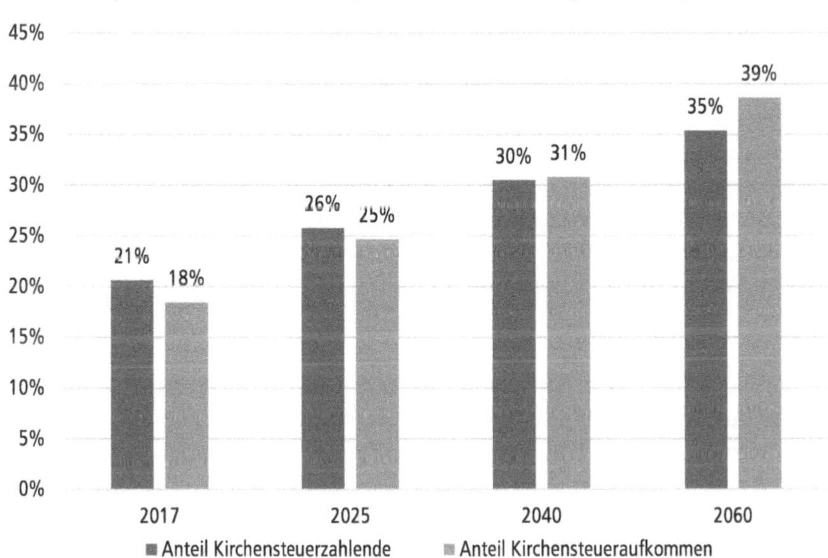

Quelle: FDZ der Statistischen Ämter des Bundes und der Länder, EVS 2013, Statistisches Bundesamt (2017), eigene Berechnung.

Abbildung 20 verdeutlicht die steigende Bedeutung der über 60-jährigen Kirchensteuerzahlenden eindrücklich. Während 21 Prozent aller Kirchensteuerzahlenden im Jahr 2017 über 60 Jahre alt waren, werden dies 30 Prozent im Jahr 2040 und 35 Prozent im Jahr 2060 sein. Viele der über 60-jährigen werden dann erstmals eine steuerwirksame Bemessungsgrundlage erreichen. Ihr Anteil am gesamten Kirchensteueraufkommen steigt von 18 Prozent im Jahr 2017 auf 31 Prozent im Jahr 2040 und 39 Prozent im Jahr 2060.

5.2.4 Kirchensteuerrecht

Auch innerhalb der Entscheidungssphäre der Kirchen können Rechtsänderungen vollzogen werden, die sich auf die Höhe des Kirchensteueraufkommens auswirken. So steht es den Kirchen prinzipiell frei Hebe- und Kappungssatz der Kirchensteuer zu ändern. Der Hebesatz wird durch die gesetzlichen Organe der Landeskirchen und Diözesen, in der Regel die Landessynoden beziehungsweise Kirchensteuerräte, festgesetzt. Er muss von den zuständigen staatlichen Stellen anerkannt werden. Zuletzt wurde der Hebesatz in Bremen und Hamburg im Jahr 2001 von 8 auf 9 Prozent angehoben.[102] Im Zuge der Einkommensteuerreformen 2004 haben einige Landeskirchen und Diözesen zuletzt ihre Kappungssätze angepasst.

Eine weitere Stellschraube der kirchlichen Gesetzgebung ist das besondere Kirchgeld in glaubensverschiedener Ehe.[103] Es wird derzeit in 19 Landeskirchen und 12 Diözesen erhoben. Zuletzt wurde es in der Evangelisch-Lutherischen Kirche in Bayern und im Bistum Trier zum Steuerjahr 2018 abgeschafft. Die bayerische Landeskirche hatte es einst zum „Schließen einer Lücke in der Steuergerechtigkeit“ eingeführt. Heute würde die Steuer aber „den Eindruck von Ungerechtigkeit“ erwecken und erhebliche Akzeptanzprobleme hervorrufen. Durch den Wegfall des besonderen Kirchgelds in glaubensverschiedener Ehe verzichte die Landeskirche nach eigenen Angaben auf 13,4 Millionen Euro, was weniger als zwei Prozent des Gesamtkirchensteueraufkommens ausmache.[104]

5.2.5 Effekte der Determinanten auf die Projektionsergebnisse

Im Verlauf des in Abbildung 21 dargestellten Kirchensteueraufkommens der beiden großen Kirchen lässt sich der Einfluss der einzelnen Determinanten der zweiten Schicht im Zusammenhang aufzeigen. Die rückgehenden

[102] Vgl. Petersen (2017, S. 185 ff.).
[103] Vgl. dazu die Ausführungen in Kapitel 2.
[104] Vgl. Evangelisch-Lutherische Kirche in Bayern (2018).

Kirchensteuereinnahmen zwischen 2000 und 2005 lassen sich vor allem mit einem Rückgang der Erwerbsintensität erklären. Im betrachteten Zeitraum sank die Zahl der Erwerbstätigen in Deutschland um 2,3 Prozent. Verstärkt wurde dieser Rückgang in den Jahren 2001 und 2004 durch Einkommensteuerreformen der Schröder-Administration. Diese sahen bei gleichzeitiger Ausweitung der Bemessungsgrundlage Anpassungen des Einkommensteuertarifs und insbesondere eine Senkung des Spitzensteuersatzes zwischen 2000 und 2005 von 51 Prozent auf 42 Prozent vor.

Zwischen 2005 und 2008 stieg das Kirchensteueraufkommen erneut aufgrund eines Anstiegs der Erwerbstätigen um 4,1 Prozent sowie kalten Progressionseffekten im engeren und weiteren Sinne: Während in diesem Zeitraum keine Anpassungen des Steuertarifs vorgenommen wurden, sind die Preise um 6,5 Prozent gestiegen. Die Lohnsteigerungen betrugen 4,6 Prozent. Die Wirtschafts- und Finanzkrise des Jahres 2009 ist daraufhin deutlich im Verlauf des Kirchensteueraufkommens zu erkennen. Während das staatliche Einkommensteueraufkommen im Jahr 2010 wieder stieg, ist das Kirchensteueraufkommen erneut gesunken. Dies kann mit einer Erhöhung der Kinderfreibeträge um 16,3 Prozent begründet werden, die sich aufgrund der Durchbrechung der strengen Akzessorietät zwischen Kir-

Abbildung 21: Kirchen- und Einkommensteuerentwicklung in Deutschland

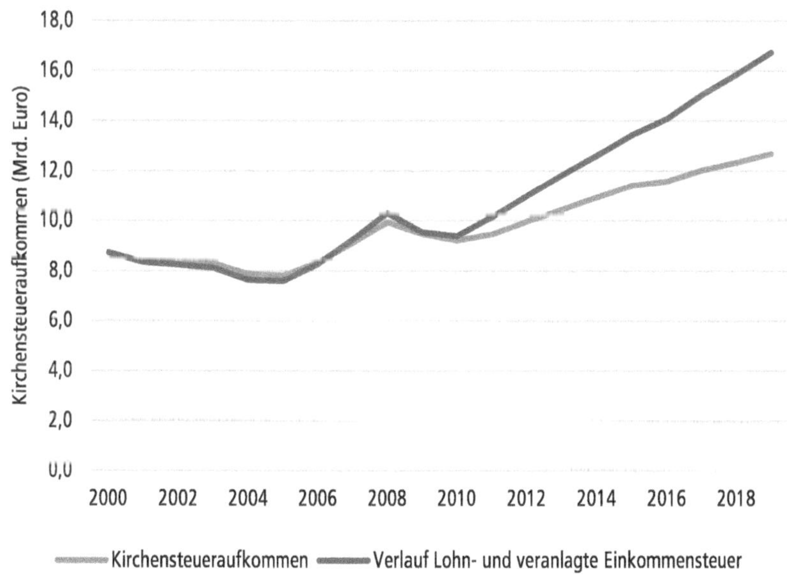

Quelle: Bundesministerium der Finanzen (2020b), Kirchenamt der EKD (2020b), Verband der Diözesen Deutschlands (2020b), eigene Berechnung.

chen- und Einkommensteuer stärker auf das Kirchen- als das staatliche Steueraufkommen auswirkt. Zwischen 2010 und 2017 wiederum erlebte Deutschland eine Phase der wirtschaftlichen Prosperität, wie sie zuletzt in den 1960er-Jahren beobachtet wurde. Der Anstieg der Erwerbstätigen in diesem Zeitraum um 9,4 Prozent und ein Anstieg der Löhne um 20,5 Prozent spiegelten sich direkt im steigenden Kirchensteueraufkommen wider. Unterstützt wurde diese Entwicklung durch kalte Progressionseffekte. Während der Steuertarif im betrachteten Zeitraum nur marginal um 2,2 Prozent dynamisiert wurde, sind die Preise im selben Zeitraum um 9,4 Prozent gestiegen. Dass sich auch die mitgliedschaftsbezogenen Determinanten der ersten Schicht mittelbar auf die Entwicklung des Kirchensteueraufkommens auswirken, offenbart der Vergleich der Kirchensteuerentwicklung mit der staatlichen Einkommensteuerentwicklung. Seit 2010 ist das staatliche Lohn- und Einkommensteueraufkommen deutlich stärker gestiegen als die Kirchensteuer. Deren höhere Steigerungsraten lassen sich unmittelbar mit dem Fortrücken der geburtenstarken Jahrgänge ins „beste" Steuerzahlendenalter erklären, da mehr als die Hälfte der insbesondere männlichen Babyboomer keiner der beiden großen Kirchen (mehr) angehören.

6 METHODIK

Die Entwicklung der Kirchenmitglieder und des Kirchensteueraufkommens werden mit dem in Kapitel 5 schematisch dargestellten Zwei-Schichten-Projektionsmodell für jede der 20 Landeskirchen und 27 Diözesen in Deutschland von 2017 bis 2060 projiziert. Wie die koordinierte Bevölkerungsvorausberechnung des Bundes basiert die vorliegende Projektion auf einem Kohorten-Komponenten-Modell mit deterministischen Annahmen.[105] Damit wird die in der Demografieforschung am häufigsten verwendete Methodik der Bevölkerungsfortschreibung aufgegriffen und durch Erweiterung um kirchenspezifische Faktoren zur Kirchenmitglieder- und Kirchensteuervorausberechnung weiterentwickelt. Die Methodik basiert auf Arbeiten von *Cannan* (1895), *Bowley* (1924) und *Whelpton* (1928). Heute wird die Komponentenmethode – wie auch im vorliegenden Fall – in der von *Leslie* (1945) entwickelten Matrixnotation verwendet. Sie ist neben Trendextrapolationen und Strukturmodellen eine der objektiven Methoden zur Bevölkerungsprojektion. Aufbauend auf den Arbeiten von *Rogers* (1967, 1975) und *Rees/Wilson* (1977) wurde das vorliegende Zwei-Schichten-Projektionsmodell zu einem Multi-Populations-Kohorten-Komponenten-Modell mit interregionalen Veränderungsraten und intraregionalen Zu- und Abwanderungsströmen weiterentwickelt, in dem 49 Subpopulationen (20 evangelische, 28 katholische und die Restbevölkerung) miteinander in Interaktion stehen.[106] In das Modell werden zudem Ergebnisse eines eigenen statischen Mikrosimulationsmodells eingespielt, das auf Individualebene steuerrechtsinduzierte Auswirkungen auf das Kirchensteueraufkommen ermittelt. So wurde das Zwei-Schichten-Projektionsmodell zu einem Bottom-up Mikro-Makro-Simulationsmodell weiterentwickelt.

Über die Analyse und Entwicklung der Kirchenmitglieder und des Kirchensteueraufkommens der evangelischen und katholischen Kirche in Deutschland liegen vergleichsweise wenige Studien vor. Zwar wurden für einzelne Diözesen und Landeskirchen in den vergangenen zehn bis fünfzehn Jahren Mitglieder- und auch Kirchensteuervorausberechnungen erstellt. Bisher lagen jedoch keine überkonfessionellen, bundesweiten Ergebnisse vor, die darüber hinaus auch die Entwicklung der Gesamtbevölkerung berücksichtigen.[107]

---

[105] Vgl. Statistisches Bundesamt (2015).

[106] Im Falle der katholischen (Erz-)Diözesen wird neben den 27 deutschen (Erz-)Diözesen auch der Offizialiatsbezirk Oldenburg der Diözese Münster betrachtet, sodass sich 28 katholische Subpopulationen ergeben.

[107] Vgl. bspw. Raffelhüschen u. a. (2006); Eicken/Schmitz-Veltin (2010); Benz/Hagist/Raffelhüschen (2011); Benz/Raffelhüschen (2013) und Hackett u. a. (2015).

6.1 Daten

Die der Langfristprojektion zugrundeliegenden Daten wurden vom Statistischen Bundesamt sowie den evangelischen Landeskirchen und römisch-katholischen Diözesen zur Verfügung gestellt. Die Gesamtbevölkerung Deutschlands im Basisjahr 2017 wurde der Bevölkerungsfortschreibung des Bundes entnommen. Daten zu Fertilität, Außenwanderungssaldo und fernerer Lebenserwartung stammen aus der amtlichen Statistik.[108] Konfessionelle Wanderungsbewegungen zwischen Landeskirchen und Diözesen sowie über die Bundesgrenzen hinweg gehen auf eine Sonderauswertung des Statistischen Bundesamts zurück, die im Auftrag der beiden großen Kirchen angefertigt wurde.[109]

Kirchenspezifische Daten zur alters- und geschlechtsspezifischen Aufteilung von Mitgliedern, Austritten, (Wieder-)Aufnahmen und Taufen in den Diözesen und Landeskirchen stammen aus dem kirchlichen Meldewesen der 20 Landeskirchen und 27 Diözesen. Da das kirchliche Meldewesen der Diözesen und Landeskirchen bezüglich technischer Verfahren und Datenerfassung sehr unterschiedlich ist, war die deutschlandweit koordinierte Datenerhebung mit einer aufwendigen Datenaufbereitung verbunden. Nahezu alle Diözesen und Landeskirchen haben eine alters- und geschlechtsspezifische Aufteilung ihrer Mitglieder sowie der Taufen, Ein- und Austritte der Jahre 2013 bis 2017 zur Verfügung gestellt. In Umfang und Detaillierungsgrad ist der nun vorliegende Datensatz für die beiden großen Kirchen in Deutschland einmalig.

Für die Zahl der Kirchensteuerzahlenden und deren alters- und geschlechtsspezifische Kirchensteuerzahlung wurde die Sonderauswertung Kirchensteuer der Lohn- und Einkommensteuerstatistik des Bundes für das Veranlagungsjahr 2014 verwendet.[110] Da es sich um eine Vollerhebung von Daten der Steuerfestsetzung handelt, ist eine Hochrechnung, die zu statistischen Ungenauigkeiten führen kann, nicht notwendig. Wirtschaftliche Rahmendaten zur bundeslandspezifischen Einkommens- und Arbeitnehmerentwicklung stammen aus den volkswirtschaftlichen Gesamtrechnungen der Länder.[111]

Zur Mikrosimulation der Auswirkungen von Steuerrechtsänderungen auf das Kirchensteueraufkommen wird auf die Einkommens- und Verbrauchsstichprobe des Statistischen Bundesamts für das Jahr 2013 (EVS) zurückgegriffen. Dabei handelt es sich um eine amtliche Quotenstichprobe,

[108] Vgl. Statistisches Bundesamt (2015, 2019b).
[109] Vgl. Statistisches Bundesamt (2018c).
[110] Vgl. Kapitel 5.2.3 und Statistisches Bundesamt (2018b).
[111] Vgl. Statistische Ämter des Bundes und der Länder (2020a).

die faktisch anonymisierte Angaben zu den Einnahmen und Ausgaben privater Haushalte in Deutschland beinhaltet. An ihr haben sich über 52.000 Haushalte beteiligt, in denen über 110.000 Personen leben. Gewichtet repräsentiert der Datensatz ca. 77 Millionen Personen und liefert damit repräsentative Ergebnisse für nahezu alle Haushalte der deutschen Bevölkerung. Im Datensatz der EVS nicht enthalten sind Haushalte, deren gemeinsames Nettoeinkommen über 18.000 Euro monatlich beträgt. Diese als Hocheinkommensbezieher zu bezeichnenden Haushalte werden gemäß der Einkommensteuerstatistik 2013 imputiert.[112]

6.2 Modell

Die Wirkungsweise des Projektionsmodells lässt sich auf drei Ebenen beschreiben, die miteinander in Verbindung stehen. Wie in Kapitel 5 dargestellt, werden in der ersten Schicht die Mitgliedschaftsbestände der Landeskirchen und Diözesen sowie der Teil der Bevölkerung, der keiner der beiden Kirchen angehört, bis ins Jahr 2060 projiziert. Darauf aufbauend wird in der zweiten Schicht das entsprechende Kirchensteueraufkommen ermittelt. In die Berechnungen der zweiten Schicht fließen Ergebnisse eines Mikrosimulationsmodells ein, das Auswirkungen von Steuerrechtsänderungen auf das Kirchensteueraufkommen auf Individualebene ermittelt.

6.2.1 Erste Schicht

Ausgangspunkt des Projektionsmodells ist der alters- und geschlechtsspezifische Aufbau der Gesamtbevölkerung Deutschlands im Jahr $\boldsymbol{t}$:

$$\boldsymbol{p_t} = (p_{t,0}^f, \dots, p_{t,a}^f, \dots, p_{t,100}^f, p_{t,0}^m, \dots, p_{t,a}^m, \dots, p_{t,100}^m) \qquad (1)$$

Dabei repräsentiert der Exponent f die weibliche und der Exponent m die männliche Bevölkerung. $p_{t,a}$ beschreibt die Anzahl der Personen im Jahr t, die a Jahre alt sind. Das maximal zu erreichende Alter beträgt im Projektionsmodell 100 Jahre, sodass der Zeilenvektor $\boldsymbol{p_t}$ 202 Einträge enthält. Die Gesamtbevölkerung $\boldsymbol{p_t}$ zum Zeitpunkt t lässt sich als Summe der Mitglieder in den 48 kirchlichen Subpopulationen $\boldsymbol{c_{i,t}}$ und der Restbevölkerung $\boldsymbol{rp_t}$ darstellen:

$$\boldsymbol{p_t} = \sum_{i=1}^{48} \boldsymbol{c_{i,t}} + \boldsymbol{rp_t} \qquad (2)$$

[112] Für eine detaillierte Beschreibung der Imputation sei auf Gutmann/Peters/Raffelhüschen (2019) verwiesen.

Dabei beschreiben die Indizes 1 bis 20 die evangelischen Landeskirchen und die Indizes 21 bis 48 die katholischen Subpopulationen. Die Restbevölkerung repräsentiert den Teil der Bevölkerung Deutschlands, der keiner der beiden großen Kirchen angehört. Die Gesamtzahl der Mitglieder der evangelischen Kirche in Deutschland ergibt sich aus der Summe der Mitglieder der 20 Landeskirchen ($\sum_{i=1}^{20} \boldsymbol{c_{i,t}}$). Die bundesweite Zahl der katholischen Kirchenmitglieder entspricht der Summe der Mitglieder der 28 katholischen Subpopulationen ($\sum_{i=21}^{48} \boldsymbol{c_{i,t}}$). Jede Subpopulation wird bis zum Jahr 2060 fortgeschrieben. Um den Mitgliederbestand einer Landeskirche beziehungsweise Diözese c_i im Folgejahr zu berechnen wird dieser um unterjährige Taufen ($\boldsymbol{b_{ci,t}}$), Verstorbene, (Wieder-)Aufnahmen ($\boldsymbol{e_{ci,t}}$), Kirchenaustritte ($\boldsymbol{dr_{ci,t}}$) und Wanderungsbewegungen ($\boldsymbol{m_{ci,t}}$) korrigiert, sodass gilt:

$$\boldsymbol{c_{i,t+1} = c_{i,t} * LM_{i,t} + b_{c_i,t} + e_{c_i,t} + m_{c_i,t} - dr_{c_i,t}} \tag{3}$$

Dabei werden $\boldsymbol{b_{ci,t}}$, $\boldsymbol{e_{ci,t}}$, $\boldsymbol{dr_{ci,t}}$ und $\boldsymbol{m_{ci,t}}$ als Zeilenvektor entsprechend des Aufbaus von $\boldsymbol{p_t}$ dargestellt. $\boldsymbol{LM_{i,t}}$ ist die in t gültige Leslie-Matrix der Landeskirche beziehungsweise Diözese i, die die alters- und geschlechtsspezifischen Geburts- (fr) und Überlebenswahrscheinlichkeiten (sp) enthält.[113] Die 202x202-Matrix ist wie folgt aufgebaut:

$$\boldsymbol{LM_{i,t}}=\begin{bmatrix}
0 & sp^f_{i,t,0} & & 0 & 0 & \cdots & 0 & 0 & \cdots & 0 & 0 & 0 & 0 & \cdots & 0 \\
\vdots & & \ddots & & \vdots & & \vdots & \vdots & & \vdots & \vdots & \vdots & \vdots & & \vdots \\
0 & 0 & & sp^f_{i,t,14} & 0 & \cdots & 0 & 0 & \cdots & 0 & 0 & 0 & 0 & \cdots & 0 \\
fr^f_{t,15} & 0 & \cdots & 0 & sp^f_{i,t,15} & & 0 & 0 & \cdots & 0 & fr^m_{t,15} & 0 & 0 & \cdots & 0 \\
\vdots & \vdots & & \vdots & & \ddots & & \vdots & & \vdots & \vdots & \vdots & \vdots & & \vdots \\
fr^f_{t,49} & 0 & \cdots & 0 & 0 & & sp^f_{i,t,49} & 0 & \cdots & 0 & fr^m_{t,49} & 0 & 0 & \cdots & 0 \\
0 & 0 & \cdots & 0 & 0 & \cdots & 0 & sp^f_{i,t,50} & & 0 & 0 & 0 & 0 & \cdots & 0 \\
\vdots & \vdots & & \vdots & \vdots & & \vdots & & \ddots & & \vdots & \vdots & \vdots & & \vdots \\
0 & 0 & \cdots & 0 & 0 & \cdots & 0 & 0 & & sp^f_{i,t,99} & 0 & 0 & 0 & \cdots & 0 \\
0 & 0 & \cdots & 0 & 0 & \cdots & 0 & 0 & \cdots & sp^f_{i,t,100} & 0 & 0 & 0 & \cdots & 0 \\
0 & 0 & \cdots & 0 & 0 & \cdots & 0 & 0 & \cdots & 0 & 0 & sp^m_{i,t,0} & 0 & \cdots & 0 \\
0 & 0 & \cdots & 0 & 0 & \cdots & 0 & 0 & \cdots & 0 & 0 & 0 & sp^m_{i,t,1} & & 0 \\
\vdots & \vdots & & \vdots & \vdots & & \vdots & \vdots & & \vdots & \vdots & \vdots & & \ddots & \\
0 & 0 & \cdots & 0 & 0 & \cdots & 0 & 0 & \cdots & 0 & 0 & 0 & 0 & & sp^m_{i,t,99} \\
0 & 0 & \cdots & 0 & 0 & \cdots & 0 & 0 & \cdots & 0 & 0 & 0 & 0 & \cdots & sp^m_{i,t,100}
\end{bmatrix} \tag{4}$$

$sp^f_{i,t,a}$ sei die Wahrscheinlichkeit, dass eine Frau, die der Landeskirche beziehungsweise Diözese i angehört und in der Periode t a Jahre alt ist, bis zum Beginn der Periode t+1 überlebt. $fr^f_{t,a}$ ist die Anzahl der Mädchen, die eine Frau im Alter von a Jahren während Periode t zur Welt bringt und die bis zum Beginn der Periode t+1 überleben. Dementsprechend ist $sp^m_{i,t,a}$ die Überlebenswahrscheinlichkeit der Männer und $fr^m_{t,a}$ die Fertilitätsrate für

113 Die Methodik der Bevölkerungsprojektion basiert auf Bonin (2001, S. 245 ff.).

Jungen. Da die Kirchenmitgliedschaft nicht durch Geburt, sondern durch Taufe beginnt, werden sämtliche Geburtenziffern in t auf Null gesetzt, sodass die Anzahl der nulljährigen Kirchenmitglieder zunächst null beträgt. Durch Multiplikation mit der Leslie-Matrix wird $c_{i,t}$ daher lediglich um Todesfälle korrigiert.[114] Für die Überlebenswahrscheinlichkeiten werden bundeslandspezifische Werte herangezogen.[115] Liegt eine Landeskirche oder Diözese in mehreren Bundesländern, werden die Überlebenswahrscheinlichkeiten entsprechend des jeweiligen Anteils der Mitglieder in den entsprechenden Bundesländern gewichtet.

Die Annahmen zu Fertilität und fernerer Lebenserwartung orientieren sich an der 13. koordinierten Bevölkerungsvorausberechnung des Bundes. Im Falle der Geburtenhäufigkeit wird ein Middle-Case-Szenario der darin enthaltenen Varianten gewählt und dauerhaft eine zusammengefasste Geburtenziffer von 1,5 unterstellt. Für die fernere Lebenserwartung bei Geburt wird entsprechend der Variante L1 der Bevölkerungsvorausberechnung des Statistischen Bundesamtes eine bundesweit linear steigende Lebenserwartung bei Männern von 78,3 im Basisjahr 2017 auf 84,8 im Jahr 2060 und bei Frauen von 84,6 (2017) auf 88,8 Jahre (2060) angenommen. Diese variiert in den Bundesländern. Bei Fertilität und Lebenserwartung werden keine Unterschiede zwischen Mitgliedern und Nichtmitgliedern der beiden Kirchen unterstellt.[116]

Die alters- und geschlechtsspezifische Austrittswahrscheinlichkeit in den Diözesen und Landeskirchen verläuft bundesweit sehr ähnlich, wenngleich – wie in Kapitel 5.1.5 beschrieben – auf unterschiedlichem Niveau. Für die Projektion wird unterstellt, dass die diözesan- und landeskirchliche Austrittswahrscheinlichkeit langfristig konstant bleibt. Zur Berechnung der Austritte wird das arithmetische Mittel der erhöhten Austrittsquoten der Jahre 2013 bis 2017 – und damit der Schnitt der vergangenen fünf Jahre – herangezogen. Diese werden mit der alters- und geschlechtsspezifischen Verteilung der Austritte des Jahres 2017 gewichtet, sodass:

$$\boldsymbol{dr_{c_i,t}} = \frac{\boldsymbol{c_{i,2017}} * \boldsymbol{LM_{i,2017}} * \frac{\boldsymbol{dr_{c_i,2017}}}{\overline{dr}_{c_i,2017}} * \frac{1}{5}\sum_{s=2013}^{2017}\left(\frac{\overline{dr}_{c_i,s}}{\bar{c}_{i,s}}\right)}{\boldsymbol{c_{i,2017}}} * \boldsymbol{c_{i,t}} * \boldsymbol{LM_{i,t}} \tag{5}$$

[114] In der Literatur wird die Leslie-Matrix nicht nur zur Bestimmung von Todesfällen, sondern auch von Geburten verwendet. Vgl. bspw. Bonin (2001, S. 245 ff.). Für die Kirchenmitgliederprojektion wird zur Berechnung von nachfolgenden Generationen allerdings neben der Fertilität auch die Taufwahrscheinlichkeit benötigt. Diese Berechnung erfolgt daher in einem separaten Schritt (vgl. Formeln 6 und 7).

[115] Bei Erreichen des Höchstalters wird in Anlehnung an Bonin (2001, S. 245) eine Überlebenswahrscheinlichkeit von 0 Prozent angenommen.

[116] Vgl. Statistisches Bundesamt (2015, 2018b, 2019b).

$\overline{dr}_{c_i,s}$ sei die Gesamtzahl der Austritte in Landeskirche bzw. Diözese i im Jahr s, $\overline{c_{i,s}}$ dementsprechend die Gesamtzahl der Mitglieder von Landeskirche bzw. Diözese i im Jahr s. (Wieder-)Aufnahmen werden entsprechend berechnet.

Bei der Berechnung der Taufen wird zwischen Kindern bis zur Vollendung des sechsten Lebensjahrs und Kindern über sieben Jahren unterschieden. Für Taufen bis zur Vollendung des sechsten Lebensjahres wird die Anzahl der Lebendgeburten ($lb_{c_i,t+1}$) herangezogen. Diese werden anhand der altersspezifischen Fertilität errechnet:

$$lb^f_{c_i,t+1} = \boldsymbol{fr^f} * \boldsymbol{c^f_{i,t}} \tag{6}$$

$$lb^m_{c_i,t+1} = \boldsymbol{fr^m} * \boldsymbol{c^f_{i,t}} \tag{7}$$

Dabei sei fr^f ein Spaltenvektor mit 101 Einträgen, der die altersspezifischen Geburtenraten für Mädchen enthält ($fr^f_{t,a}$), bei der $fr^f_{t,a}$ nur für Frauen im gebärfähigen Alter zwischen 15 und 49 Jahren positive Werte annimmt. fr^m sei entsprechend für männliche Lebendgeborene aufgebaut. $\boldsymbol{c^f_{i,t}}$ sei ein Zeilenvektor, der nur die ersten 101 Einträge (und damit nur den weiblichen Teil) der Mitgliederstruktur $\boldsymbol{c_{i,t}}$ enthält.
Die Taufen der 0- bis 6-Jährigen werden als geschlechts- und altersspezifischer Anteil an den Geburten innerhalb dieser Landeskirche bzw. Diözese errechnet. Analog zum Vorgehen bei Austritten und Aufnahmen wird ein fünfjähriger Durchschnitt der Taufen verwendet. Da keine Ist-Zahlen für die Geburten vorliegen, werden zur Ermittlung des Taufanteils an den Geburten behelfsweise nur die errechneten Geburten des Jahres 2017 verwendet, sodass:

$$b^f_{c_i,t+1,q} = \frac{1}{5}\sum_{s=2013}^{2017} \frac{b^f_{c_i,s,q}}{lb^f_{c_i,2017}} * lb^f_{c_i,t+1} \qquad q \in [0,6] \tag{8}$$

Bei männlichen Taufen wird entsprechend verfahren. Da das Verhältnis der Kindertaufen zur Gesamtzahl der Kinder, die eine evangelische bzw. katholische Mutter zur Welt bringt, seit 2010 relativ stabil ist, wird dauerhaft eine konstante Rate angenommen.[117] Nach Vollendung des siebten Lebensjahres werden Taufen entsprechend der Vorgehensweise bei Austritten und Aufnahmen errechnet. Für das Startjahr der Projektion 2017 ergibt sich so die in Tabelle 2 dargestellte Parametrisierung der kirchenspezifischen Determinanten.

[117] Vgl. Kapitel 5.1.4.

Tabelle 2: Parametrisierung der kirchenspezifischen Determinanten

Kirchenspezifische Determinanten	Evangelische Kirche	Katholische Kirche
Kindertaufen (Kindertaufen/Geburten)	76%	74%
Erwachsenentaufen (Taufen ab 14/Mitglieder)	0,11%	0,01%
Austritte (Austritte/Mitglieder)	0,95%	0,77%
Aufnahmen (Aufnahmen/Mitglieder)	0,13%	0,04%

Quelle: eigene Berechnung.

Die Gesamtwanderungen können in Binnen- und Außenwanderungen aufgeteilt werden, sodass gilt:

$$\boldsymbol{m}_{c_i,t} = \boldsymbol{m}_{c_i,t}^{int} + \boldsymbol{m}_{c_i,t}^{ext} \tag{9}$$

Wie in Kapitel 5.1.3 beschrieben, wird die konfessionelle Binnenwanderung zwischen den Diözesen bzw. Landeskirchen stark von dem jeweiligen Konfessionsanteil an der Bevölkerung dominiert. Es ist langfristig nicht von ausgeglichenen Binnenwanderungssalden in den Landeskirchen und Diözesen auszugehen, solange der Anteil der Kirchenmitglieder in den Regionen Deutschlands variiert. Daher weicht die Modellierung der Binnenwanderungen von der Vorgehensweise des Statistischen Bundesamts ab.[118]

Für Binnenwanderungen werden die Wanderungsströme des Jahres 2013 zwischen den Landeskirchen (Diözesen) zugrundegelegt. Die Binnenwanderung einer Landeskirche (Diözese) entspricht der Differenz aus Zuwanderungen aus anderen Kirchen und der Abwanderung in andere Kirchen.

Für eine evangelische Landeskirche ergibt sich so:

$$\boldsymbol{m}_{c_i,t}^{int} = \left(\sum_{j=1}^{20} \left(\frac{\overline{m}_{2013}^{i,i}}{\bar{c}_{j,2013}} * \bar{c}_{j,t} \right) - \sum_{j=1}^{20} \left(\frac{\overline{m}_{2013}^{i,j}}{\bar{c}_{i,2013}} * \bar{c}_{i,t} \right) \right) * \boldsymbol{m}^{int} \tag{10}$$

$\overline{m}_{2013}^{i,j}$ repräsentiert dabei die absolute Zahl an Wanderungen von Landeskirche j zu Landeskirche i im Jahr 2013. Der Zeilenvektor $\boldsymbol{m}^{int}$ ist entsprechend $\boldsymbol{p}_t$ aufgebaut und enthält die alters- und geschlechtsspezifische Verteilung der Binnenwanderungsströme. Katholische Binnenwanderungen werden entsprechend mit den Indizes 21 bis 48 errechnet.

[118] Dieses geht nach kontinuierlichem Absenken ab 2039 von einem ausgeglichenen Binnenwanderungssaldo in den Bundesländern aus. Vgl. Statistisches Bundesamt (2017a, S. 5).

Für die Außenwanderungen wird ein Schnitt der Wanderungssalden im Zeitraum zwischen 2000 und 2013 ohne das Jahr 2008 zugrunde gelegt. Das Jahr 2008 war von einer statistischen Anpassung betroffen. Während das evangelische Zuwanderungsniveau dauerhaft unterstellt wird, reduzieren sich die katholischen Außenwanderungen zwischen dem Jahr 2025 und 2040 linear auf 35 Prozent des Ausgangswerts. So wird das abnehmende Potenzial katholischer Migranten in den kommenden Jahrzehnten antizipiert. Die absoluten Zahlen werden gemäß der Verteilung der Außenwanderungen in die Bundesrepublik Deutschland des Jahres 2015 alters- und geschlechtsspezifisch aufgeteilt.

Zur Projektion der Restbevölkerung rp_t wird diese zunächst mit der in t gültigen Leslie-Matrix multipliziert und anschließend um die kirchenspezifischen Faktoren Taufen, Austritte und Aufnahmen korrigiert. So ergibt sich die Restbevölkerung im Folgejahr als:

$$\boldsymbol{rp_{t+1} = LM_t * rp_t + \textstyle\sum_{i=1}^{48}(dr_{c_i,t} - b_{c_i,t} - e_{c_i,t}) + m_{rp,t}} \qquad (11)$$

Für den Gesamtaußenwanderungssaldo $m_{p,t}^{ext}$ wird mit 150.000 Personen ein Middle-Case-Szenario der Varianten der 13. koordinierten Bevölkerungsvorausberechnung verwendet.[119] Die Wanderungen $m_{rp,t}$ wurden um konfessionelle Außenwanderungen bereinigt, sodass gilt:

$$\boldsymbol{m_{rp,t} = m_{\overline{p},t}^{ext} - \sum_{i=1}^{48} m_{c_i,t}^{ext}} \qquad (12)$$

6.2.2 Zweite Schicht

Zur Ermittlung der Anzahl der Kirchensteuerzahlenden $tc_{i,t}$ in Landeskirche bzw. Diözese i im Jahr t wird zunächst der alters- und geschlechtsspezifische Anteil von Kirchensteuerzahlenden an allen Kirchenmitgliedern $tcq_{c_i,2014}$ aus der Einkommensteuerstatistik des Veranlagungsjahres 2014 ins Jahr 2017 fortgeschrieben, sodass:

$$\boldsymbol{tcq_{c_i,2017} = tcq_{c_i,2014}} * \frac{n_{2017}}{n_{2014}} \qquad (13)$$

Dabei beschreibe n_{2017} die bundeslandspezifische Anzahl an Arbeitnehmern im Jahr 2017, n_{2014} entsprechend die des Jahres 2014.[120]

[119] Vgl. Statistisches Bundesamt (2015).

[120] Liegt eine Diözese/Landeskirche in mehreren Bundesländern, wird entsprechend der Ermittlung von w_i ein nach Kirchenmitgliedern pro Bundesland gewichteter Schnitt verwendet.

Das alters- und geschlechtsspezifische Beschäftigungsniveau des Jahres 2017 wird über den Projektionszeitraum als konstant angenommen. Dem liegt die bereits in Kapitel 5.2.1 beschriebene Annahme zugrunde, dass Beschäftigungsverluste durch die Digitalisierung langfristig durch den demografisch bedingten Arbeitskräftemangel ausgeglichen werden. Aufgrund der sukzessive eingeführten nachgelagerten Besteuerung von Alterseinkünften verändert sich, wie in Kapitel 5.2.3 beschrieben, der alters- und geschlechtsspezifische Anteil der Kirchensteuerzahlenden an allen Kirchenmitgliedern, sodass sich die Anzahl der Kirchensteuerzahlenden $\boldsymbol{tc}_{c_i,t}$ in Landeskirche bzw. Diözese i im Jahr t ergibt als:

$$\boldsymbol{tc}_{c_i,t} = \boldsymbol{tcq}_{c_i,2017} * \boldsymbol{ngbc}_{2017,t} * \boldsymbol{c}_{i,t} \tag{14}$$

$\boldsymbol{tcq}_{c_i,2017}$ und $\boldsymbol{tc}_{c_i,t}$ seien entsprechend $\boldsymbol{p}_t$ aufgebaut. $\boldsymbol{ngbc}_{2017,t}$ beschreibe die aufgrund der nachgelagerten Besteuerung zu erwartende geschlechts- und altersspezifische relative Veränderung der Steuerzahlenden vom Basisjahr 2017 zum Jahr t, die mit dem in Kapitel 6.2.3 beschriebenen Mikrosimulationsmodell errechnet wird.

Auch die aus der Einkommensteuerstatistik gewonnene durchschnittliche alters- und geschlechtsspezifische Kirchensteuerzahlung $\boldsymbol{tp}_{c_i,t}$ sei entsprechend $\boldsymbol{p}_t$ aufgebaut. Sie wird zunächst um die Kirchensteuerzahlungen $\boldsymbol{top}_{c_i,t}$ von Hochsteuerzahlenden bereinigt, deren Steuerzahlung das Gesamtprofil beeinflusst. $\boldsymbol{top}_{c_i,t}$ sei dabei ein 1x1-Vektor. Ist im alters- und geschlechtsspezifischen Verlauf des Kirchensteuerprofils eine Hochsteuerzahlung zu erkennen, wird zunächst ermittelt, ob diese bereits in den Steuerprofilen der Veranlagungsjahre 2010 und 2013 in denselben Geburtsjahrgängen zu erkennen ist. Ist dies nicht der Fall, wird angenommen, dass es sich um hohe Kirchensteuerzahlungen aufgrund einmaliger Ereignisse wie beispielsweise bei Veräußerungsgewinnen handelt.[121] Die Wahrscheinlichkeit solcher einmaligen Spitzen im Steuerprofil ist langfristig nicht lokalisierbar. Von deren grundsätzlichem Eintreffen ist aber auch in Folgejahren auszugehen. Diese werden daher für die Projektion entfernt und die einmalige Steuerzahlung dauerhaft berücksichtigt. Wiederkehrende Spitzen in den Steuerprofilen der Veranlagungsjahre werden bis zum Erreichen der durchschnittlichen Lebenserwartung der entsprechenden Geburtsjahrgänge fortgeschrieben. Das verbleibende Steuerprofil wird Jahr für Jahr an die wirtschaftliche und steuerrechtliche Entwicklung angepasst. Dabei wird vereinfachend davon ausgegangen, dass der Bundesgesetzgeber langfristig die Eckwerte des Einkommensteuertarifs entsprechend der Einkommensentwicklung anpasst und dass es somit auf lange Sicht nicht zu Effekten

[121] Vgl. dazu die Ausführungen in Kapitel 2.2 sowie Petersen (2017, S. 185 ff.).

durch die kalte Progression kommt.[122] Deswegen wird die durchschnittliche Kirchensteuerzahlung entsprechend der Lohnentwicklung dynamisiert. Bei älteren Kirchenmitgliedern erfolgt die Dynamisierung entsprechend der Rentensteigerungen der gesetzlichen Rentenversicherung. Um konjunkturelle Schwankungen und regionale Spezifika zu berücksichtigen, beinhaltet der Zeilenvektor , der entsprechend p_t aufgebaut sei, bei Kirchenmitgliedern bis 65 Jahren den zwanzigjährigen bundeslandspezifischen Durchschnitt der Lohnwachstumsraten beziehungsweise bei älteren Kirchenmitgliedern den zwanzigjährigen Schnitt der Rentensteigerungen in der gesetzlichen Rentenversicherung. Liegt eine Landeskirche beziehungsweise Diözese in mehreren Bundesländern, wird ein nach Kirchenmitgliedern pro Bundesland gewichteter Schnitt verwendet. Die Lohnwachstumsraten in den ostdeutschen Bundesländern nähern sich bis 2060 linear dem durchschnittlichen Westlohnniveau an. Zudem wird das Kirchensteuerprofil um den intergenerativen Effekt der nachgelagerten Besteuerung von Alterseinkünften angepasst. Demgemäß wird die durchschnittliche Steuerzahlung von Beziehern von Alterseinkünften kontinuierlich steigen, wohingegen die durchschnittliche Steuerzahlung von Menschen im erwerbsfähigen Alter bis 2025 kontinuierlich sinken wird. $\boldsymbol{ngb}_{t,t+1}$ sei dabei entsprechend p_t aufgebaut und beschreibe die aufgrund der nachgelagerten Besteuerung zu erwartende geschlechts- und altersspezifische relative Veränderung des Steuerprofils vom Jahr t zum Jahr $t+1$.[123] Da es sich bei den konfessionellen Zuwanderern aus dem Ausland überwiegend um Arbeitsmigranten handelt, wird auch für Migranten dieses Steuerprofil verwendet.[124] Somit ergibt sich:

$$\boldsymbol{tp}_{c_i,t+1} = \boldsymbol{tp}_{c_i,t} * (1 + \boldsymbol{w}_{c_i}) * \boldsymbol{ngb}_{t,t+1} \quad (15)$$

Das Kirchensteueraufkommen $tax_{c_i,t}$ der Landeskirche bzw. Diözese i im Jahr t ergibt sich letztlich als Multiplikation der Anzahl der Kirchensteuerzahlenden $\boldsymbol{tc}_{c_i,t}$ mit deren durchschnittlicher Kirchensteuerzahlung $\boldsymbol{tp}_{[c_i,t]}$. Hinzu kommen die im Steuerprofil identifizierten Hochkirchensteuerzahlungen $\boldsymbol{top}_{c_i,t}$, sodass:

$$tax_{c_i,t} = \boldsymbol{tc}_{c_i,t} * \boldsymbol{tp}_{c_i,t} + top_{c_i,t} \quad (16)$$

Um das Ergebnis für alle Kirchen zu operationalisieren, wird im Startjahr der Projektion $\boldsymbol{tp}_{c_i,2017}$ mit der relativen Zuwachsrate des diözesanen und

[122] Diese Vereinfachung basiert auf der Annahme, dass progressionsbedingte Steuermehreinnahmen aufgrund steigender Nominaleinkommen über einen längeren Zeitraum durch Steuerreformen nachgelassen werden. Vgl. Homburg (2015, S. 57).

[123] Zur Beschreibung des dafür verwendeten Mikrosimulationsmodells vgl. Kapitel 6.2.3.

[124] Vgl. Statistisches Bundesamt (2015, S. 38).

landeskirchenspezifischen Kirchensteueraufkommens des Veranlagungsjahres 2014 zum kassenmäßigen Kirchensteueraufkommen 2017 multipliziert. Das resultierende Steueraufkommen $tax_{ci,2017}$ bezieht sich damit nicht auf das Veranlagungsjahr 2017, sondern auf das tatsächliche kassenmäßige Kirchensteueraufkommen der Landeskirche bzw. Diözese i nach Ausgleich durch das Kirchenlohnsteuerverrechnungsverfahren und vor Abzug der staatlichen Verwaltungsgebühren.[125]

Da auf dem Territorium der Landeskirchen Hannover, Schaumburg-Lippe sowie der Evangelisch-Lutherischen Kirche in Bayern Mitglieder der Evangelisch-reformierten Kirche wohnhaft sind, erfolgt für diese Landeskirchen ein zusätzlicher Finanzausgleich zur Verteilung des Kirchensteueraufkommens.[126] Für das niedersächsische Territorium der Landeskirchen Hannover und Schaumburg-Lippe wird das auf diesem Gebiet vereinnahmte gesamte Kirchensteueraufkommen herangezogen und gemäß dem Anteil der je in Niedersachsen wohnenden Kirchenmitglieder auf die drei Landeskirchen verteilt, sodass sich für die reformierte Kirche Folgendes ergibt:

$$tax_{ref,t} = \frac{\bar{p}_{ref,t}}{\bar{p}_{ref,t} + \bar{p}_{H,t} + \bar{p}_{SL,t}} * (tax_{H,t,o} + tax_{SL,t,o}) \tag{17}$$

Dabei sei $\bar{p}_{ref,t}$ die Anzahl der Mitglieder der reformierten Kirche im Jahr t, die in Niedersachsen wohnhaft sind und $tax_{ref,t}$ das Steueraufkommen der reformierten Kirche im Jahr t. $tax_{H,t,o}$ ($tax_{SL,t,o}$) beschreibe das ursprünglich auf dem Territorium der Landeskirche Hannover (Schaumburg-Lippe) im Jahr t errechnete Steueraufkommen. Für das Kirchensteueraufkommen der Landeskirchen Hannover (H) und Schaumburg-Lippe (SL) nach dem niedersächsischen Finanzausgleich wird entsprechend verfahren. Zum Kirchensteueraufkommen der reformierten Kirche werden darüber hinaus pauschal 0,5 Prozent des Kirchensteueraufkommens der bayerischen Landeskirche übertragen.[127]

[125] Vgl. für ausführliche Informationen zum Kirchenlohnsteuer-Verrechnungsverfahren zwischen den Diözesen bzw. Landeskirchen Petersen (2017, S. 203 f.).

[126] Die Evangelisch-reformierte Kirche ist die einzige Nichtterritorialkirche innerhalb der EKD. Ihre Mitglieder leben im gesamten Bundesgebiet, überwiegend jedoch auf dem Territorium der Landeskirchen Hannover, Schaumburg-Lippe und Bayern. Die Kirchensteuerzahlungen werden in den Landeskirchen erfasst, wo diese ihren Wohnsitz haben. Vgl. Statistisches Bundesamt (2018a, S. 2).

[127] Auf diesen Prozentsatz haben sich die Evangelisch-Lutherische Kirche in Bayern und die Evangelisch-reformierte Kirche bilateral verständigt.

6.2.3 Mikrosimulationsmodell

Der Einfluss der nachgelagerten Besteuerung von Alterseinkünften wird mit einem Mikrosimulationsmodell auf Individualebene ermittelt. Daraus ergeben sich die steuerrechtsinduzierten Veränderungen des Anteils der Kirchensteuerzahlenden an allen Kirchenmitgliedern $\boldsymbol{ngbc_{2017,t}}$ und der durchschnittlichen Kirchensteuerzahlung $\boldsymbol{ngb_{t,t+1}}$. Zunächst werden sowohl Erwerbs-, Renten- und Pensionseinkommen als auch Kapitalerträge und Einnahmen aus Vermietung und Verpachtung des Jahres 2013 auf Individualebene betrachtet und bis in das Jahr 2017 fortgeschrieben. Gemäß des 2017 gültigen Einkommensteuerrechts werden die Einkünfte um abzugsfähige Ausgaben gemindert und so das individuell zu versteuernde Einkommen ermittelt. Dieses wird dem Einkommensteuertarif $T(y)$ des § 32a EStG unterworfen.[128] Kapitalerträge werden je nach Höhe des individuell geltenden Grenzsteuersatzes davon abweichend mit maximal 24,5 Prozent besteuert.[129] Im Falle der Zusammenveranlagung wird bei der Simulation das gemeinsam zu versteuernde Einkommen je hälftig auf beide Partner verteilt. Die in Sachsen-Anhalt geltende Mindestbetrags-Kirchensteuer wird aufgrund des dadurch entstehenden zu vernachlässigenden Steueraufkommens nicht modelliert. Das Simulationsmodell unterstellt der Gesamtbevölkerung Kirchensteuerpflicht, sodass den Berechnungen die Alters-, Einkommens- und Familienschichtung aller deutschen Haushalte zugrunde liegt.

Die individuelle Kirchensteuerschuld $CT(y_n)$ im Veranlagungsjahr ergibt sich je nach Höhe des zu versteuernden Einkommens entweder als prozentualer Zuschlag zur Einkommensteuer $T(y_n)$ oder – im Falle der Kappung – als prozentualer Zuschlag zur Bemessungsgrundlage der Einkommensteuer y_n. Formal kann sie so für jedes Jahr $n \in [2017, 2060]$ beschrieben werden als:

$$CT(y_n) = \begin{cases} T(y_n) * \tau & T(y_n) * \tau < y_n * \varepsilon \\ y_n * \varepsilon & sonst \end{cases} \qquad \forall n \in [2017, 2060] \qquad (18)$$

Als Kirchensteuerhebesatz τ wird für Haushalte in Bayern und Baden-Württemberg 8 Prozent und ein Kappungssatz ε von 3,5 Prozent gewählt. In den übrigen Bundesländern beträgt τ 9 Prozent und der Kappungssatz ε 3,0 Prozent. Die Kappung erfolgt im Modell obligatorisch.[130]

128 Eine detaillierte Erläuterung des Mikrosimulationsmodells findet sich in Peters (2017).

129 Vgl. zur Berechnung des Abgeltungssteuersatzes im Falle der Kirchensteuerpflicht § 32d Abs. 1 S. 4 EStG.

130 Diese Vereinfachung wird gewählt, da bundesweit sehr unterschiedliche Kappungssätze gelten. Die Kappung erfolgt zudem je nach Landeskirche/Diözese sowohl von Amts wegen als auch auf Antrag. Für eine Übersicht vgl. Petersen (2017, S. 158).

Aufgrund der nachgelagerten Besteuerung verändert sich die Bemessungsgrundlage der Einkommensteuer y_n von Jahr zu Jahr. Als Ausgangspunkt der Mikrosimulation dient dabei die Bemessungsgrundlage des Jahres 2017 y_{2017}. Diese wird während der Erwerbsphase um die gegenüber dem Jahr 2017 erhöhten abzugsfähigen Altersvorsorgebeiträge ($\Delta \mathrm{VA}_n$) reduziert[131] und während der Rentenphase um den seit 2017 erhöhten steuerbaren Teil der Renten ($\Delta \mathrm{RE}_n$) sowie den abgeschmolzen Teil des Versorgungsfreibetrags ($\Delta \mathrm{VF}_n$), des Zuschlags zum Versorgungsfreibetrag (ΔZ_n) und des Altersentlastungsbetrags (ΔAB_n) erhöht.

$$(y_n) = y_{2017} - \Delta\mathrm{VA}_n + \Delta\mathrm{RE}_n + \Delta\mathrm{VF}_n + \Delta Z_n + \Delta AB_n \quad \forall n \in [2017, 2060] \qquad (19)$$

Der Anteil der abzugsfähigen Altersvorsorgebeiträge erhöht sich bis zum Jahr 2025 pro Veranlagungsjahr schrittweise um 2 Prozentpunkte. Diese Erhöhung korrespondiert mit dem im Übergangszeitraum jährlich ansteigenden steuerpflichtigen Teil der Rente.[132] Da der steuerfreie Arbeitgeberanteil zur gesetzlichen Rentenversicherung in voller Höhe angerechnet wird, steigt der Arbeitnehmeranteil jährlich um 4 Prozentpunkte, sodass:

$$\Delta\mathrm{VA}_n = \begin{cases} 0{,}04 * (n - 2017) * VA_{2017} & \forall n \in [2018, 2026] \\ 0{,}36 * VA_{2017} & \forall n > 2026 \end{cases} \qquad (20)$$

Der steuerbare Anteil *ß* der Renteneinkommen (*RE*) richtet sich nach dem Jahr des Renteneintritts (*RB*). Bei Renteneintritt bis zum Jahr 2005 beträgt der individuelle steuerbare Anteil $ß_n$ für jedes Jahr *n* 50 Prozent. Bei Renteneintritt bis 2020 wird der steuerbare Anteil für jedes Renteneintrittsjahr nach 2005 um 2 Prozentpunkte und zusätzlich für jedes Renteneintrittsjahr nach 2020 um 1 Prozentpunkt erhöht, sodass bei Renteneintritt im Jahr 2040 oder später die Renteneinkommen in Gänze zu versteuern sind. $ß_{2017}$ liegt je nach individuellem Renteneintritt folglich zwischen 50 Prozent (bei Renteneintritt im Jahr 2005) und 74 Prozent (bei Renteneintritt 2017). Der gegenüber dem Jahr 2017 erhöhte steuerbare Teil der Renten ($\Delta\mathrm{RE_n}$) ergibt sich folglich als:

$$\Delta\mathrm{RE}_n = (ß_n - ß_{2017}) * RE_{2017} \quad \forall n \in [2017, 2060] \qquad (21)$$

131 Neben den Beiträgen zur gesetzlichen Rentenversicherung sind das insbesondere Beiträge zu Betriebsrenten sowie Riester-Renten.

132 Vgl. Bundesministerium der Finanzen (2017a, S. 35).

wobei:

$$\beta_n = \begin{cases} 0{,}50 + 0{,}02 * min[RB - 2005;\ n - 2005] & \forall RB < 2021, n \in [2017, 2060] \\ 0{,}50 + 0{,}02 * min[RB - 2005;\ n - 2005] & \forall RB \in [2021{,}2040], n \in [2017, 2020] \\ 0{,}80 + 0{,}01 * min[RB - 2020;\ n - 2020] & \forall RB \in [2021{,}2040], n \in [2021, 2060] \\ 1 & \forall RB > 2040, n \in [2017, 2060] \end{cases} \quad (22)$$

Gleichzeitig wird der auf etwaige Arbeitseinkommen (AE) anrechenbare Altersentlastungsbetrag AB um einen jährlich abfallenden Anteil γ, ausgehend von 40 Prozent, und der maximal anzusetzende Altersentlastungsbetrag HA abgeschmolzen:

$$\Delta \mathrm{AB}_n = AB_n - AB_{2017} \quad (23)$$

$$\mathrm{AB}_n = \begin{cases} max[\gamma_n * AE_{2017}; HA_n] & \forall n \in [2017, 2040] \\ 0 & \forall n > 2040 \end{cases} \quad (24)$$

Gleiches gilt auch für den Versorgungsfreibetrag *VF* und den ebenfalls jährlich sinkenden Anteil δ einschließlich des maximal anzusetzenden Versorgungsfreibetrags *HV*, der die Besteuerung von Beamtenpensionen *P* abmildert:

$$\Delta \mathrm{VF}_n = VF_n - VF_{2017} \quad (25)$$

$$\mathrm{VF}_n = \begin{cases} max[\delta_n * P_{2017}; HV_n] & \in [2017, 2040] \\ 0 & > 2040 \end{cases} \quad (26)$$

Schließlich wird auch der Zuschlag zum Versorgungsfreibetrag bis 2040 gänzlich abgeschmolzen. Dieser Zuschlag, die Anteile γ und δ sowie die jeweiligen Höchstbeträge HA und HV werden dabei in Analogie zum Rentenbesteuerungsanteil β berechnet (vgl. Formel 22). Für die Berechnung des Altersentlastungsbetrags wird anstelle des Rentenbeginns (RB) das Jahr des 65. Geburtstags herangezogen.[133]

6.3 Einschränkungen

Derart langfristig angelegte Untersuchungen wie die vorliegende basieren auf Annahmen und analysieren, wie sich gegenwärtige Trends auf Kirchenmitgliedschaftszahlen und die Höhe des Kirchensteueraufkommens in der Zukunft auswirken würden. Es handelt sich dabei nicht um Punkt-Prognosen, sondern um Projektionen, die davon ausgehen, dass der Trend der

[133] Vgl. § 24a EStG.

letzten Jahre auch für die Zukunft repräsentativ ist.[134] Sollten sich einzelne Einflussfaktoren langfristig ändern, weichen die Ergebnisse von der tatsächlichen Entwicklung ab. Insbesondere können existenzielle Krisen und massive – möglicherweise exogen erzwungene – Verhaltensänderungen nicht berücksichtigt werden. Ziel von Projektionen ist es weniger, die Zukunft exakt vorherzusagen, sondern vielmehr die Wirkung von Einflussfaktoren zu veranschaulichen.[135]

Bei der Parametrisierung der Annahmen zu Fertilität und Sterblichkeit kann auf eine Vielzahl wissenschaftlich relativ übereinstimmender Forschungsergebnisse zurückgegriffen werden. Auch sind die Trends im Tauf- und Aufnahmeverhalten der Kirchenmitglieder in Deutschland – wie in den Kapiteln 5.1.4 und 5.1.5 beschrieben – in den vergangenen Jahren relativ stabil, sodass sich daraus gute Schätzungen für die künftige Entwicklung ableiten lassen. Die Unsicherheit bezüglich künftiger Wanderungsbewegungen und Kirchenaustritte ist hingegen ungemein größer. So werden Außenwanderungen durch politische, wirtschaftliche, demografische und ökologische Entwicklungen in den Herkunftsgebieten beeinflusst, die langfristig kaum vorhersehbar sind. So sei beispielhaft auf Faktoren der wirtschaftlichen Attraktivität und Stabilität Deutschlands, die sich ändernden Rahmenbedingungen der Migrationspolitik, aber auch Beschlüsse auf Ebene der Europäischen Union zu EU-Erweiterungen und Freizügigkeitsregelungen hingewiesen.[136] Auch das Austrittsverhalten der Kirchenmitglieder war in den vergangenen Jahrzehnten – wie Kapitel 5.1.5 zu entnehmen ist – unterschiedlichsten Trends unterworfen. Deswegen wird in Szenarien sowohl der Einfluss veränderter Wanderungsbewegungen als auch kirchenspezifischer Einflüsse analysiert.

Ebenso wird im Falle der Kirchensteuerentwicklung lediglich ein langfristiger Trend abgebildet, der als Tragfähigkeitsanalyse kirchlicher Haushalte dienen kann. Dabei wird von einigen vereinfachenden beziehungsweise nicht verifizierbaren Annahmen ausgegangen. Die Projektionsergebnisse bilden weder konjunkturelle noch steuerrechtsinduzierte Schwankungen ab, auf die das Kirchensteueraufkommen kurzfristig sehr elastisch reagiert. Der Projektion liegt für die wirtschaftlichen Rahmengrößen ein zwanzigjähriger Betrachtungszeitraum zugrunde, der in etwa dem Verlauf eines kompletten Konjunkturzyklus entspricht. Da darüber hinaus davon ausgegangen wird, dass die Effekte der kalten Progression langfristig durch Einkommensteuerreformen ausgeglichen werden,[137] können in Einzeljahren

134 Vgl. Pötzsch (2016, S. 38).
135 Vgl. Bowles/Zuchandke (2012, S. 2).
136 Vgl. Statistisches Bundesamt (2015, S. 37 ff.).
137 Vgl. Homburg (2015, S. 57).

deutliche Abweichungen zum tatsächlichen Steueraufkommen entstehen. Der in Abbildung 22 aufgezeigte langfristige Schätzpfad für die Jahre zwischen 1995 und 2017 verdeutlicht diese Diskrepanz. Bei der langfristigen Projektion der Kirchensteuer können Schwankungen aufgrund von Konjunkturzyklen nicht antizipiert werden. So sind Aussagen über die kurz- und mittelfristige Entwicklung nicht möglich. Vielmehr wird ein langfristiger Trend der zu erwartenden Kirchensteuerentwicklung abgebildet.

Abbildung 22: Entwicklung des Kirchensteueraufkommens in Deutschland

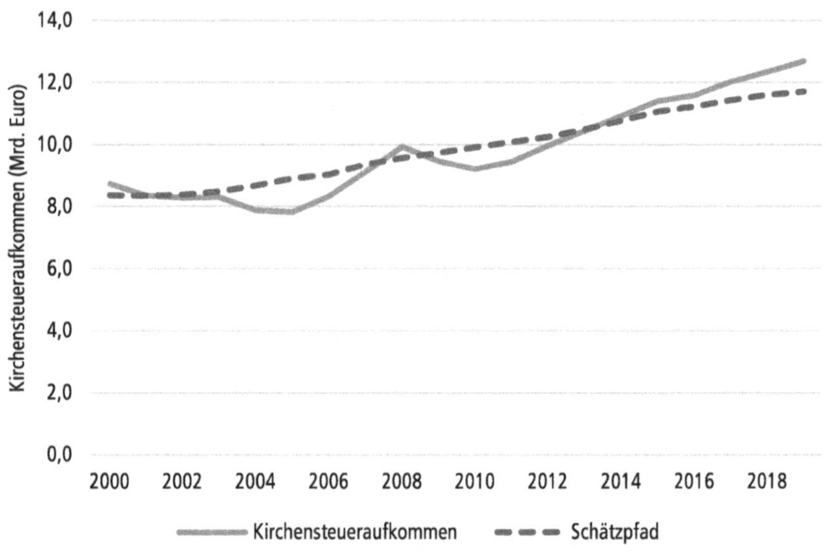

Quelle: Kirchenamt der EKD (2020b), Verband der Diözesen Deutschlands (2020b), eigene Berechnung.

Die progressive Ausgestaltung des Kircheneinkommensteuertarifs hat zudem zur Folge, dass sehr wenige Kirchensteuerzahlende einen großen Beitrag zum Kirchensteueraufkommen leisten.[138] Auch bei diesen Hocheinkommensbeziehern wird von einem durchschnittlichen Austrittsverhalten ausgegangen, worauf eigene Auswertungen der Einkommensteuerstatistik hindeuten. Aufgrund der fehlenden Zuordnungsmöglichkeit von Kapital-

[138] Im Veranlagungsjahr 2016 wurden 12,5 Prozent des gesamten Kirchensteueraufkommens von lediglich 0,15 Prozent aller Kirchenmitglieder aufgebracht. Vgl. Statistisches Bundesamt (2020e), eigene Berechnung.

ertragsteuern, die abgeltend und anonym direkt an der Quelle erhoben werden, fehlen nicht erklärte Kirchenkapitalertragsteuern im projizierten Kirchensteueraufkommen.[139] Zudem können Verzerrungen aufgrund des Kirchenlohnsteuer-Verrechnungsverfahrens nicht abgebildet werden.[140] Grundsätzlich wird zudem ein langfristiges Fortbestehen des derzeitigen Kirchensteuersystems in Deutschland unterstellt.

139 Vgl. Petersen (2017, S. 55 ff.).
140 Vgl. Petersen (2017, S. 203 f.).

TEIL III –
BUNDESWEITE ERGEBNISSE

7 BUNDESWEITE ENTWICKLUNG

Es gibt keine guten Nachrichten für die Kirchen. Denn die widersprüchlichen Zeiten sinkender Mitgliedschafts- und zugleich (auch real) steigender Kirchensteuerzahlen werden sich in den kommenden Jahrzehnten wohl nicht fortsetzen. Spätestens mit der Verrentung der geburtenstarken Jahrgänge ab Mitte der 2020er-Jahre werden die Kirchen den Gürtel voraussichtlich auch finanziell enger schnallen müssen. Denn gemäß den Projektionsergebnissen wird sich bis 2060 nicht nur die Zahl der Mitglieder beider großer Kirchen in Deutschland halbieren. Im gleichen Zeitraum wird das Kirchensteueraufkommen quasi unverändert bleiben, was bei realer Betrachtung der finanziellen Möglichkeiten einen Rückgang der Kirchensteuerkraft um ebenfalls etwa die Hälfte bedeutet.

7.1 Entwicklung der Kirchenmitglieder und des Kirchensteueraufkommens

Die Mitgliederzahl der evangelischen und katholischen Kirche reduziert sich nach der Vorausberechnung von 44,8 Millionen im Jahr 2017 auf 22,7 Millionen im Jahr 2060. Dies entspräche etwa 51 Prozent des Mitgliederstandes von 2017. Damit setzt sich der in der Vergangenheit beobachtete Trend rückgehender Mitgliedszahlen fort. Im Jahr 1995 waren in Deutschland noch 55,6 Millionen Menschen Mitglied einer der beiden großen Kirchen. Wie Abbildung 23 zeigt, trifft der Mitgliederrückgang beide Kirchen fast gleichermaßen. Die Mitgliedschaftszahlen der katholischen Kirche verringern sich von 23,3 Millionen Kirchenmitgliedern im Jahr 2017 auf 12,2 Millionen im Jahr 2060, ein Rückgang von 11,1 Millionen. Im gleichen Zeitraum würde die Zahl der Protestanten um 11,0 Millionen von 21,5 Millionen auf 10,5 Millionen absinken.

Der Rückgang der absoluten Zahl der Kirchenmitglieder spiegelt sich im Anteil der Katholiken und Protestanten an der Gesamtbevölkerung. Zwar würde sich aufgrund des demografischen Wandels auch die Zahl der Gesamtbevölkerung verringern; deren Rückgang verläuft allerdings deutlich schwächer als bei den Kirchenmitgliedern. Nach den Berechnungen bleibt die Zahl der Gesamtbevölkerung bis Mitte der 2020er-Jahre relativ stabil. Danach ist bis 2060 ein kontinuierlicher Rückgang auf 73 Millionen zu verzeichnen. Aufgrund der kirchenspezifischen Faktoren Tauf-, Ein- und Austrittsverhalten sinkt der Anteil der registrierten Kirchenmitglieder an der Gesamtbevölkerung weiter stetig. So würden im Jahr 2060 nur 31 Pro-

Abbildung 23: Konfessionelle Zusammensetzung der Bevölkerung

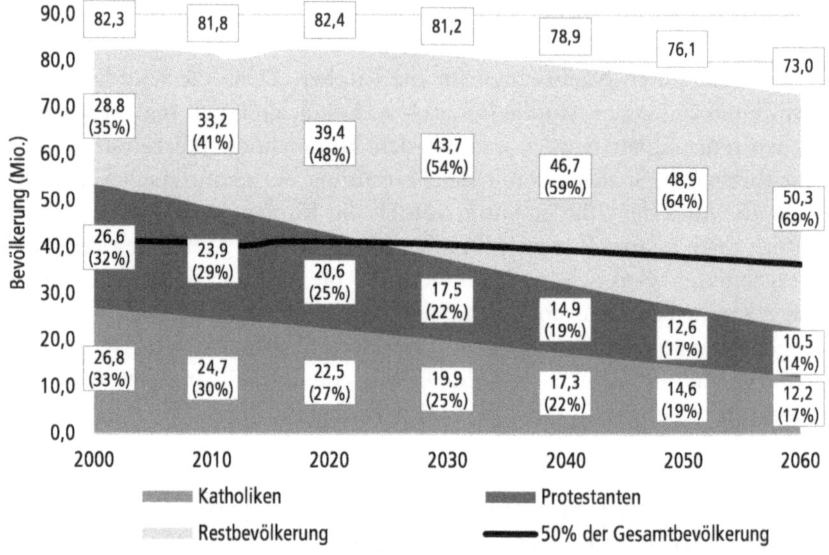

Quelle: eigene Berechnung. Die Prozentangaben beziehen sich auf den Anteil an der Gesamtbevölkerung.

zent der Bevölkerung Mitglied der evangelischen oder katholischen Kirche in Deutschland sein. 1960 lag der Anteil der Kirchenmitglieder an der westdeutschen Bevölkerung noch bei 94 Prozent.[141] Das Jahr 2024 markiert einen Wendepunkt in Bezug auf die Kirchenmitgliedschaft: Von da an würde eine Mehrheit der in Deutschland lebenden Menschen keiner der beiden großen christlichen Kirchen mehr angehören.

Bis zum Jahr 2060 sind zwischen den beiden Konfessionen nur geringfügige Unterschiede festzustellen. Im Vergleich zum Jahr 2017 würde die katholische Kirche 48 Prozent ihrer Mitgliedschaftsbestände verlieren. Damit fällt der Rückgang etwas geringer als bei der evangelischen Kirche aus (minus 51 Prozent). Zum einen führt der überalterte Mitgliederbestand der evangelischen Kirche vor allem in Ostdeutschland zumindest mittelfristig zu höheren Sterbefällen als in der katholischen Kirche. Zum anderen profitieren die Diözesen in Deutschland von höherer katholischer Zuwanderung aus dem Ausland. Werden Außenwanderungen außer Acht gelassen, halbiert sich der Abstand zwischen den beiden Kirchen.[142]

141 Vgl. Sekretariat der Deutschen Bischofskonferenz (2019b, Tabelle 7.24, eigene Berechnung).

142 Vgl. Kapitel 9.2.

Ursache für den Rückgang sind in beiden Konfessionen sowohl demografische als auch kirchenspezifische Einflüsse. So sind die Kirchen vom demografischen Wandel stärker betroffen als die Gesamtbevölkerung: Während sich die Einwohnerzahlen Deutschlands bis 2060 um 12 Prozent verringern, ist der Mitgliederrückgang bei den Kirchen unter ausschließlicher Berücksichtigung der demografischen Faktoren Geburtenhäufigkeit, Sterblichkeit und Wanderungsbewegungen mit 21 Prozent beinahe doppelt so groß. Diese abweichende Entwicklung hat zwei Ursachen: Zum einen profitiert die Gesamtbevölkerung in stärkerem Maße von Zuwanderung. Während der konfessionelle Zuwanderungssaldo ca. 0,1 Prozent aller Mitglieder beträgt, liegt der staatliche Wanderungsüberschuss bei 0,3 Prozent der Bevölkerung. Zudem ist der relative Rückgang aufgrund des Überschusses an Todesfällen über die Geburten bei den beiden Kirchen mit durchschnittlich 0,5 Prozent mehr als doppelt so groß wie bei der Gesamtbevölkerung. Stärker als die demografischen Faktoren wirken sich die kirchenspezifischen Faktoren Tauf-, Ein- und Austrittsverhalten aus. Während sich die Mitgliederzahlen bis 2060 allein aus demografischen Gründen um 9,4 Millionen Kirchenmitglieder verringern (minus 21 Prozent), beträgt der Rückgang aufgrund kirchenspezifischer Einflüsse 12,7 Millionen (minus 28 Prozent).[143]

Der Mitgliederrückgang verändert die Altersstruktur der Kirchenmitglieder in Deutschland grundlegend.[144] Die geburtenstarken Jahrgänge, die 2019 zwischen 50 und 60 Jahre alt sind, werden in den zehn Jahren zwischen 2025 und 2035 in die Phase des Ruhestands eintreten. Im Jahr 2040 werden sie – wie Abbildung 24 verdeutlicht – über 70 Jahre alt sein und zu einem deutlichen Anstieg des Anteils der verrenteten Kirchenmitglieder führen. Die nachrückenden Kinder der Babyboomer, die 2019 überwiegend zwischen 20 und 35 Jahre alt sind, können deren Fehlen in der erwerbsfähigen Altersgruppe zahlenmäßig nicht ausgleichen. So kommt es zu starken Verschiebungen zwischen den erwerbsfähigen Kirchenmitgliedern zwischen 15 und 64 Jahren und jenen, die 65 Jahre und älter sind. Die im Jahr 2019 deutlich zu erkennende dritte Auswölbung der Altersstruktur – die Eltern der Babyboomer im Alter von 75 bis 85 Jahren – sind im Jahr 2040 mortalitätsbedingt nicht mehr zu erkennen. Für sie rückt unten in der Altersstruktur eine neue Kindergeneration nach, die 2040 zwischen 15 und 25 Jahren sein wird. Diese Enkel der Babyboomer sind deutlich zu erkennen, da deren Eltern – die Kinder der geburtenstarken Jahrgänge – zu Beginn des Projektionszeitraums im reproduktiven Alter sind. Dies ist mit ein Grund für die seit 2015 gestiegene Zahl von Geburten in Deutschland.

---

143 Vgl. die Beispielrechnung in Kapitel 5.1.

144 Zum grundsätzlichen Altersaufbau der Kirchenmitglieder in Deutschland vgl. Kapitel 1.

Weitere 20 Jahre später, im Jahr 2060, wenn die Kinder der heute geburtenstarken Jahrgänge etwa 70 Jahre alt sein werden, ragen aufgrund der Entkirchlichung und dem damit unterstellten anhaltenden Austrittsverhalten die dann etwa 40 Jahre alten Enkel der geburtenstarken Jahrgänge – im Gegensatz zur staatlichen Bevölkerung 2060 – nicht mehr heraus. Aufgrund einer längeren Lebenserwartung und geringerer Austrittsneigung läge der Frauenanteil unter den Kirchenmitgliedern 2060 um 0,6 Prozentpunkte leicht höher als 2019. Diese bevölkerungsdynamischen Prozesse unterliegen in absoluter Größe zwar einer gewissen Unsicherheit, sind aber aufgrund der heutigen Altersstruktur der Kirchenmitglieder weitgehend determiniert. Das verdeutlicht die Langfristigkeit und Beständigkeit von Bevölkerungs- (und damit auch Kirchenmitglieder-)Projektionen.[145]

Abbildung 24: Kirchenmitglieder in Deutschland 2019, 2040 und 2060

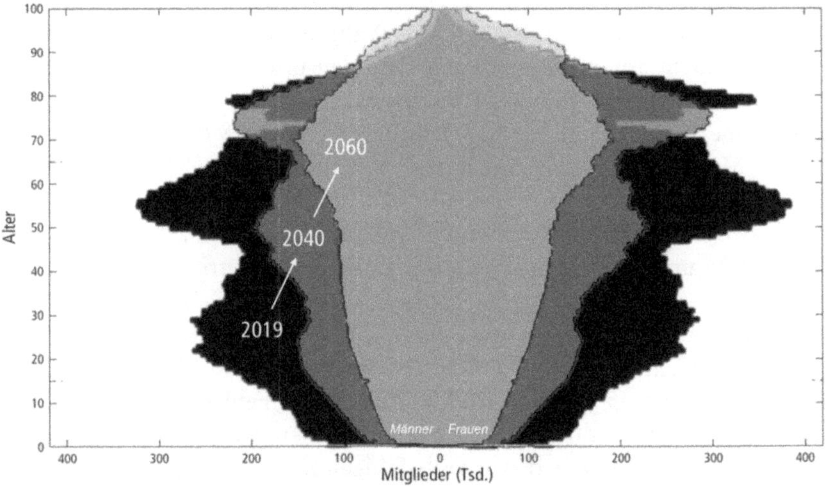

Quelle: eigene Berechnung.

Für die Gesamtbevölkerung ergibt sich eine ähnliche, wenn auch etwas weniger ausgeprägte Entwicklung. Der Anteil der über 64-Jährigen an allen Einwohnern Deutschlands steigt von 22 Prozent im Jahr 2019 auf 33 Prozent im Jahr 2060. In den Kirchen erhöht sich dieser Anteil von 27 Prozent im Jahr 2019 auf 40 Prozent im Jahr 2060. Die Zahl der Einwohner Deutschlands im erwerbsfähigen Alter zwischen 15 und 64 Jahren wird von 53,8 Millionen im Jahr 2019 auf 40,0 Millionen im Jahr 2060 um etwa ein Viertel sinken (minus 26 Prozent). Im gleichen Zeitraum wird sich die Zahl der in der Erwerbsphase stehenden Kirchenmitglieder von 27,2 Millionen

[145] Vgl. Statistisches Bundesamt (2015, S. 5).

auf 11,6 Millionen mehr als halbieren (minus 57 Prozent). Der bis 2060 kontinuierlich sinkende Anteil junger Protestanten und Katholiken und das damit steigende Durchschnittsalter der Kirchenmitglieder lassen sich im Wesentlichen mit zwei Faktoren erklären: Zum einen treten – wie in Kapitel 5.1.5 beschrieben – junge Erwachsene zwischen 20 und 35 Jahren mit einer höheren Wahrscheinlichkeit aus der Kirche aus als ältere. Zum anderen sind nachrückende kirchliche Jahrgänge zahlenmäßig kleiner als bestehende. So wird sich die Zahl der Taufen unter den getroffenen Annahmen bis 2060 um 60 Prozent verringern. Machte die Zahl der Kindertaufen im Jahr 2017 noch 42 Prozent aller Geburten in Deutschland aus, geht diese Quote bis 2060 auf 23 Prozent zurück. Diese Verschiebung zwischen den Altersgruppen hat auch Auswirkungen auf die Entwicklung der Austrittsquote. Verändert sich die alters- und geschlechtsspezifische Austrittswahrscheinlichkeit bis 2060 nicht, würde der Anteil der aus der Kirche ausgetretenen Personen an allen Kirchenmitgliedern aufgrund kleinerer austrittswilliger Jahrgänge im Projektionszeitraum von 0,8 Prozent auf 0,7 Prozent sinken.

Unabhängig von möglicherweise notwendigen Anpassungen des pastoralen Angebots der Kirchen hat diese veränderte Mitgliederstruktur zwangsläufig Auswirkungen auf das Kirchensteueraufkommen. Wie Abbildung 25 zeigt, wird es bis 2060 nominal nur leicht um 5 Prozent ansteigen. Ausgehend von einem Kirchensteueraufkommen im Jahr 2017 von 12,0 Milliarden Euro würden die beiden Kirchen im Jahr 2060 12,7 Milliarden Euro Kirchensteuern einnehmen.[146] Zwar sinkt mit dem Rückgang der Mitglieder auch die Zahl der Kirchensteuerzahlenden, jedoch steigt das durchschnittliche individuelle nominale Kirchensteueraufkommen stetig an. Die Unterschiede zwischen den beiden Konfessionen sind dabei zu vernachlässigen. Ohne den Einfluss konjunktureller Schwankungen ist das nominale Kirchensteueraufkommen bis zum Jahr 2025 aufgrund der ansteigenden Abzugsfähigkeit von Altersvorsorgeaufwendungen und weil sich die geburtenstarken Jahrgänge weitestgehend noch in der Erwerbsphase befinden rückläufig (minus 1,5 Prozent gegenüber 2017).[147] Die durch-

[146] Im projizierten Kirchensteueraufkommen ist die Kirchenabgeltungsteuer, die abgeltend und anonym direkt an der Quelle erhoben wird, nicht enthalten. Diese betrug im Jahr 2017 ca. 0,4 Milliarden Euro. Die gegenüber den von Peters/Gutmann (2020) leicht abweichenden Zahlen zur Kirchensteuerentwicklung beruhen auf nachträglichen Aktualisierungen der wirtschaftlichen Parameter in den Jahren 1990 bis 2017 durch die Revision der Volkswirtschaftlichen Gesamtrechnungen 2019. Vgl. Statistische Ämter des Bundes und der Länder (2020b).

[147] „Die erhöhte Abzugsfähigkeit von Altersvorsorgeaufwendungen führt zu verringerten Bemessungsgrundlagen und folglich auch zu einer Reduzierung der durchschnittlichen Steuerzahlung bis zum Renteneintritt. Im Veranlagungsjahr 2025 können Altersvorsorgeaufwendungen in voller Höhe abgesetzt werden, sodass zu diesem Zeitpunkt die maximale steuerliche Entlastung erreicht ist und sich danach keine weitere Reduzierung mehr ergibt." Gutmann/Peters/Raffelhüschen (2019, S. 781).

*Abbildung 25: Entwicklung des Kirchensteueraufkommens (nominal) sowie Ausgaben entsprechend eines „kirchlichen Warenkorbs"**

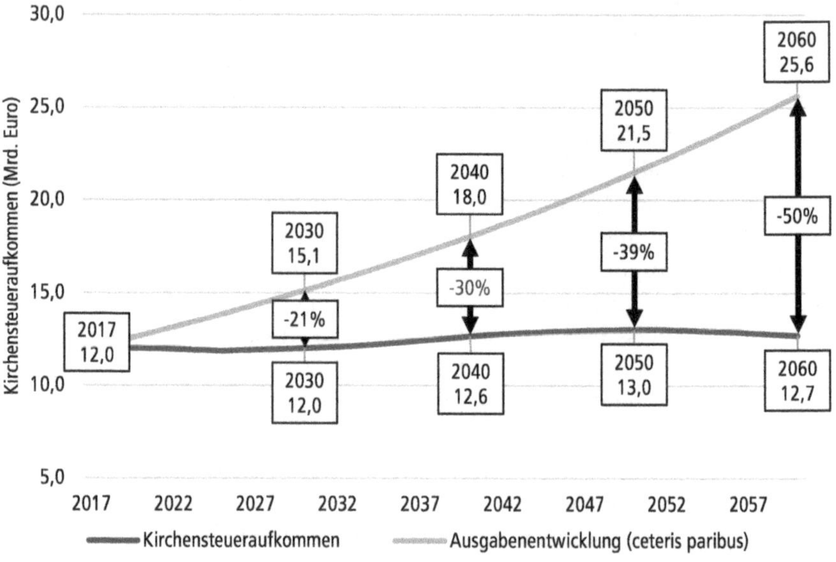

Quelle: eigene Berechnung.
* Dynamisierung Ausgabenniveau: 70 % Löhne/Gehälter, 20 % Baukosten, 10 % Verbraucherpreise

schnittlichen Kirchensteuerzahlungen steigen im Rentenalter aufgrund der sukzessive eingeführten nachgelagerten Besteuerung von Alterseinkünften an. Die geburtenstarken Jahrgänge sorgen nach 2025 bis 2050 dafür, dass die Kirchensteuereinnahmen nominal ansteigen (plus 8 Prozent gegenüber 2017). Da vor allem jüngere Mitglieder aus der Kirche austreten, sinkt langfristig das Verhältnis von Kirchensteuerzahlenden in der Erwerbsphase zu Kirchensteuerzahlenden im Rentenalter. Verglichen mit der Gesamtbevölkerung profitieren deshalb verhältnismäßig weniger erwerbstätige Kirchenmitglieder von der Abzugsfähigkeit der Altersvorsorgeaufwendungen. Demgegenüber stehen relativ mehr Bezieher von Alterseinkünften, die zukünftig höhere Steuerzahlungen leisten. Verstärkend kommt hinzu, dass die Kinder der geburtenstarken Jahrgänge um das Jahr 2040 selbst in die Phase der höchsten Kirchensteuerzahlungen gelangen. Nach 2050, wenn die geburtenstarken Jahrgänge nach und nach verstorben sein werden und deren Kinder in den Ruhestand eintreten, sinkt das Kirchensteueraufkommen wieder.

Die beschriebene Kirchensteuerentwicklung muss für die reale Betrachtung um die jährlichen Preissteigerungsraten angepasst werden. Aufgrund der Ausgabenstruktur kirchlicher Haushalte wird dabei nicht auf standardisierte Indizes Bezug genommen, sondern ein eigener Preisindex entwickelt. Die Basis bildet ein „kirchlicher Warenkorb", der entsprechend der Struktur kirchlicher Haushalts- und Wirtschaftspläne die Entwicklung der Personalkosten, der Baukosten sowie der Verbraucherpreise abbildet.[148] Gemessen an dem zu diesem Zweck entwickelten Kirchensteuerkraftindex 2017 (= 100 Prozent) verfügen die beiden großen Kirchen in Deutschland im Jahr 2060 mit 50 Prozent nur noch über die Hälfte ihrer Kirchensteuerkraft aus dem Jahr 2017. Mit anderen Worten: Um im Jahr 2060 die kirchensteuerfinanzierte Personal-, Gebäude- und Verwaltungsinfrastruktur des Jahres 2017 aufrechtzuerhalten, müssten die nominalen Kirchensteuereinnahmen beinahe doppelt so hoch sein.

Selbstverständlich lässt eine derart langfristig angelegte Projektion keine punktgenaue Vorhersage erwarten.[149] Insgesamt ermöglicht sie aber neue tiefe Einblicke in die Struktur und Entwicklung der Kirchenmitglieder sowie des Kirchensteueraufkommens in Deutschland. Auf Basis der vorliegenden Ergebnisse können Prozesse initiiert und begleitet werden, die sich mit den für die Kirchen kostenintensiven Bereichen Personal und Infrastruktur befassen. Sie verdeutlicht darüber hinaus die Relevanz kirchenspezifischer Faktoren und identifiziert die Beeinflussung von Tauf-, Ein- und Austrittsverhalten als letztlich einzig strategischen Ansatzpunkt. Aufgrund ihrer vielen subsidiär unterhaltenen Einrichtungen haben diesbezügliche Entscheidungen der Kirchenleitungen in der Folge auch Auswirkungen auf den Staat und fordern damit auch die dortigen Entscheidungsträger auf Bundes-, Länder- und Gemeindeebene.

7.2 Veränderte Rahmenbedingungen 2018 und 2019

Den Ergebnissen der Langfristprojektion liegt als Ausgangspunkt das Basisjahr 2017 zugrunde. Die Fortschreibung der Mitglieder- und Kirchensteuerzahlen bis 2060 basiert – wie in Kapitel 6 umfassend beschrieben – auf dem Trend vergangener Jahre. Für die Entwicklung der kirchenspezifischen Faktoren wird dafür ein Zeitraum von fünf Jahren herangezogen. Die Ent-

[148] Die gewählte Gewichtung von 70 Prozent Bruttolöhne und -gehälter pro Arbeitnehmer, 20 Prozent Baupreise und 10 Prozent Verbraucherpreise wurde mit Verantwortlichen aus den Bereichen Statistik und Finanzen der Diözesen und Landeskirchen beraten und festgelegt. Vgl. Statistische Ämter des Bundes und der Länder (2020a), Statistisches Bundesamt (2020b, 2020f), eigene Berechnung. Da die diözesanen und landeskirchlichen Haushalts- und Wirtschaftspläne i. d. R die Personalaufwendungen der rechtlich selbständigen Kirchengemeinden und sonstigen Zuweisungsempfänger nicht enthalten, kann der in den Haushalts- und Wirtschaftsplänen der Diözesen und Landeskirchen ausgewiesene Personalkostenanteil nicht ohne Weiteres übernommen werden.

[149] Vgl. Pötzsch (2016, S. 38).

wicklung demografischer Faktoren orientiert sich an den Annahmen der staatlichen Bevölkerungsvorausberechnung. Wirtschaftlichen Paramatern liegt ein Zeitraum von 20 Jahren zugrunde.

Um aufzuzeigen, wie sich veränderte Rahmenbedingungen auf die projizierte Entwicklung auswirken, sollte eine derart langfristige Vorausberechnung in regelmäßigen Abständen an aktuelle Entwicklungen angepasst werden. So wird die koordinierte Bevölkerungsvorausberechnung für Deutschland alle drei bis fünf Jahre vom Statistischen Bundesamt aktualisiert. Da in beiden Kirchen in den Jahren 2018 und 2019 die Kirchenaustritte stark gestiegen sind, erscheint eine Sensitivitätsanalyse der Kirchenmitglieder- und Kirchensteuervorausberechnung unter Berücksichtigung der Ereignisse der vergangenen zwei Jahren hilfreich. So war im Jahr 2018 ein Anstieg der Kirchenaustritte von 20 Prozent gegenüber dem Jahr 2017 festzustellen. Im Jahr darauf stiegen die Austritte weiter an, sodass 2019 der Wert 48 Prozent über dem Niveau des Jahres 2017 lag. Dabei haben sich auch Verschiebungen zwischen den Konfessionen ergeben: Die seit den 1960er-Jahren bis 2017 zu beobachtenden Unterschiede der konfessionellen Austrittsniveaus haben sich (zumindest vorübergehend) aufgelöst. In beiden Kirchen liegen die Austritte im Jahr 2019 bei ca. 270.000 Menschen. In der evangelischen Kirche bedeutet dies seit 2017 einen Anstieg um 35 Prozent. Die katholischen Austrittszahlen sind um 63 Prozent angestiegen. Diese deutlichen Verschiebungen lassen eine Anpassung der Projektion zu diesem frühen Zeitpunkt angebracht erscheinen.

Die Berücksichtigung der Jahre 2018 und 2019 führt vor allem zu Veränderungen bei der Fortschreibung der Daten aus dem kirchlichen Meldewesen. Da diesen das arithmetische Mittel der vergangenen fünf Jahre zugrundeliegt, werden die Jahre 2013 und 2014 durch die Jahre 2018 und 2019 ersetzt. Besonders stark wirken sich die veränderten Zahlen bei den Kirchenaustritten aus: Zwar waren auch in den Jahren 2013 und 2014 erhöhte Austrittszahlen im Zusammenhang mit dem Skandal um den Umgang mit Finanzen des Bischofs von Limburg sowie die Verfahrensänderung der Kirchensteuererhebung auf Kapitalerträge zu beobachten. Allerdings lagen diese vor allem in der katholischen Kirche unter den Quoten der Jahre 2018 und 2019. So erhöht sich der 5-Jahresschnitt der Kirchenaustritte bundesweit von jährlich 0,80 Prozent auf 0,95 Prozent aller Kirchenmitglieder. Demgegenüber hat sich die Quote der Kircheneintritte in beiden Kirchen nur unwesentlich verändert. Für die katholische Kirche trifft dies auch bei dem Verhältnis von Kindertaufen zu den Geburten von konfessionell gebundenen Müttern zu. In der evangelischen Kirche ergeben sich hier leichte Veränderungen: Insbesondere in den Landeskirchen im Norden und Osten ist die Taufquote gesunken.[150]

Durch die Veränderung des Bezugszeitraums würde sich im Jahr 2060 die Zahl aller Kirchenmitglieder von 22,7 Millionen auf 21,6 Millionen reduzieren. Als Begründung für die Abweichung von knapp 5 Prozent gegenüber der Vorausberechnung mit Basisjahr 2017 kann im Wesentlichen die erhöhte Austrittsquote angeführt werden. Dabei fällt die Abweichung bei der katholischen Kirche stärker aus, weil die der Projektion zugrundeliegende Austrittsquote – wie beschrieben – stärker ansteigt als bei der evangelischen Kirche.[151] Ohne der noch folgenden Sensitivitätsanalyse vorwegzugreifen, verdeutlicht dies die Relevanz von Kirchenaustritten als wesentliche Determinante für die Entwicklung der Kirchenmitglieder. Die unterschiedliche Höhe der Austrittsquote in den Diözesen und Landeskirchen erklärt auch größtenteils die regional unterschiedlichen Entwicklungen, die in Teil IV vorgestellt werden.

Tabelle 3: Kirchenmitgliederentwicklung im Basisjahrvergleich

	Evangelische Kirche		Katholische Kirche		Beide Kirchen	
Kirchenmitglieder 2060	in Mio.	ggü. 2017 in %	in Mio.	ggü. 2017 in %	in Mio.	ggü. 2017 in %
Basisjahr 2017	10,5	48,7	12,2	52,3	22,7	50,6
Basisjahr 2019	10,0	46,5	11,6	49,8	21,6	48,2
	-0,5	-2,2	-0,6	-2,5	-1,1	-2,4
	-4,6%		-4,8%		-4,7%	

Quelle: eigene Berechnung.

Die für die Interpretation der Ergebnisse wichtige Grundaussage ändert sich durch die Berücksichtigung der Ereignisse in den Jahren 2018 und 2019 nicht: Zwischen 2017 und 2060 wird sich die Zahl der Kirchenmitglieder in etwa halbieren. Dies gilt in gleichem Maße auch für die Entwicklung der Kirchensteuerkraft. Allerdings sind den Berechnungen zufolge die Abweichungen nach Aktualisierung auf das Basisjahr 2019 für die Kirchensteuer geringer als für die Kirchenmitglieder.

Für das Jahr 2060 beträgt der Kirchensteuerkraftindex 2019 knapp 50 Prozent[152] und liegt damit lediglich 1,5 Prozentpunkte unter dem Vergleichswert der Berechnungen auf Grundlage des Basisjahres 2017. Grund für die geringere Abweichung ist die Entwicklung des Kirchensteueraufkommens

[150] Vgl. hierzu die regionalen Beschreibungen in Teil IV.

[151] Der Projektion liegen je nach Basisjahr folgende Werte zugrunde: Für die Diözesen 2013 bis 2017 0,77 % und 2015 bis 2019 0,87 % und für die Landeskirchen 2013 bis 2017 0,95 % und 2015 bis 2019 1,02 %.

[152] 2019 = 100 Prozent.

in den Jahren 2018 und 2019, die noch in die Phase des wirtschaftlichen Aufschwungs gefallen sind. Weil die Zuwächse in den Diözesen etwas stärker ausgeprägt waren, ist die Abweichung mit 1,2 Prozentpunkten für die katholische Kirche geringer als die Abweichung der evangelischen Kirche mit 1,8 Prozentpunkten.

Insgesamt bewegen sich die Veränderungen im Rahmen der üblichen Schwankungsbreite solch langfristiger Vorausberechnungen. Insbesondere bleiben die bislang getroffenen Grundaussagen zutreffend. Sollte allerdings das Niveau der 2019 beobachteten Kirchenaustritte dauerhaft bestehen bleiben, würde dies die Projektionsergebnisse merklich beeinflussen.[153]

7.3 Corona-Pandemie

Die Anfang 2020 in Deutschland ausgebrochene Corona-Pandemie hat auch auf die Entwicklung der kirchlichen Einnahmen – insbesondere auf das Kirchensteueraufkommen – Auswirkungen. In den Landeskirchen und Diözesen ist das Kirchensteueraufkommen mit Ausbruch der Krise teilweise drastisch gesunken. So rechnete die Evangelische Kirche in Deutschland (EKD) mit Rückgängen der Kirchensteuer im Jahr 2020 zwischen 10 und 25 Prozent.[154] In zahlreichen Landeskirchen und Diözesen führten die coronabedingten Mindereinnahmen zu Reaktionen bei Haushaltsaufstellung und -vollzug. Neben Haushaltssperren wurden vor allem Beförderungs- und Einstellungsstopps verhängt. Neben diesen kurzfristigen Ausgabensenkungen haben die meisten Landeskirchen und Diözesen weitreichende Rücklagenentnahmen ins Auge gefasst.[155]

Für die vorliegende langfristige Projektion des Kirchensteueraufkommens sind allerdings kurzfristige Schwankungen der Kirchensteuer – auch wenn sie zu hohen Ausschlägen führen – nicht von besonderer Bedeutung. Wie in Kapitel 6.3 beschrieben, wird das projizierte Kirchensteueraufkommen – da die Kirchensteuer als Zuschlag zur Einkommensteuer tendenziell dem typischen Konjunkturzyklus folgt – um die Projektionslinie mäandern. Vermutlich liegt das der Projektion zugrundeliegende Basisjahr 2017 am oberen Rand des Konjunkturkorridors, sodass diese zyklische Entwicklung ohnehin langfristig unterhalb des projizierten Entwicklungspfads erfolgen sollte. Die Corona-Krise würde die Projektionsergebnisse nur dann maßgeblich verändern, wenn coronabedingte langfristige Veränderungen der Kirchensteuerentwicklung zu erwarten wären.

[153] Ein solches Szenario wird in Kapitel 9 betrachtet.
[154] Vgl. Evangelischer Pressedienst (2020).
[155] Vgl. Evangelischer Pressedienst (2020).

Das wiederum hängt von der Auswirkung der Corona-Krise auf die wirtschaftliche Entwicklung in Deutschland ab. Hierbei wird zwischen einem V-, U- und L-Verlauf unterschieden.[156] Der V-Verlauf, der von einer schnellen Erholung nach kurzzeitigen Steuerverlusten ausgeht, hätte – wie Abbildung 26 zeigt – keine langfristigen Auswirkungen auf den projizierten Verlauf

Abbildung 26: Auswirkungen der Corona-Krise auf das Kirchensteueraufkommen (Schematische Darstellung)

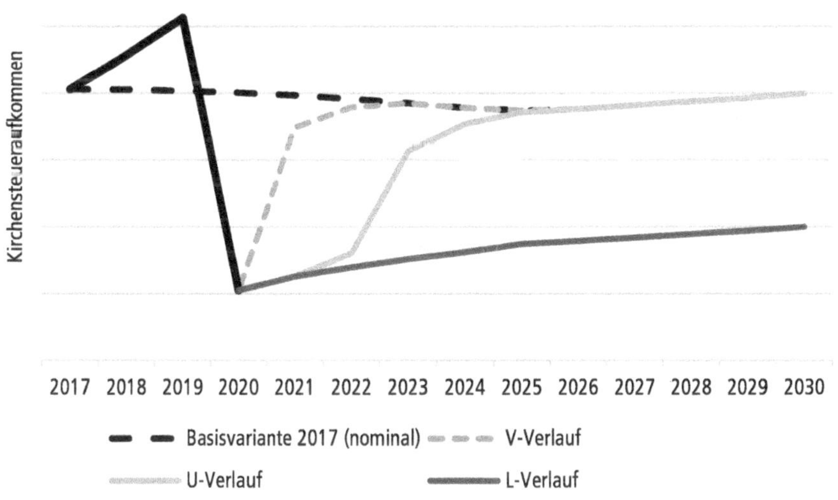

Quelle: eigene Darstellung.

der Kirchensteuer. Vorübergehende Kurzarbeit und Personalabbau schlagen sich in nur kurzfristig sinkenden Kirchenlohnsteueraufkommen nieder. Steuerliche Erleichterungen für Unternehmen wie die vorübergehende Aussetzung von Steuervorauszahlungen, die Stundung fälliger Steuerzahlungen oder der Erlass von Säumniszuschlägen würde nur temporär zu geringeren Kircheneinkommensteuern führen. Unterstützt durch die umfangreichen staatlichen Sofortmaßnahmen wäre der wirtschaftliche Einbruch – wie bei der Finanzkrise im Jahr 2009 – bereits ein bis zwei Jahre später überwunden. Im Falle eines U-Verlaufs wird von einer längeren wirtschaftlichen Tiefphase ausgegangen, deren Erholung erst nach mehreren Jahren eintritt. Grund dafür könnten zahlreiche Insolvenzen sein, die wiederum

[156] Vgl. Kaelble (2020). Als Zwischenszenario wird gelegentlich auch ein W-Verlauf genannt. Da solch eine Auswirkung auf die langfristige Entwicklung der Kirchensteuer vergleichbar mit dem V- und U-Verlauf ist, wird auf dessen Darstellung an dieser Stelle verzichtet.

zu erhöhter Arbeitslosigkeit und rückgehendem Konsum führen. Solch eine Entwicklung würde es erschweren, schnell zum Niveau der wirtschaftlichen Prosperität vergangener Jahre zurückzukehren. Letztlich würde aber auch bei einem U-Verlauf der Corona-Krise die langfristige Entwicklung des Kirchensteueraufkommens nicht von der projizierten abweichen. Einzig bei einem L-Verlauf würden sich grundlegende Veränderungen der Kirchensteuerprojektion ergeben. In einem solchen Szenario würden andere Länder ihre schnellere wirtschaftliche Erholung dazu nutzen, Wettbewerbsvorteile gegenüber Deutschland nachhaltig auszubauen. Dies würde zu einer lang anhalten Rezession führen, die ein dauerhaft geringeres Kirchensteuerniveau zur Folge hätte.

Es lässt sich derzeit noch nicht sagen, wie die wirtschaftlichen Auswirkungen der Corona-Pandemie tatsächlich aussehen. Beim Verfassen dieses Textes im November 2020 geht die Steuerschätzung des Bundes von einer schnellen wirtschaftlichen Erholung aus (V-Verlauf). Bereits im Jahr 2021 rechnet der Arbeitskreis Steuerschätzung damit, dass die für die Einkommensteuer und in Folge auch für die Kirchensteuer zentralen Bruttolöhne und -gehälter wieder das Niveau von 2019 überschreiten. Die für die Einkommensteuer daneben wichtigen Unternehmenseinkommen sollen 2023 wieder über dem Niveau von 2019 liegen. Dennoch ist aufgrund der beschlossenen Corona-Konjunkturhilfen des Bundes, die umfangreiche steuerliche Entlastungen umfassen, zunächst mit geringeren Steuereinnahmen zu rechnen. Dabei sind in diesen Zahlen die wirtschaftlichen Folgen des Teil-Lockdowns Ende 2020 in Unkenntnis des Ausmaßes der zweiten Infektionswelle in Deutschland nicht berücksichtigt.[157]

Trotz dieser Unsicherheiten werden sich die wirtschaftlichen Folgen der Corona-Krise vermutlich nicht gravierend auf die langfristige Entwicklung des Kirchensteueraufkommens auswirken. Entscheidender wird für die beiden Kirchen sein, ob sich das Austrittsverhalten der Kirchenmitglieder während der Pandemie wesentlich verändert. Letztlich ist es nämlich – wie Kapitel 1 gezeigt hat – die Mitgliederentwicklung, die das Kirchensteueraufkommen determiniert. Zwar sind zu Beginn der Krise die Kirchenaustritte im März und April 2020 stark gesunken. Seit Mai sind sie aber wieder gestiegen. Bereits im Juni lagen sie – zumindest in einigen Landeskirchen und Diözesen – über dem Niveau des Vorjahresmonats. Die geringen Austrittszahlen in den Monaten März und April sind vermutlich darauf zurückzuführen, dass Standesämter und Amtsgerichte, bei denen ein Austritt erklärt werden muss, wie andere Behörden in dieser Zeit geschlossen waren. Angesichts des Datenbefunds ist es eher unwahrscheinlich, dass die geringen Austrittszahlen im März und April auf eine Rückkehr zu Glauben

[157] Vgl. Bundesministerium der Finanzen (2020a).

und Kirchenmitgliedschaft hindeuten.[158] Sollte sich gesamtwirtschaftlich tatsächlich ein V- oder U-Szenario ergeben, könnte die Kirchensteuer trotzdem einem L-Verlauf unterliegen. Kommt es zum Ende des Jahres oder in den Folgejahren aufgrund individueller wirtschaftlicher Einschränkungen oder anderer Gründe zu einem „Nachholeffekt“ oder gar einer „Überkompensierung“ bei der Zahl der Austritte, würde die tatsächliche Entwicklung der Kirchensteuer nicht das Niveau des derzeit langfristig projizierten Entwicklungspfads erreichen können.

[158] Vgl. Kastrup (2020, S. 2 f.).

8 ALTERSSPEZIFISCHE ERGEBNISSE

Während zwischen den Konfessionen kaum Unterschiede bei der Mitgliederentwicklung erkennbar sind, folgt der Mitgliederverlust je nach Altersgruppe unterschiedlichen Verläufen. Werden auch jene Teile der Bevölkerung berücksichtigt, die keiner der beiden großen Kirchen angehören, ergeben sich für die Kirchen unterschiedliche Herausforderungen. Angesichts sehr hoher Rückgänge ergibt sich hoher Handlungsdruck bei Kirchenmitgliedern im Schulalter und bei jungen Erwachsenen. Aber auch die Altersgruppe der über 64-Jährigen wird 2060 trotz geringerer Mitgliederverluste grundlegend anders kirchlich geprägt sein als heute.

8.1 Junge Kirchenmitglieder zwischen 6 und 18 Jahren

Eine besondere Rolle nimmt für die Kirchen die Entwicklung junger Kirchenmitglieder zwischen 6 und 18 Jahren ein: Nicht nur fallen Kommunion, Firmung und Konfirmation in diesen Zeitraum. Vor allem werden Kirchen- und Nichtkirchenmitglieder in diesem Alter überwiegend flächendeckend mit religionspädagogischen Angeboten erreicht. Hier sei insbesondere auf den nach wie vor grundgesetzlich garantierten Religionsunterricht hingewiesen. Aus diesem Grund soll im Folgenden die zeitliche Veränderung der Kohortenstärken von 6- bis 18-jährigen evangelischen und katholischen Kirchenmitgliedern in Deutschland aufgezeigt und analysiert werden.[159]

Im Ausgangsjahr der Mitgliederprojektion 2017 gehört gut jeder Zweite der 6- bis 18-jährigen Bevölkerung in Deutschland einer der beiden großen Kirchen an. 25 Prozent sind Mitglied der evangelischen Kirche; 27 Prozent der katholischen Kirche. Bis Mitte der 2030er-Jahre bleibt die Zahl aller 6- bis 18-Jährigen mit leichten Schwankungen relativ stabil bei knapp 10 Millionen. Bis 2060 folgt ein kontinuierlicher Rückgang auf 8 Millionen. Anders verhält es sich bei den gleichaltrigen Kirchenmitgliedern. Lag deren Anzahl 2015 noch bei 5,5 Millionen, sind es 2020 bereits 0,8 Millionen weniger. Bis 2060 wird sich die Zahl weiter auf dann gut 2 Millionen Personen reduzieren. Der absolute Rückgang der Kirchenmitglieder zwischen

[159] Für eine tiefergehende – auch regionale – Analyse von Auswirkungen der Langfristprojektion auf die Religionspädagogik sei auf Peters/Ilg/Gutmann (2019) verwiesen.

*Abbildung 27: 6- bis 18-Jährige in Deutschland**

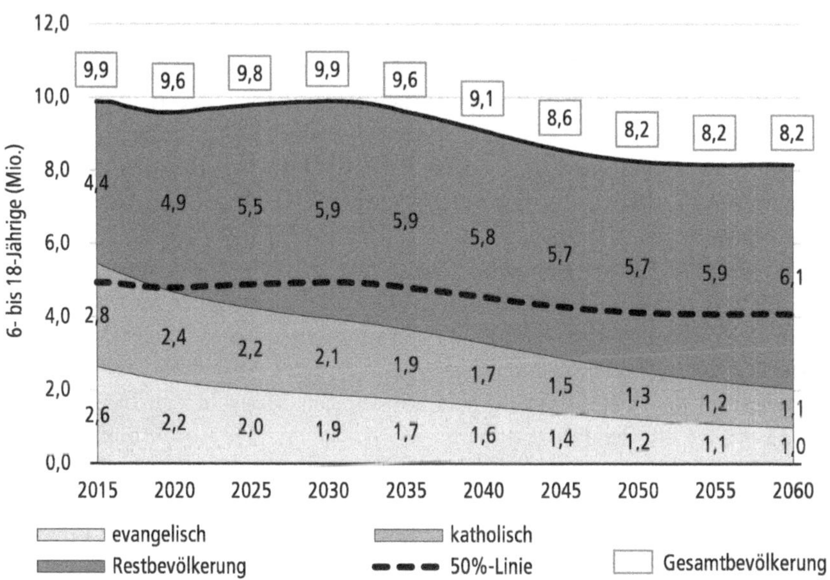

Quelle: eigene Berechnung. * Werte bis 2017: Ist-Zahlen, ab 2018: Projektion.

6 und 18 Jahren beträgt ca. 60 Prozent und verläuft stärker als bei allen Kirchenmitgliedern.[160]

Der Rückgang der absoluten Kirchenmitgliederzahlen spiegelt sich im Anteil von Evangelischen und Katholiken an der Gesamtbevölkerung wider. Zwar sinkt auch die Zahl junger Menschen in der Gesamtbevölkerung, jedoch mit deutlich geringerer Dynamik: 2060 wird nur noch ein Viertel der 6- bis 18-Jährigen evangelisch oder katholisch sein.

Das Jahr 2020 markiert dabei einen Wendepunkt: Erstmals gehört eine Mehrheit der 6- bis 18-Jährigen in Deutschland keiner der beiden großen Kirchen an. Bis 2030 sind die relativen Verluste mit weiteren 10 Prozentpunkten besonders groß, da den sinkenden konfessionellen Zahlen eine eher wachsende gleichaltrige Gesamtbevölkerung gegenübersteht. Danach fällt der relative Verlust mit jährlich durchschnittlich 0,5 Prozentpunkten bis 2060 geringer aus. In den folgenden Jahren sinken – allerdings nicht so schnell wie die konfessionellen Jahrgänge – auch die Zahlen aller 6- bis 18-Jährigen.

[160] Der Rückgang aller Kirchenmitglieder beträgt zwischen 2017 und 2060 51 Prozent.

8.2 Kirchenmitglieder zwischen 20 und 35 Jahren

Nach Abschluss der Schul- und Berufsschulausbildung im Alter von etwa 18 Jahren steigt – wie in Kapitel 5.1.5 aufgezeigt – die Austrittswahrscheinlichkeit stark an. Die höchste Wahrscheinlichkeit für einen Kirchenaustritt liegt sowohl bei Frauen als auch Männern zwischen 20 und 35 Jahren.[161] Aus diesem Grund wird die Lebensphase, die mit dem Einstieg in das Berufsleben und der Familiengründung einhergeht, als zweite Altersgruppe untersucht.

Es sind die Kinder der geburtenstarken Jahrgänge, die im Jahr 2019 zwischen 20 und 35 Jahre alt waren. Es überrascht daher kaum, dass zu keinem Zeitpunkt während des Projektionszeitraums so viele Menschen zwischen 20 und 35 Jahre alt sind wie zu Beginn. Ausgehend von 16 Millionen sinkt die Anzahl der 20- bis 35-jährigen Menschen in Deutschland bis Mitte der 2030er-Jahre auf rund 13 Millionen. Wie Abbildung 28 zeigt, ist dieser Rückgang ausschließlich auf den evangelischen und katholischen Teil der Bevölkerung zurückzuführen. Die Zahl der nichtkonfessionell gebundenen 20- bis 35-Jährigen steigt hingegen sogar leicht an. So fällt der relative Verlust der Kirchenmitglieder mit 38 Prozent beinahe doppelt so groß wie bei der Gesamtbevölkerung aus. Waren zu Beginn des Projektionszeitraums mit 55 Prozent noch mehr als die Hälfte der 20- bis 35-jährigen Bevölkerung evangelisch oder katholisch, sind es im Jahr 2035 nur noch 42 Prozent. Die 50-Prozent-Linie wird im Jahr 2028 erstmals unterschritten.

In den Folgejahren wachsen die Enkelkinder der geburtenstarken Jahrgänge nach und nach in diese Altersgruppe hinein. So bleibt die 20- bis 35-jährige Bevölkerung bis etwa Ende der 2040er-Jahre konstant und sinkt erst zum Ende des Projektionszeitraums leicht ab. Die Anzahl der gleichaltrigen Kirchenmitglieder sinkt in den Jahren zwischen 2035 und 2050 um weitere 1,2 Millionen (23 Prozent).

Zum Ende des Projektionszeitraums leben in Deutschland nach den Berechnungen mit 11,5 Millionen knapp 28 Prozent weniger 20- bis 35-Jährige als im Jahr 2017. Die Zahl der gleichaltrigen Kirchenmitglieder wird sich zwischen 2017 und 2060 um 62 Prozent verringern. Dann wird nicht einmal mehr jeder Dritte der evangelischen oder katholischen Kirche angehören (29 Prozent).

Da beinahe drei Viertel aller Kinder in Deutschland (71 Prozent) von Müttern im Alter zwischen 25 und 36 Jahren geboren werden, ist dieser Teil der Bevölkerung von besonderem Interesse. Die Entwicklung dieser Altersgruppe ist ein entscheidender Faktor für das Potenzial an Geburten und Kindertaufen und damit letztlich auch neuen Kirchenmitgliedern. Grund-

161 Vgl. Abbildung 14 in Teil I Kapitel 5.1.5.

*Abbildung 28: 20- bis 35-Jährige in Deutschland**

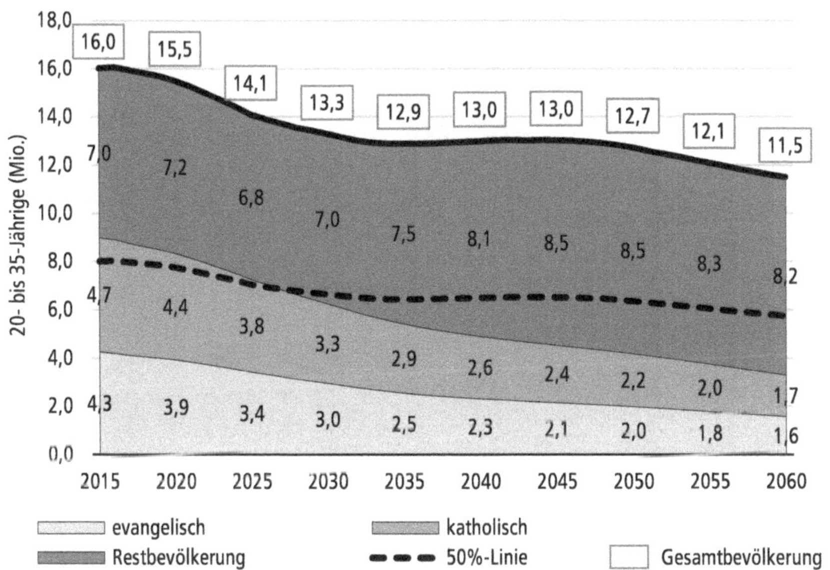

Quelle: eigene Berechnung. * Werte bis 2017: Ist-Zahlen, ab 2018: Projektion.

sätzlich zeigt sich für die Frauen zwischen 25 und 36 Jahren ein ähnlicher Verlauf wie in Abbildung 28, dem Verlauf der 20- bis 35-Jährigen. Dies war intuitiv erwartbar, da sich die beiden Altersgruppen weitestgehend überschneiden. Insgesamt fallen die Verluste leicht geringer aus als bei allen Kirchenmitgliedern im Alter zwischen 20 und 35 Jahren. Hintergrund ist die geringere Austrittswahrscheinlichkeit von Frauen.

8.3 Über 64-jährige Kirchenmitglieder

Abschließend wird die Gruppe der Kirchenmitglieder im Alter von 65 Jahren oder älter analysiert. Es ist bekannt, dass diese Altersgruppe bedingt durch den demografischen Wandel und insbesondere die geburtenstarken Jahrgänge in den kommenden Jahren stark zunehmen wird. Dies bestätigt auch der Blick auf die Entwicklung dieser Altersgruppe in Abbildung 29.

Während die über 64-jährige Bevölkerung bis Mitte der 2030er-Jahre um fast 6 Millionen zulegt (plus 31 Prozent), bleibt die konfessionell gebundene Bevölkerung gerade einmal konstant (plus 0,3 Millionen beziehungsweise plus 2 Prozent). Im Jahr 2035 bilden die konfessionell gebundenen „Alten" mit 51 Prozent gerade noch die Mehrheit in dieser Altersgruppe. Danach treten die geburtenstarken Jahrgänge in die Phase des Ruhestands

*Abbildung 29: Über 64-Jährige in Deutschland**

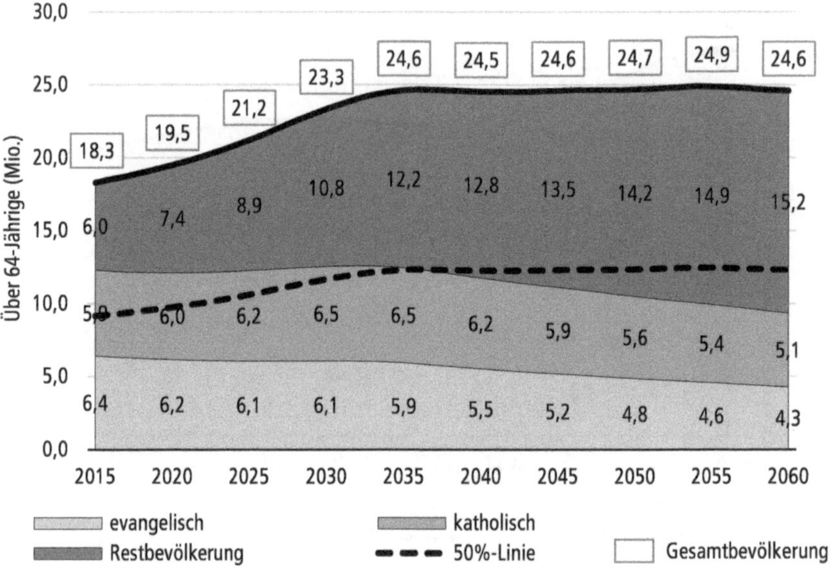

Quelle: eigene Berechnung. * Werte bis 2017: Ist-Zahlen, ab 2018: Projektion.

ein. Während die Größe der Gesamtbevölkerung nahezu unverändert zwischen 24 und 25 Millionen bleibt, sinkt die Zahl der Kirchenmitglieder in dieser Altersgruppe auf 9,3 Millionen. Dies entspricht einem Rückgang um 23 Prozent, der im Vergleich zu dem Rückgang der Gesamtmitglieder moderat erscheint. Berücksichtigt man, dass die altersgleiche Bevölkerung im Projektionszeitraum um 31 Prozent anwächst, gewinnt dieser Rückgang aber an Brisanz. Gehörten zu Beginn des Projektionszeitraums noch zwei von drei „Alten" einer der beiden großen Kirchen an, werden es nach den Berechnungen im Jahr 2060 nur noch zwei von fünf sein.

9 SENSITIVITÄTSANALYSE

Die bis hier vorgestellte Mitglieder- und Kirchensteuerentwicklung zeigt einen möglichen Ergebnispfad auf. Von derart langfristigen Modellberechnungen darf jedoch keine punktgenaue Vorhersage erwartet werden.[162] Die Ergebnisse beruhen – worauf bereits mehrfach hingewiesen wurde – auf Annahmen. Es wird davon ausgegangen, dass der Trend der vergangenen Jahre auch für die Zukunft repräsentativ ist. Sollten sich einzelne Einflussfaktoren langfristig ändern, werden auch die projizierten Ergebnisse von der tatsächlichen Entwicklung abweichen. Im Folgenden sollen im Rahmen einer Sensitivitätsanalyse die Auswirkungen von veränderten Rahmenbedingungen auf die Projektionsergebnisse aufgezeigt werden. Dabei werden Änderungen kirchenspezifischer Faktoren (Verdoppelung und Halbierung der Austrittswahrscheinlichkeit) sowie demografischer Faktoren (keine Außenwanderungen, höhere Fertilität) genauso untersucht wie die Auswirkungen wirtschaftlicher (ewiges Wirtschaftswunder, steigende Erwerbstätigenquoten) und steuerrechtlicher Veränderungen (ohne nachgelagerte Besteuerung von Alterseinkünften). Tabelle 4 enthält einen Überblick über die verschiedenen Szenarien.[163]

Tabelle 4: Sensitivitätsanalyse

	2017		2030		2040		2050		2060	
	Mitgl. in Mio.	KiSt.-Index 2017	Mitgl. in Mio.	KiSt.-Index 2017	Mitgl. in Mio.	KiSt.-Index 2017	Mitgl. in Mio.	KiSt.-Index 2017	Mitgl. in Mio.	KiSt.-Index 2017
Basisvariante										
	44,8	100%	37,4	79%	32,2	70%	27,2	61%	22,7	50%
Verdoppelung Austrittswahrscheinlichkeit										
sukzessive Veränderung	44,8	100%	36,8	77%	30,6	65%	24,5	53%	19,0	39%
sofortige Veränderung	44,8	100%	33,6	68%	26,5	54%	20,6	43%	15,7	32%
Halbierung Austrittswahrscheinlichkeit										
sukzessive Veränderung	44,8	100%	37,8	80%	33,1	73%	28,8	65%	24,9	56%
sofortige Veränderung	44,8	100%	39,6	86%	35,7	80%	31,6	73%	27,6	62%

---

162 Vgl. Pötzsch (2016, S. 38).

163 Die gegenüber den von Peters/Gutmann (2020) leicht abweichenden Zahlen zur Kirchensteuerentwicklung beruhen auf nachträglichen Aktualisierungen der wirtschaftlichen Parameter in den Jahren 1998 bis 2017 durch die Revision der Volkswirtschaftlichen Gesamtrechnungen 2019. Vgl. Statistische Ämter des Bundes und der Länder (2020b).

Keine Außenwanderungen										
	44,8	100%	36,9	78%	31,4	68%	26,2	58%	21,6	46%
Höhere Fertilität										
	44,8	100%	37,5	79%	32,4	70%	27,6	61%	23,2	50%
Ewiges Wirtschaftswunder										
	44,8	100%	37,4	81%	32,2	73%	27,2	64%	22,7	53%
Steigende Erwerbstätigenquoten										
von Frauen	44,8	100%	37,4	80%	32,2	72%	27,2	63%	22,7	52%
aufgrund längerer Lebensarbeitszeit	44,8	100%	37,4	80%	32,2	71%	27,2	61%	22,7	50%
insgesamt	44,8	100%	37,4	81%	32,2	72%	27,2	63%	22,7	53%
Ohne nachgelagerte Besteuerung von Alterseinkünften										
	44,8	100%	37,4	80%	32,2	67%	27,2	56%	22,7	45%

Quelle: Kirchenamt der EKD (2020b), Verband der Diözesen Deutschlands (2020a, 2020b), Statistisches Bundesamt (2018b), eigene Berechnung.

Die einzelnen Szenarien werden in den folgenden Abschnitten detailliert beschrieben.

9.1 Veränderung der Austrittswahrscheinlichkeit

Zahlreiche Studien deuten darauf hin, dass der Trend zur Säkularisierung der Gesellschaft anhält und die Austrittswahrscheinlichkeit weiterhin zunimmt.[164] Gerade vor dem Hintergrund der in den Jahren 2018 und 2019 in beiden Kirchen deutlich gestiegenen Austrittszahlen soll in einem Szenario untersucht werden, wie ein verschärftes Austrittsverhalten die Projektionsergebnisse beeinflussen würde. Dazu wird bis 2060 eine sukzessive Erhöhung der alters- und geschlechtsspezifischen Austrittswahrscheinlichkeit auf das doppelte Niveau des Jahres 2017 unterstellt. Unter dieser Annahme würde sich die Zahl der Kirchenmitglieder bis ins Jahr 2060 um weitere 3,7 Millionen reduzieren. Gegenüber der Basisvariante entspricht dies einem weiteren Rückgang von 8 Prozentpunkten. Während des Projektionszeitraums fänden etwa 3,5 Millionen Kirchenaustritte mehr statt. Mit dem zusätzlichen Rückgang der Kirchenmitgliederzahlen würde ein Rückgang der Kirchensteuerkraft um weitere 11 Prozentpunkte auf 39 Prozent gegenüber dem Jahr 2017 einhergehen.

Im Gegensatz zur Säkularisationstheorie haben in den vergangenen Jahren einige Wissenschaftler Anzeichen für eine Wiederbelebung von Religion und Spiritualität gesehen, die sich zumindest theoretisch auch auf die Be-

[164] Vgl. Pollack/Rosta (2015, S. 223); Voas/Doebler (2011, S. 59 f.); Voas/Crockett (2005, S. 24); Ebertz (2005, S. 42); Norris/Inglehart (2007, S. 24 ff.).

reitschaft zur Kirchenmitgliedschaft auswirken könnte.[165] Auch wenn eine solche Erweckungsbewegung eher unwahrscheinlich erscheint, wird in einem weiteren Szenario eine bis zum Jahr 2060 sukzessive Verringerung der entsprechenden Austrittswahrscheinlichkeit um 50 Prozent untersucht. In diesem Szenario würden im Jahr 2060 2,2 Millionen mehr Menschen Mitglied der evangelischen oder katholischen Kirche sein. Das sind 5 Prozentpunkte mehr als in der Basisvariante. 2,1 Millionen Menschen würden bis 2060 weniger aus der Kirche austreten. Die Kirchensteuerkraft würde sich bis 2060 auf 56 Prozent reduzieren und läge damit um 6 Prozentpunkte höher als in der Basisvariante. Das Szenario führt annahmegemäß zu weniger Austritten und in der Folge zu mehr Geburten und mehr Kindertaufen. Allerdings entfaltet insbesondere ein Anstieg an Kindertaufen seine Wirkung auf das Kirchensteueraufkommen erst mit einer Verzögerung von mehr als 20 Jahren. Bei dem 44-jährigen Projektionszeitraum also erst ab dem Jahr 2037. Das erklärt, warum das Szenario mit einer sukzessiv verringerten Austrittsquote erst Mitte der 2030er-Jahre eine günstigere Kirchensteuerkaufkraftentwicklung als insgesamt gestiegene Erwerbstätigenquoten und erst nach 2040 eine günstigere Entwicklung als im Szenario „Ewiges Wirtschaftswunder“ aufweist.

Für die beiden Konfessionen zeigen sich unterschiedliche Auswirkungen. Beide Szenarien wirken sich stärker auf die evangelische als auf die katholische Kirche aus. So entfallen im Szenario mit einer sukzessiv erhöhten Austrittsquote 52 Prozent des gesamten Rückgangs von 3,7 Millionen Kirchenmitgliedern auf die Landeskirchen und 48 Prozent auf die Diözesen. Im Szenario mit sukzessiv verringerter Austrittsquote würde die Zahl der Protestanten um 1,2 Millionen gegenüber der Basisvariante ansteigen (53 Prozent der Gesamtsteigerung). Dem steht ein Zuwachs von 1,0 Millionen Katholiken gegenüber (47 Prozent). Grund dafür ist die höhere Austrittswahrscheinlichkeit in der evangelischen Kirche.

Aufgrund regional sehr unterschiedlicher Austrittsquoten entfalten die beiden Szenarien auch eine regional unterschiedlich starke Wirkung. In Diözesen und Landeskirchen mit überdurchschnittlicher Austrittsquote wirken die Effekte besonders stark.

Während das Eintritts- und Taufverhalten in den vergangenen Jahrzehnten relativ stabil war, ist insbesondere die Entwicklung der Kirchenaustritte sehr volatil gewesen. Es ist daher denkbar, dass weder die Parametrisierung der Basisvariante noch eine sukzessive Erhöhung der Kirchenaustritte langfristig erreicht wird. In der Vergangenheit konnte wiederholt beobachtet werden, dass sich die Kirchenaustritte nach starken Anstiegen auf einem erhöhten Niveau einpendeln. Deswegen soll auch eine sofortige Erhöhung

[165] Vgl. Riesebrodt (2000); Graf (2004).

der Austrittswahrscheinlichkeit untersucht werden. In diesem verschärften Szenario wird die alters- und geschlechtsspezifische Austrittswahrscheinlichkeit bereits für das erste Jahr der Projektion auf das doppelte Niveau des Jahres 2017 angehoben. Erwartungsgemäß würde der Rückgang der Kirchenmitglieder in diesem Szenario stärker ausfallen. Dann wären im Jahr 2060 noch 15,7 Millionen Menschen Mitglied der evangelischen oder katholischen Kirche. Die Kirchensteuerkaufkraft würde auf ein Drittel des Niveaus von 2017 absinken. Umgekehrt würde in einem abgemilderten Szenario eine sofortige Verringerung der Austrittsquote um 50 Prozent dazu führen, dass es im Jahr 2060 28,6 Millionen evangelische oder katholische Kirchenmitglieder gäbe.

Eine dauerhafte Veränderung der Austrittswahrscheinlichkeit beeinflusst den Mitgliederrückgang somit stark. Zwischen den gewählten Szenarien besteht im Jahr 2060 eine Differenz von knapp 12 Millionen Kirchenmitgliedern.

9.2 Keine Außenwanderungen

Der Projektion liegt ein jährlicher Außenwanderungsüberschuss in die beiden großen christlichen Kirchen von etwa 50.000 Kirchenmitgliedern zugrunde, der zwischen 2025 und 2040 auf 24.000 reduziert wird.[166] Aufgrund der Zuwanderung aus den überwiegend katholisch geprägten Ländern Kroatien, Italien und Polen profitiert die katholische Kirche mit einem Saldo von 40.000 Personen im Jahr 2017 deutlich stärker von der Außenwanderung als die evangelische Kirche. Anders als Fertilität und Mortalität unterliegen Migrationsbewegungen starken Schwankungen. Trends für die Zukunft aus den vergangenen Entwicklungen abzuleiten, ist daher schwierig und mit Unsicherheiten behaftet.[167] Werden Außenwanderungsbewegungen nicht berücksichtigt, verlieren beide Kirchen bis 2060 weitere 1,1 Millionen Mitglieder. Dann würde die Anzahl der Kirchenmitglieder auf 21,6 Millionen absinken. Davon wären 11,4 Millionen katholisch (minus 0,8 Millionen) und 10,1 Millionen evangelisch (minus 0,4 Millionen).[168] Die Kirchensteuerkraft wäre ohne konfessionell gebundene Zuwanderung aus dem Ausland im Jahr 2060 um 4 Prozentpunkte geringer.

[166] Vgl. Kapitel 5.1.3.
[167] Vgl. Statistisches Bundesamt (2015, S. 37 ff.).
[168] Abweichungen ergeben sich aus Rundungsdifferenzen.

9.3 Höhere Fertilität

Obwohl relevante Studien eine höhere Geburtenhäufigkeit von religiösen im Vergleich zu nichtreligiösen Menschen zeigen, konnte auf Basis der Einkommensteuerstatistik belegt werden, dass die Fertilität von Kirchenmitgliedern nicht höher ist als die von Nicht-Kirchenmitgliedern.[169] Unter der weiteren Annahme, dass insbesondere Menschen, die nicht oder nicht mehr religiös sind, aus der Kirche austreten, könnte dies zu einem stetig wachsenden Anteil religiöser Menschen an den verbleibenden Kirchenmitgliedern führen.[170] Dementsprechend könnte die Fertilitätsrate von Kirchenmitgliedern in den kommenden Jahrzehnten steigen und langfristig dem beobachteten Niveau der religiösen Bevölkerung entsprechen. In dem Szenario „Höhere Fertilität" wird daher untersucht, wie sich eine kontinuierlich steigende Fertilitätsrate auf die Mitgliederentwicklung auswirken würde.[171] Angenommen wird ein linearer Anstieg der Fertilitätsrate von 1,5 im Jahr 2017 auf 1,7 im Jahr 2060. Im Ergebnis hätte dies gegenüber der Basisvariante einen Anstieg von 0,5 Millionen Kirchenmitgliedern zur Folge (plus 2 Prozent). Eine Erhöhung der Fertilität hätte also nur einen geringen Einfluss auf den Mitgliederrückgang.

9.4 Ewiges Wirtschaftswunder

Für die Basisvariante wurde ein zwanzigjähriger bundeslandspezifischer Durchschnitt der Lohnwachstumsraten beziehungsweise bei älteren Kirchenmitgliedern ein zwanzigjähriger Schnitt der Rentensteigerungen in der gesetzlichen Rentenversicherung verwendet.[172] Dem liegt die Annahme zugrunde, dass konjunkturelle Schwankungen innerhalb eines zwanzigjährigen Zyklus genauso ausgeglichen werden wie auch Effekte der kalten Progression. Steuerminder- und Steuermehreinnahmen können zwar durch die Anpassung der Eckwerte des Einkommensteuertarifs kurz- und mittelfristig entstehen, gleichen sich aber langfristig betrachtet aus. Die beobachteten langfristigen Steigerungsraten sind deutlich geringer als die der vergangenen Jahre 2010 bis 2019, die von ununterbrochenem Wirtschaftswachstum getrieben waren. Wird für Lohn-, Gehalts- und Rentensteigerungen die Entwicklung der Jahre 2013 bis 2017 zugrundegelegt, so erhöht sich die Kir-

169 Vgl. Peri-Rotem (2016); Frejka/Westoff (2008, S. 23); Gutmann/Peters (2020, S. 5 f.).

170 Vgl. Riegel/Kröck/Faix (2018, S. 187 ff.).

171 Wenn die Religiosität unter Kirchenmitgliedern steigt, ist es darüber hinaus wahrscheinlich, dass die Austrittswahrscheinlichkeit sinkt. Um den Effekt zu isolieren, wird in diesem Szenario dennoch ausschließlich eine höhere Fertilität untersucht.

172 Vgl. Kapitel 6.2.2.

chensteuerkraft des Jahres 2060 von 50 Prozent in der Basisvariante auf 53 Prozent. Obwohl die jährliche Wachstumsrate der Löhne und Gehälter für dieses Szenario von 1,7 Prozent auf 2,5 Prozent und die der Renten von 1,6 Prozent auf 2,2 Prozent erhöht wird, ist der Effekt mit 3,4 Prozentpunkten relativ gering. Dies liegt darin begründet, dass mit der Entwicklung der Einkommen nicht nur die nominalen Kirchensteuereinnahmen ansteigen, sondern auch die Ausgaben der personalkostenintensiven kirchlichen Haushalte.[173]

9.5 Steigende Erwerbstätigenquoten

Für die Projektion des Kirchensteueraufkommens wird in der Basisvariante angenommen, dass die Beschäftigungsquoten des Jahres 2017 dauerhaft konstant bleiben.[174] Zwischen 2007 und 2017 stieg der Anteil der erwerbstätigen Frauen im Alter zwischen 15 und 65 Jahren von 63,1 Prozent auf 71,5 Prozent um 8,4 Prozentpunkte an, der Anteil der Männer stieg im gleichen Zeitraum von 74,5 Prozent auf 78,9 Prozent um 4,4 Prozentpunkte.[175] Um die Finanzierung der Sozialversicherungen langfristig sicherzustellen, wird die Politik nicht umhinkommen, das Renteneintrittsalter der steigenden Lebenserwartung anzupassen. Die langfristige Angleichung der Erwerbstätigenquote der Frauen an die der Männer wie auch die Verlängerung der Lebensarbeitszeit wirken positiv auf das Einkommensteueraufkommen und damit auch auf das Kirchensteueraufkommen.

Die Effekte gegenüber der projizierten Basisvariante sind allerdings gering: Während ein kontinuierlicher Anstieg der Lebensarbeitszeit bis 2060 um 5 Jahre den Rückgang der Kirchensteuerkraft um 1 Prozentpunkt abmildert, sorgt die Angleichung der Erwerbstätigenquote von Frauen immerhin für eine Entlastung von 2 Prozentpunkten. Im Zusammenspiel dieser beiden Szenarien ergibt sich 2060 eine Kirchensteuerkraft von knapp 53 Prozent des Jahres 2017. Sie wäre damit 2060 3 Prozentpunkte höher als in der Basisvariante.

173 Vgl. den entwickelten Preisindex in Kapitel 7.1.
174 Vgl. Kapitel 6.2.2.
175 Vgl. Bundesagentur für Arbeit (2019, S. 6).

9.6 Ohne nachgelagerte Besteuerung von Alterseinkünften

Die im Jahr 2005 mit dem Alterseinkünftegesetz (AltEinkG) verabschiedete und sukzessiv eingeführte nachgelagerte Besteuerung von Alterseinkünften beeinflusst die Höhe des Einkommensteueraufkommens positiv. Zwar sinkt das Einkommensteueraufkommen aufgrund demografischer Effekte langfristig, die nachgelagerte Besteuerung wirkt diesem Trend allerdings entgegen.[176]

Ohne Berücksichtigung der nachgelagerten Besteuerung von Alterseinkünften würde das Kirchensteueraufkommen zunächst ansteigen und im Jahr 2025 um 2 Prozentpunkte über der Basisvariante liegen. Zu diesem Zeitpunkt können im Rahmen der Übergangsregelung die Altersvorsorgebeiträge in voller Höhe steuerlich geltend gemacht werden. Gleichzeitig befinden sich die geburtenstarken Jahrgänge 2025 gerade noch in der Erwerbsphase. Mit dem Eintritt dieser Kohorten in den Ruhestand und dem zunehmenden Besteuerungsanteil der Renten verkehrt sich dieser Effekt im weiteren Verlauf ins Negative, sodass die Kirchensteuereinnahmen ab dem Jahr 2032 ohne Berücksichtigung der nachgelagerten Besteuerung geringer als in der Basisvariante ausfallen.[177] Im Jahr 2060 führt die nachgelagerte Besteuerung zu einer um 5 Prozentpunkte höheren Kirchensteuerkraft als ohne diese Steuerrechtsänderung. Da im Jahr 2060 die Kinder der heute geburtenstarken Jahrgänge sukzessive in die Phase des Ruhestands eintreten werden, ist dieser Abstand zu diesem Zeitpunkt bereits wieder abnehmend.[178]

Um die isolierte Wirkung des AltEinkG auf das Kirchensteueraufkommen zu betrachten, wird für eine Sensitivitätsanalyse eine Demografievariante ergänzt, für die unterstellt wird, dass die Kirchenmitgliedschaftszahlen ausschließlich durch die Annahmen der staatlichen Bevölkerungsprojektion zu Fertilität, Mortalität und Migration verändert werden. Da in dieser Variante kirchenspezifische Einflussfaktoren nicht berücksichtigt werden, sind automatisch alle Kinder, die von einer evangelischen oder katholischen Mutter geboren werden, Kirchenmitglieder. Kircheneintritte und Kirchenaustritte finden keine Berücksichtigung. Es bedarf keiner weiteren Erläuterungen, dass unter diesen Annahmen der Kirchensteuerkraftindex 2017 weniger absinken würde als in der Basisvariante. Diese hypothetische Betrachtung ist jedoch weniger wegen des geringeren Kirchensteuerrückgangs

[176] Vgl. Gutmann/Peters/Raffelhüschen (2019).

[177] Der Schnittpunkt liegt im Jahr 2031.

[178] Nach den Berechnungen und unter den getroffenen Annahmen beläuft sich der Abstand im Jahr 2053 auf 5,4 Prozentpunkte.

von Interesse, sondern soll den besonderen Effekt des AltEinkG verdeutlichen.

Ohne Berücksichtigung des AltEinkG würde die Demografievariante im Jahr 2040 3 Prozentpunkte über der Demografievariante mit Berücksichtigung des AltEinkG liegen. Würde bei der Basisvariante das AltEinkG nicht berücksichtigt, läge die Kirchensteuerkraft im Jahr 2040 3,4 Prozentpunkte über der Basisvariante mit AltEinkG. Unter Einbeziehung der kirchenspezifischen Faktoren wirkt sich folglich das AltEinkG für die Kirchen positiver aus. Im Jahr 2060 dreht sich dieses Verhältnis: Während die Kirchensteuerkraft bei der Demografievariante ohne AltEinkG 5,7 Prozentpunkte über der Demografievariante mit AltEinkG liegt, beträgt die Differenz unter Berücksichtigung der kirchenspezifischen Faktoren in der Basisvariante nur 5 Prozentpunkte. Grund dafür ist das Verhältnis von Kirchensteuerzahlenden in der Erwerbsphase zu Kirchensteuerzahlenden im Rentenalter. Verglichen mit der Gesamtbevölkerung profitieren verhältnismäßig weniger erwerbstätige Kirchenmitglieder von der Abzugsfähigkeit der Altersvorsorgeaufwendungen. Demgegenüber stehen relativ mehr Bezieher von Alterseinkünften, die zukünftig höhere Steuerzahlungen leisten. Verstärkend kommt hinzu, dass die Kinder der geburtenstarken Jahrgänge um das Jahr 2040 selbst in die Phase der höchsten Kirchensteuerzahlungen gelangen. Nach 2050, wenn die geburtenstarken Jahrgänge nach und nach verstorben sein werden und deren Kinder in den Ruhestand eintreten, sinkt das Kirchensteueraufkommen wieder deutlich ab.

TEIL IV –
REGIONALE ERGEBNISSE

10 ÜBERBLICK

Die bundesweite Berechnung der projizierten Kirchenmitglieder- und Kirchensteuerentwicklung lässt sich nicht unmittelbar auf kleinteiligere Ebenen übertragen. Die Analyse der Einflussfaktoren zeigt vielmehr konfessionelle und regionale Abweichungen: sei es in der vorgestellten Altersstruktur der Kirchenmitglieder, der Religionszugehörigkeit der Bevölkerung, den Wanderungsbewegungen oder beim Tauf-, Austritts- und Eintrittsverhalten.[179] Diese Unterschiede führen zu regional variierenden Entwicklungen.

Daher erfolgt eine detaillierte Auswertung – wie in Abbildung 30 dargestellt – in sieben Regionen. Diese wurden so gewählt, dass einerseits aussagekräftige Ergebnisse und Unterschiede zwischen den Regionen sichtbar werden und andererseits die jeweiligen Diözesen und Landeskirchen weitestgehend gleiche Gebiete abdecken.[180] Im Durchschnitt umfasst eine Region vier Diözesen und drei Landeskirchen. Die individuelle Aufteilung auf die Regionen fällt dabei sehr unterschiedlich aus: So werden in der Region Norden die beiden Konfessionen jeweils nur durch eine Diözese beziehungsweise Landeskirche vertreten. In der Region Südosten stehen einer Landeskirche sieben Diözesen gegenüber. Die mit Abstand meisten Kirchenmitglieder leben in der Region Westen. Dies liegt zum einen daran, dass mit Nordrhein-Westfalen das bevölkerungsreichste Bundesland in der Region liegt. Zum anderen hätte eine Aufteilung dieser Region – unter der Prämisse, die Diözesen und Landeskirchen jeweils einer Region zuzuordnen[181] – aufgrund des Zuschnitts der betroffenen Diözesen und Landeskirchen keine erkenntnisbringenden Ergebnisse hervorgebracht.

Bei der Verteilung der Mitglieder zeigt sich vor allem für die katholische Kirche ein deutliches Gefälle: Während 88 Prozent der Katholiken ihren

[179] Vgl. Kapitel 1 und Kapitel 5.1.

[180] Norden (Erzdiözese Hamburg sowie Nordkirche), Nordwesten (Diözesen Hildesheim, Osnabrück, Offizialatsbezirk Oldenburg sowie Landeskirchen Braunschweig, Bremen, Hannover, Oldenburg, Evangelisch-reformierte Kirche, Schaumburg-Lippe), Osten (Diözesen Berlin, Dresden-Meißen, Erfurt, Görlitz, Magdeburg sowie Landeskirchen Anhalt, Berlin- Brandenburg-schlesische Oberlausitz, Mitteldeutschland, Sachsen), Westen (Diözesen Aachen, Essen, Köln, Münster ohne Offizialatsbezirk Oldenburg, Paderborn, Speyer, Trier sowie Landeskirchen Lippe, Pfalz, Rheinland, Westfalen), Mitte (Diözesen Fulda, Limburg, Mainz sowie Landeskirchen Hessen und Nassau, Kurhessen-Waldeck), Südosten (Diözesen Augsburg, Bamberg, Eichstätt, Würzburg, München und Freising, Regensburg, Passau sowie Landeskirche Bayern), Südwesten (Diözesen Freiburg, Rottenburg-Stuttgart sowie Landeskirchen Baden, Württemberg).

[181] Ausnahmen bilden die Diözese Münster, deren in Nordrhein-Westfalen gelegenes Territorium der Region Westen angehört, und der als eigene Subpopulation im Projektionsmodell abgebildete Offizialatsbezirk Oldenburg, der im Bundesland Niedersachsen liegt, und dem Nordwesten zugeordnet wurde.

Wohnsitz in den vier Regionen Südwesten, Südosten, Mitte und Westen haben, sind in den Regionen Norden, Nordwesten und Osten lediglich 12 Prozent beheimatet. Bei den Steuerzahlenden ist der Anteil mit 89 Prozent noch einmal höher. Die Protestanten sind deutschlandweit gleichmäßiger verteilt, wobei auch hier im Osten mit 11 Prozent die geringsten Anteile an allen Kirchenmitgliedern festzustellen sind. Die schematische Darstellung der sieben Regionen in Abbildung 30 verdeutlicht die unterschiedliche

Abbildung 30: Regionale Ergebnisse

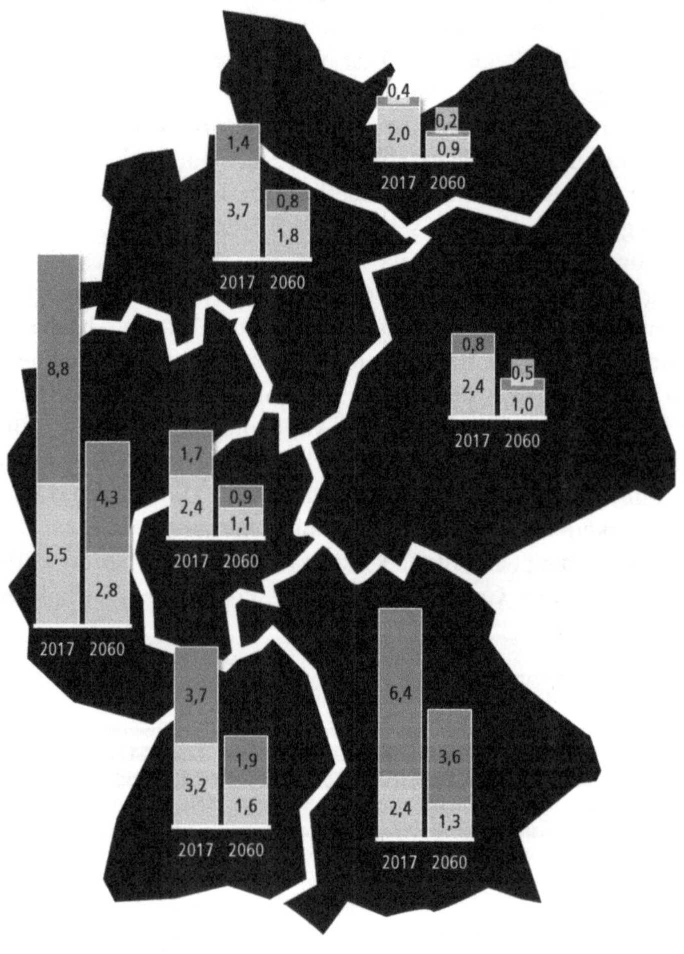

Quelle: eigene Darstellung.

Verteilung der evangelischen und katholischen Kirchenmitglieder auf die Regionen und zeigt die Varianz der projizierten Mitgliederentwicklung auf.

Abbildung 31: Kirchenmitglieder in Deutschland 2019, 2040, 2060

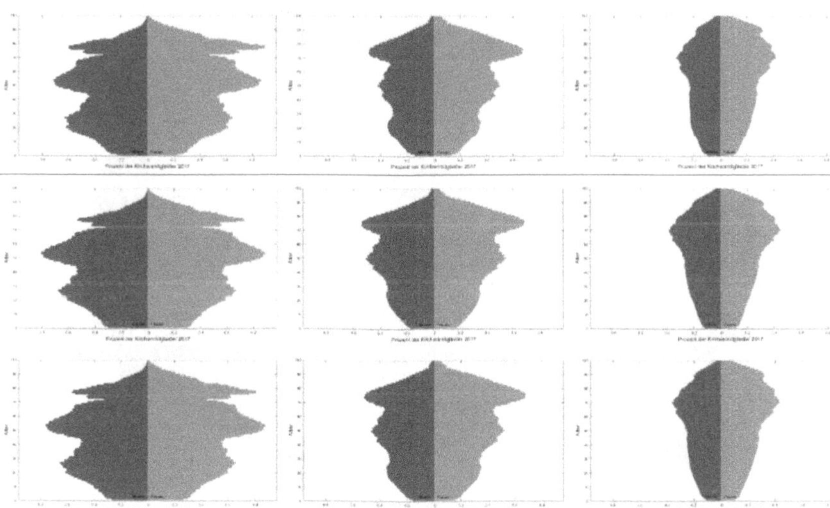

Oben: evangelische Kirche, Mitte: katholische Kirche, Unten: beide Kirchen.
Quelle: eigene Berechnung (Basisjahr 2017).

In Abbildung 31 sind die Projektionsergebnisse der Jahre 2040 und 2060 dem Altersaufbau des Jahres 2019 für die evangelische, die katholische und für beide Kirchen zusammen gegenübergestellt. Es fällt auf, dass in der evangelischen Kirche die älteren Jahrgänge stärker vertreten sind als in der katholischen. Abgesehen davon ergeben sich kaum Unterschiede zwischen den Konfessionen.[182] Lediglich die zwei Regionen Norden und Osten weichen erkennbar von der bundesweiten Struktur ab. Die übrigen Regionen weisen keine wesentlichen Unterschiede zur dargestellten Entwicklung auf.[183]

Einen Überblick der Unterschiede in den Regionen geben die in Abbildung 32 dargestellten Kennzahlen für das Jahr 2019. Im Osten leben die ältesten und im Südosten die jüngsten Kirchenmitglieder. Während dies im Südosten auf beide Kirchen zutrifft, wird das Durchschnittsalter im Os-

182 Für eine Erläuterung der unterschiedlichen Altersstruktur von Protestanten und Katholiken im Jahr 2019 sei auf Teil I verwiesen. Zur Entwicklung der bundesweiten Altersstruktur vgl. Abbildung 24 in Kapitel 7.1.

183 Daher wird bei der Vorstellung der regionalen Ergebnisse die Altersstruktur nur im Norden und Osten und nicht in den übrigen Regionen dargestellt.

Abbildung 32: Ausgewählte Kennzahlen nach Regionen 2019

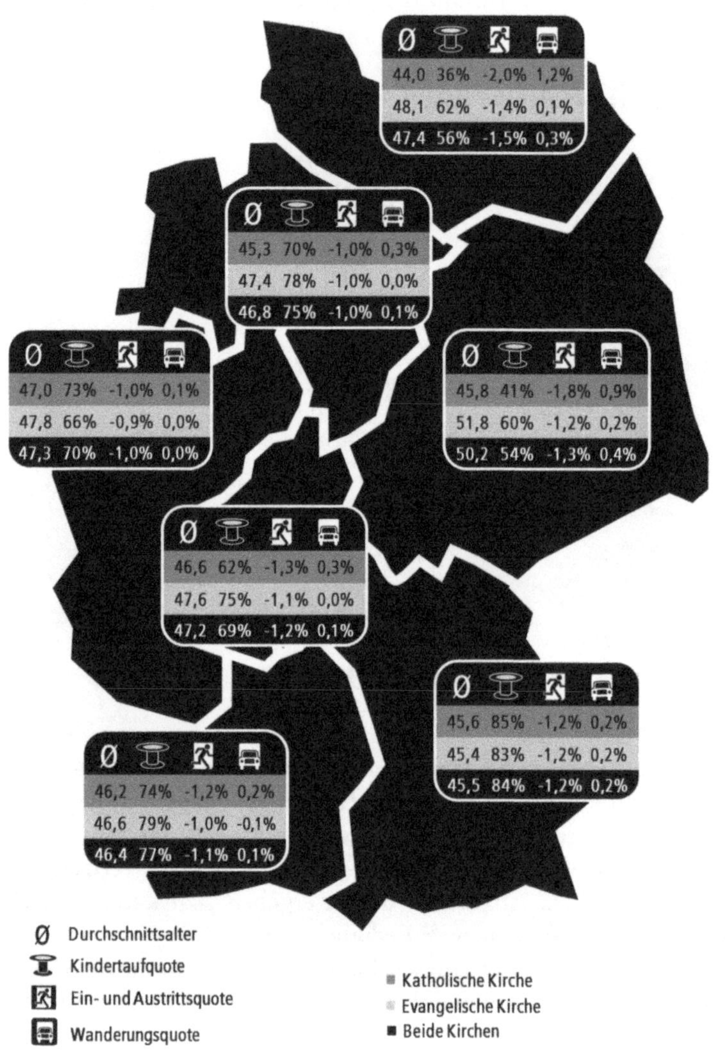

Quelle: eigene Berechnung.

ten hauptsächlich von den auch zahlenmäßig dominierenden evangelischen Christen bestimmt. Die jüngsten Katholiken leben im Norden, die ältesten im Westen. Nicht erkennbar sind allerdings Unterschiede zwischen den einzelnen Diözesen und Landeskirchen innerhalb der Region Westen – wie auch bei der von der Großstadt Hamburg geprägten Region Norden. Diese stehen im Zusammenhang mit einem Stadt-Land-Gefälle.

Dass der Norden und auch der Osten stark von den beiden Metropolen Berlin und Hamburg geprägt werden, zeigt sich in der vergleichsweise niedrigen Taufquote und dem hohen Saldo aus Ein- und Austritten. Sowohl die Diözesen als auch die Landeskirchen im Südosten weisen die im Vergleich höchste Taufquote aus. Die Kirchen im Westen verzeichnen 2019 den geringsten Ein- und Austrittssaldo. Auch hier gibt es zwischen den einzelnen Diözesen beziehungsweise Landeskirchen Unterschiede, die mit dem Durchschnittsalter sowie der territorialen Stadt-Land-Prägung in Zusammenhang stehen.

Bei den Wanderungsquoten zeigt sich für die katholische Kirche erneut das Nord/Ost-Süd/West-Gefälle. Die Diözesen mit Wanderungsgewinnen sind im Norden oder Osten beheimatet. Bei der evangelischen Kirche profitieren die Regionen Osten und Südosten von Zuwanderungsgewinnen. Während die evangelische Kirche im Südwesten durch Wanderungen Mitglieder verliert, können die Binnenwanderungsverluste der katholischen Kirche im Westen durch Außenwanderungsgewinne zumindest ausgeglichen werden. Aufgrund der demografischen Veränderungen und des damit verbundenen zurückgehenden Wanderungspotenzials in den Abwanderungsdiözesen und -landeskirchen werden sich die (Zu-)Wanderungsquoten im Projektionszeitraum ändern. Aus Wanderungsverlierern können im Extremfall sogar Wanderungsgewinner werden. So überwiegen in den evangelischen Landeskirchen in der Region Mitte zu Beginn der Projektion die Abwanderungen über die Zuwanderungen (minus 0,02 Prozent). Im Jahr 2060 werden sich die Verhältnisse in dieser Region gedreht haben: Dann ergibt sich ein Wanderungsüberschuss. Auch die katholischen Diözesen in der Region Westen weisen zu Beginn des Projektionszeitraums einen Wanderungsverlust aus (minus 0,01 Prozent). Über den gesamten Projektionszeitraum profitieren sie jedoch von den Wanderungsbewegungen.

Bei der Darstellung der regionalen Ergebnisse werden zunächst Strukturdaten sowohl der evangelischen, katholischen als auch beider Kirchen beschrieben. Diese beziehen sich auf das aktuell zur Verfügung stehende Berichtsjahr 2019. Der Projektion, deren regionale Ergebnisse im Anschluss beschrieben werden, liegt jedoch das Basisjahr 2017 zugrunde.[184] Tauf-, Eintritts- und Austrittsverhalten wurden anhand des Durchschnitts der Jahre 2013 bis 2017 in den Berechnungen berücksichtigt. Während beim Eintrittsverhalten quasi keine Veränderungen festzustellen waren, sind die Kirchenaustritte in den Jahren 2018 und 2019 massiv angestiegen.[185] Auch das Verhältnis der Austrittszahlen beider Konfessionen zueinander war in den Jahren 2018 und 2019 nicht vergleichbar mit dem der vorangegangen Jahrzehnte.

[184] Vgl. Kapitel 6.2.1.

[185] Vgl. Kapitel 5.1.5.

Bei der evangelischen Kirche ist zudem die Taufbereitschaft zwar nicht in allen, aber doch in einigen Regionen spürbar gesunken. Daher werden neben den aktuellen Zahlen von 2019 für die kirchenspezifischen Determinanten auch die der Projektion zugrundeliegenden Durchschnittswerte der Jahre 2013 bis 2017 dargestellt. Die Darstellung des Kirchensteueraufkommens bezieht sich stets auf das Aufkommensjahr 2019. Die Kirchensteuerkaufkraftentwicklung bildet die um Preissteigerungen eines „kirchlichen Warenkorbs" bereinigte Entwicklung des Kirchensteueraufkommens ab.[186]

Abweichungen zwischen Gesamtsumme und Einzelwerten von evangelischer und katholischer Kirche ergeben sich durch Rundung. In den Angaben zur Kirchensteuer ist das Kirchenlohnsteuerverrechnungsverfahren (Clearing) bereits berücksichtigt.

10.1 Region Nordwesten

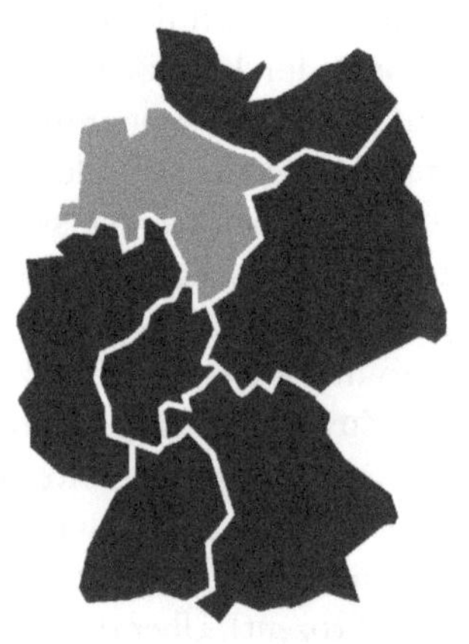

Die Region Nordwesten umfasst die traditionell evangelisch geprägten Bundesländer Bremen und Niedersachsen. Sie ist vor allem von der Landwirtschaft, besonders von der Tierzucht, gekennzeichnet. Als wichtige Wirtschaftsstandorte stechen die beiden Metropolregionen Hannover und Bremen heraus. Von den 8,7 Millionen Einwohnern gehörten 2019 gut zwei Fünftel (3,6 Millionen) zu einer der sechs evangelischen Landeskirchen (Braunschweig, Bremische Kirche, Hannover, Oldenburg, Schaumburg-Lippe und die Evangelisch-reformierte Kirche[187]). Beinahe jeder Sechste der Bevölkerung (1,4 Millionen) war Mitglied der beiden katholischen Diözesen Hildesheim und Osnabrück oder des zur Diözese Münster gehörenden Offizialatsbezirks Oldenburg. Damit weicht die Region Nordwesten deutlich von der weitestgehend ausgeglichenen Verteilung der Kirchenmitglieder in Deutschland ab, was sich auch in Bezug auf die Gesamtzahl aller deutschen Kirchenmitglieder zeigt. Während 17 Prozent aller Protestanten im Nordwesten leben, beträgt der entsprechende katholische Anteil lediglich 6 Prozent.

[186] Vgl. Kapitel 7.1.

[187] Die Evangelisch-reformierte Kirche erstreckt sich prinzipiell über das gesamte Bundesgebiet. Beinahe 90 Prozent ihrer Mitglieder leben allerdings in Niedersachsen. Diese wurden der Region Nordwesten zugeordnet.

Tabelle 5: Strukturdaten der Region Nordwesten im Jahr 2019

	Nordwesten			Deutschland		
	evangelisch	katholisch	beide Kirchen	evangelisch	katholisch	beide Kirchen
Kirchenmitglieder	3.599.900	1.386.900	4.986.900	20.711.500	22.583.600	43.295.000
in Prozent der Bevölkerung*	41%	16%	57%	25%	27%	52%
in Prozent aller Kirchenmitglieder	17%	6%	12%	100%	100%	100%
Durchschnittsalter	47,4	45,3	46,8	47,8	46,2	47,0
Kirchenspezifische Einflüsse						
Kindertaufen	25.300	9.300	34.500	137.600	156.000	293.600
in Prozent der Geburten von konfessionell gebundenen Müttern	78%	70%	75%	72%	73%	73%
Durchschnitt 2013 bis 2017*	83%	71%	79%	76%	74%	75%
Eintritte	8.600	800	9.400	47.200	10.600	57.800
in Prozent aller Mitglieder	0,2%	0,1%	0,2%	0,2%	0,0%	0,1%
Durchschnitt 2013 bis 2017*	0,2%	0,1%	0,2%	0,2%	0,0%	0,1%
Austritte	45.000	15.300	60.300	266.700	272.700	539.300
in Prozent aller Mitglieder	1,2%	1,1%	1,2%	1,3%	1,2%	1,2%
Durchschnitt 2013 bis 2017*	0,9%	0,7%	0,9%	0,9%	0,8%	0,8%
Wanderungen						
Binnenwanderungen	-2.500	700	-1.800	0	0	0
in Prozent aller Mitglieder*	-0,1%	0,0%	0,0%	0,0%	0,0%	0,0%
Außenwanderungen	1.000	3.700	4.700	9.900	39.100	49.000
in Prozent aller Mitglieder*	0,0%	0,3%	0,1%	0,0%	0,2%	0,1%
Kirchensteuer						
Steuerzahlende	1.601.300	670.600	2.271.900	9.993.200	11.739.000	21.732.100
Kirchensteueraufkommen (in Mio. Euro)	892	411	1.303	6.096	6.969	13.065
in Prozent des Gesamtaufkommens	15%	6%	10%	100%	100%	100%
davon Abgeltungsteuer	24	11	35	186	197	384
davon Lohn- und Einkommensteuer	867	400	1.268	5.910	6.772	12.681
pro Mitglied	241 €	289 €	254 €	285 €	300 €	293 €
pro Steuerzahlendem	542 €	597 €	558 €	591 €	577 €	584 €

* Diese Quote liegt der Projektion im Basisjahr zugrunde. Vgl. Kapitel 6.2.1.
Quelle: Kirchenamt der EKD (2020b), Verband der Diözesen Deutschlands (2020a, 2020b), Statistisches Bundesamt (2018b), eigene Berechnung.

Während die Altersstruktur, die – wie in Kapitel 5.1 beschrieben – entscheidenden Einfluss auf die weitere Entwicklung der Kirchenmitglieder hat, bei der evangelischen Kirche weitgehend den in Teil I dargestellten bundesweiten Verhältnissen entspricht, sind die Katholiken in der Region durchschnittlich ein knappes Jahr jünger als der Bundesdurchschnitt. Die Kirchenaustrittsquote liegt im Nordwesten in beiden Konfessionen leicht unter den entsprechenden Vergleichswerten für das gesamte Bundesgebiet. Stärkere konfessionelle Unterschiede zeigen sich im Taufverhalten. Das Verhältnis von Kindertaufen zu den Geburten von konfessionell gebundenen Frauen ist für die evangelische Kirche in der Region mit 78 Prozent deutlich höher als die entsprechende Kennzahl für die katholische Kirche (70 Prozent), worin sich auch die evangelische Prägung der Region widerspiegelt.

Auch bei Binnen- und Außenwanderungen zeigen sich Unterschiede: Während die evangelischen Landeskirchen im Nordwesten Kirchenmitglieder durch Wanderungen verlieren, liegen die katholischen Zuwanderungen in die Region über den Abwanderungen (0,3 Prozent). Die katholische Kirche profitiert hier zum einen von stärkeren Zuwanderungen aus dem Ausland. Zum anderen weist sie aufgrund des im Vergleich zu benachbarten Regionen geringeren Katholikenanteils an der Gesamtbevölkerung einen ausgeglichenen Binnenwanderungssaldo aus.

Das Kirchensteueraufkommen in der Region Nordwesten betrug im Aufkommensjahr 2019 insgesamt 1,3 Milliarden Euro, von denen 892 Millionen der evangelischen und 411 Millionen der katholischen Kirche zustanden. Dieses wurde von insgesamt 2,3 Millionen steuerzahlenden Kirchenmitgliedern erbracht. Obwohl 12 Prozent aller Kirchenmitglieder im Nordwesten leben, wurden hier lediglich 10 Prozent des gesamten Kirchensteueraufkommens vereinnahmt. So lag auch das Kirchensteueraufkommen sowohl pro Kirchenmitglied als auch pro steuerzahlendem Mitglied unter dem Bundesschnitt. Diese Abweichung lässt sich insbesondere auf die evangelische Kirche in der Region zurückführen, deren durchschnittliche Steuerzahlung deutlich unter der aller evangelischen Landeskirchen liegt. Bei der katholischen Kirche lag das Aufkommen pro steuerzahlendem Mitglied hingegen leicht über dem katholischen Bundesschnitt.

Im Jahr 2060 würden unter den getroffenen Annahmen und auf Basis der vorgestellten Berechnungen 2,6 Millionen Kirchenmitglieder in der Region Nordwesten leben. Dies entspricht 51 Prozent der Mitgliederzahl des Jahres 2017 und unterscheidet sich kaum von der bundesweiten Entwicklung. Unterschiede ergeben sich allerdings zwischen den Konfessionen. Die evangelische Kirche würde gegenüber der Mitgliederzahl 2017 auf 48 Prozent, die katholische Kirche auf 57 Prozent absinken. Dies ist im Wesentlichen auf die abweichende Konfessionszugehörigkeit der Bevölkerung und den daraus resultierenden Wanderungsbewegungen sowie die unterschiedliche Altersstruktur zurückzuführen.

Abbildung 33 zeigt darüber hinaus, dass in der Region Nordwesten der Kirchensteuerkaufkraftverlust weitestgehend entsprechend der Mitgliederentwicklung verläuft. Gegenüber dem Basisjahr 2017 beläuft sich der reale Kirchensteuerrückgang auf 49 Prozent und ist damit vergleichbar dem bundesweiten Rückgang. Entsprechend der vergleichsweise günstigeren Entwicklung der Katholikenzahl in der Region sind auch die katholischen Kirchensteuerkaufkraftverluste weniger stark (minus 44 Prozent).

Abbildung 33: Kirchenmitglieder und Kirchensteuer in der Region Nordwesten

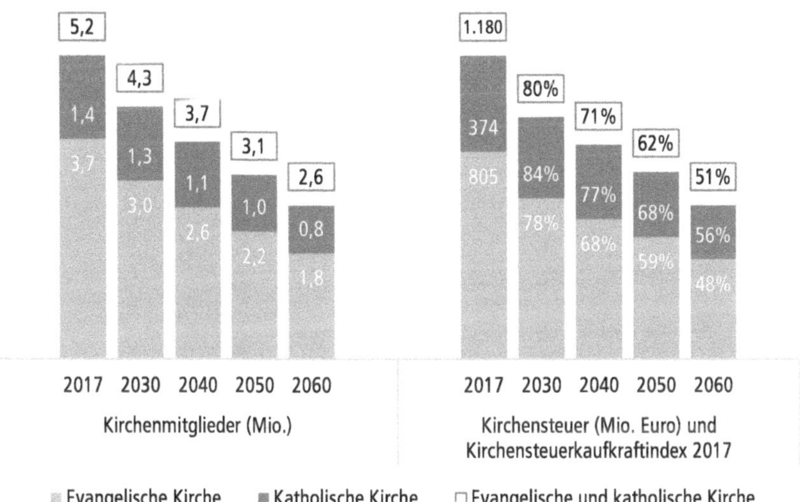

Im Kirchensteueraufkommen ist Kirchenabgeltungsteuer nicht enthalten.
Quelle: eigene Berechnung.

Zu der unterschiedlichen Entwicklung zwischen den Konfessionen tragen insbesondere die Wanderungsbewegungen bei, deren künftige Entwicklung allerdings von großen Unsicherheiten behaftet ist.[188] Wäre bis 2060 sowohl der Außen- als auch der Binnenwanderungssaldo ausgeglichen, sodass die Mitgliederzahlen nicht durch Wanderungen beeinflusst werden, würden sich die Unterschiede der beiden Konfessionen im Nordwesten – wie Tabelle 6 zeigt – beinahe vollständig auflösen. Die katholische Kirche würde in der Region bis 2060 weitere 88.000 Mitglieder verlieren. Dagegen stiege die Zahl der Protestanten um 71.000 Mitglieder. Das begründet auch,

[188] Vgl. Kapitel 6.3.

warum die kirchenspezifischen Faktoren Tauf-, Austritts- und Eintrittsverhalten – trotz beinahe identischem konfessionellem Saldo aus Aus- und Eintrittsquote – bei der katholischen Kirche 71 Prozent des Mitgliederrückgangs erklären und bei der evangelischen Kirche „lediglich" 47 Prozent. Die katholische Kirche im Nordwesten profitiert deutlich stärker als die evangelische Kirche von Zuwanderungsbewegungen sowohl aus dem Ausland als auch aus anderen Regionen Deutschlands. Angesichts dieser immensen demografischen Unterschiede spielt die differierende Taufquote nur eine untergeordnete Rolle. Ohne kirchenspezifische Einflüsse betrüge im Jahr 2060 der Mitgliederstand der evangelischen Kirche 72 Prozent des Mitgliederstands 2017. Bei der katholischen Kirche sind es 87 Prozent.

Wird für die Projektion anstelle des Basisjahrs 2017 das Basisjahr 2019 verwendet, läge der Mitgliederstand des Jahres 2060 um 3 Prozentpunkte tiefer. Dieser Unterschied liegt insbesondere in den höheren Austrittsquoten der Jahre 2018 und 2019 begründet.[189]

Tabelle 6: Projektionsergebnisse der Region Nordwesten

	Nordwesten			Deutschland		
	evangelisch	katholisch	beide Kirchen	evangelisch	katholisch	beide Kirchen
Kirchenmitglieder 2060	1.802.000	809.500	2.611.500	10.495.700	12.197.000	22.692.700
in Prozent 2017	48%	57%	51%	49%	52%	51%
ohne Wanderungen	1.873.200	721.400	2.594.700	10.143.600	11.417.000	21.560.600
in Prozent 2017	50%	51%	50%	47%	49%	48%
ohne kirchenspezifische Einflüsse	2.703.900	1.242.800	3.946.700	16.432.900	18.991.400	35.424.300
in Prozent 2017	72%	87%	76%	76%	82%	79%
Anteil der kirchenspezifischen Faktoren am Mitgliederrückgang	47%	71%	52%	54%	61%	58%
Kirchenmitglieder 2060 (Basisjahr 2019)	1.710.600	764.300	2.474.900	9.948.400	11.616.000	21.564.300
in Prozent 2017	46%	54%	48%	46%	50%	48%

Quelle: eigene Berechnung.

[189] Vgl. Kapitel 7.2 und die Einleitung zu dieser regionalen Auswertung.

10.2 Region Norden

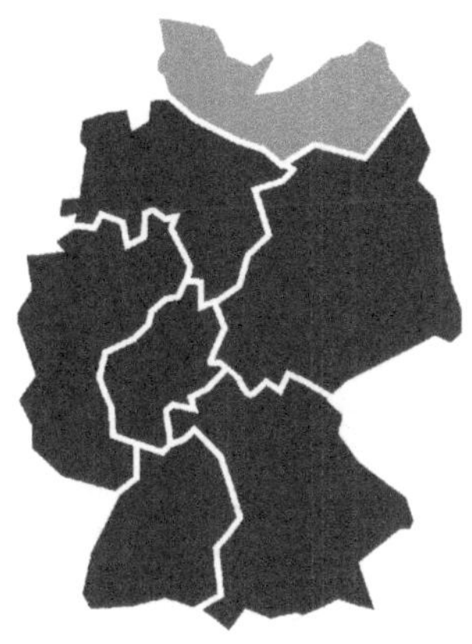

In der Region Norden liegen die Nordkirche und das Erzbistum Hamburg. Sie erstreckt sich über die Bundesländer Schleswig-Holstein, Hamburg und Mecklenburg-Vorpommern. Während Schleswig-Holstein traditionell evangelisch geprägt ist, ist die Mehrheit der Bevölkerung in Hamburg und Mecklenburg-Vorpommern konfessionslos. Neben der Metropolregion Hamburg spielt – bedingt durch die zahlreichen Küstengebiete – die maritime Industrie eine große ökonomische Rolle. Die Region umfasst allerdings auch strukturschwache Gebiete, in denen Landwirtschaft, Tourismus und Windkraftanlagen dominieren. Das Territorium der beiden Kirchen ist nicht deckungsgleich: Während sich die Nordkirche über ganz Mecklenburg-Vorpommern erstreckt, gehören katholischerseits die östlichen Teile dieses Bundeslands nicht zur Erzdiözese Hamburg, sondern zur Erzdiözese Berlin. So kommt es, dass auf dem Territowrium der Nordkirche 6,4 Millionen Einwohnern leben, von denen knapp ein Drittel evangelisch ist. Von 5,9 Millionen Einwohnern auf dem Gebiet der Erzdiözese Hamburg sind ca. 7 Prozent katholisch. Damit zeigen sich auch in der Region Norden deutliche Unterschiede zur bundesweit beinahe ausgeglichenen Verteilung der Kirchenmitglieder.

Tabelle 7: Strukturdaten der Region Norden im Jahr 2019

	Norden			Deutschland		
	evangelisch	katholisch	beide Kirchen	evangelisch	katholisch	beide Kirchen
Kirchenmitglieder	1.939.800	391.200	2.330w.900	20.711.500	22.583.600	43.295.000
in Prozent der Bevölkerung*	30%	7%	37%	25%	27%	52%
in Prozent aller Kirchenmitglieder	9%	2%	5%	100%	100%	100%
Durchschnittsalter	48,1	44,0	47,4	47,8	46,2	47,0
Kirchenspezifische Einflüsse						
Kindertaufen	11.500	1.700	13.300	137.600	156.000	293.600
in Prozent der Geburten von konfessionell gebundenen Müttern	62%	36%	56%	72%	73%	73%
Durchschnitt 2013 bis 2017*	66%	41%	61%	76%	74%	75%
Eintritte	6.500	400	6.900	47.200	10.600	57.800
in Prozent aller Mitglieder	0,3%	0,1%	0,3%	0,2%	0,0%	0,1%
Durchschnitt 2013 bis 2017*	0,3%	0,1%	0,3%	0,2%	0,0%	0,1%

Austritte	33.300	8.400	41.700	266.700	272.700	539.300
in Prozent aller Mitglieder	1,7%	2,1%	1,8%	1,3%	1,2%	1,2%
Durchschnitt 2013 bis 2017*	1,3%	1,5%	1,3%	0,9%	0,8%	0,8%
Wanderungen						
Binnenwanderungen	1.900	2.900	4.800	0	0	0
in Prozent aller Mitglieder*	0,1%	0,7%	0,2%	0,0%	0,0%	0,0%
Außenwanderungen	-500	1.800	1.300	9.920	39.128	49.048
in Prozent aller Mitglieder	0,0%	0,5%	0,1%	0,0%	0,2%	0,1%
Kirchensteuer						
Steuerzahlende	871.200	177.300	1.048.400	9.993.200	11.739.000	21.732.100
Kirchensteuer-aufkommen (in Mio. Euro)	566	120	686	6.096	6.969	13.065
in Prozent des Gesamtaufkommens	9%	2%	5%	100%	100%	100%
davon Abgeltungs-steuer	19	4	23	186	197	384
davon Lohn- und Einkommensteuer	547	116	663	5.910	6.772	12.681
pro Mitglied	282 €	297 €	285 €	285 €	300 €	293 €
pro Steuerzahlendem	628 €	656 €	633 €	591 €	577 €	584 €

* Diese Quote liegt der Projektion im Basisjahr zugrunde. Vgl. Kapitel 6.2.1
Quelle: Kirchenamt der EKD (2020b), Verband der Diözesen Deutschlands (2020a, 2020b), Statistisches Bundesamt (2018b), eigene Berechnung.

Konfessionelle Unterschiede zeigen sich auch bei der Altersstruktur der beiden Kirchen. Die evangelischen Kirchenmitglieder sind etwas älter als der Bundesdurchschnitt. In der Altersstruktur der Erzdiözese Hamburg spiegelt sich die Diasporasituation. Sie wird stark von der Stadt Hamburg geprägt: Nur wenige Katholiken sind 65 Jahre und älter. Aufgrund von starkem erwerbsbedingtem Zuzug ist der Anteil der Katholiken zwischen 15 und 64 Jahren deutlich höher als im übrigen Bundesgebiet. So kommt es, dass die Katholiken im Norden durchschnittlich ein gutes Jahr jünger sind als bundesweit.

Damit lässt sich auch die Verlustrate aus Ein- und Austritten bei der katholischen Kirche erklären (minus 2 Prozent). Die evangelischen Christen in der Region erklären zwar ebenfalls überdurchschnittlich häufig ihren Austritt aus der Kirche (minus 1,7 Prozent), allerdings ist die Eintrittsquote mit 0,3 Prozent ebenfalls überdurchschnittlich. Die Taufquote liegt bei beiden Konfessionen unter dem jeweiligen Bundesdurchschnitt. Für die katholische Kirche weicht die Taufquote allerdings besonders drastisch ab: Die Kindertaufen machen nur etwa ein Drittel aller Geburten von katholischen Frauen aus.

Dass trotz hoher Austritts- und geringer Taufquote der Mitgliederstand der katholischen Kirche in den vergangenen Jahren nicht dramatisch gesunken ist, steht im Zusammenhang mit den Salden aus Binnen- und Außenwanderungen. Zwar gewinnt auch die evangelische Kirche in der Region durch Binnenwanderungen Mitglieder hinzu. In Bezug auf die Kirchenmitglieder sind dies allerdings lediglich 0,1 Prozent der Mitglieder. Dagegen liegen die katholischen Zuwanderungen in die Region deutlich über den Abwanderungen (1,2 Prozent). Wie in beinahe allen Regionen profitiert die katholische Kirche zum einen stärker von der Zuwanderung außerhalb Deutschlands. Zum anderen kommt ihr ihre Diasporasituation zugute: Der hohe Binnenwanderungssaldo erklärt sich mit dem im Vergleich zu benachbarten katholischen Regionen geringen Katholikenanteil an der Gesamtbevölkerung.

Das Kirchensteueraufkommen in der Region Norden betrug im Aufkommensjahr 2019 insgesamt 667 Millionen Euro, von denen 547 Millionen auf die evangelische und 120 Millionen auf die katholische Kirche entfielen. Dieses wurde von insgesamt 1 Million steuerzahlender Kirchenmitglieder erbracht. Mit einem Anteil von 45 Prozent sind das vergleichsweise wenig steuerzahlende Mitglieder (bundesweit 50 Prozent). Dementsprechend lag das Kirchensteueraufkommen pro Kirchenmitglied unter dem bundesweiten Durchschnitt, das Aufkommen pro steuerzahlendem Mitglied über dem Bundesschnitt.

Im Jahr 2060 würden unter den getroffenen Annahmen und auf Basis der vorgestellten Berechnungen 1 Million Kirchenmitglieder in der Region Norden leben. Dies entspricht 45 Prozent der Mitgliederzahl des Jahres 2017 und ist damit weniger als im bundesweiten Vergleich. Zwischen den Konfessionen ergeben sich erhebliche Unterschiede, die vor allem auf die beschriebenen Abweichungen bei den Wanderungsbewegungen zurückzuführen sind. Während die evangelische Kirche bis zum Jahr 2060 knapp 60 Prozent ihrer Mitglieder gegenüber dem Jahr 2017 verliert, verringert sich unter den getroffenen Annahmen die Zahl der Katholiken in der Region „nur“ um 40 Prozent.

Landesbischöfin Kristina Kühnbaum-Schmidt möchte, dass Mitglieder, die die Nordkirche verlassen, vermisst werden. Sie beschreibt in ihrem Beitrag auf S. 139, wie es dann gelingen kann, neue Wege zueinander und miteinander zu beschreiten.

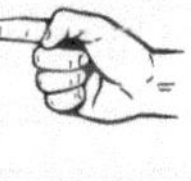

Abbildung 34: Kirchenmitglieder und Kirchensteuer in der Region Norden

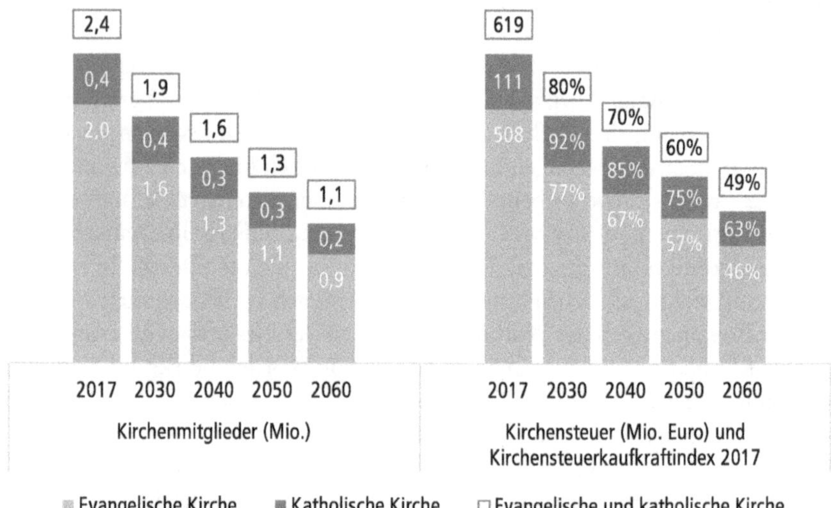

Im Kirchensteueraufkommen ist Kirchenabgeltungsteuer nicht enthalten.
Quelle: eigene Berechnung.

Abbildung 34 zeigt darüber hinaus, dass in der Region Norden der Kirchensteuerkaufkraftverlust weniger stark ausgeprägt ist als die Verluste bei den Mitgliedern. Gegenüber dem Basisjahr 2017 beläuft sich der reale Kirchensteuerkraftverlust in der Region Norden auf 49 Prozent und ist damit vergleichbar mit dem bundesweiten Rückgang. Der Kirchensteuerkraftverlust der katholischen Kirche fällt mit minus 37 Prozent deutlich geringer aus als der entsprechende Steuerkraftverlust der evangelischen Kirche (minus 54 Prozent). Hintergrund sind die vergleichsweise hohen katholischen durchschnittlichen Steuerzahlungen sowie deren Wanderungsgewinne. Das Potenzial an konfessionellen Zuwanderungen wird allerdings in den kommenden Jahrzehnten mit dem bundesweiten Mitgliederrückgang abnehmen.

Bei der Entwicklung der Altersstruktur ergeben sich in der Region Unterschiede zu den bundesweiten Verhältnissen, die in Abbildung 35 deutlich zu erkennen sind. Während die evangelische Kirche weitestgehend der Altersstruktur aller Protestanten in Deutschland entspricht, weicht der katholische Altersaufbau deutlich vom bundesweiten ab. Lediglich 20 Prozent der Katholiken sind im Norden älter als 65 Jahre. Bundesweit beträgt dieser Anteil 25 Prozent, bei den Protestanten im Norden sogar 29 Prozent. Zudem sind bei der von starkem erwerbsbedingtem Zuzug geprägten katholischen Kirche 70 Prozent der Kirchenmitglieder im erwerbsfähigen Alter

Abbildung 35: Kirchenmitglieder in der Region Norden 2019, 2040, 2060

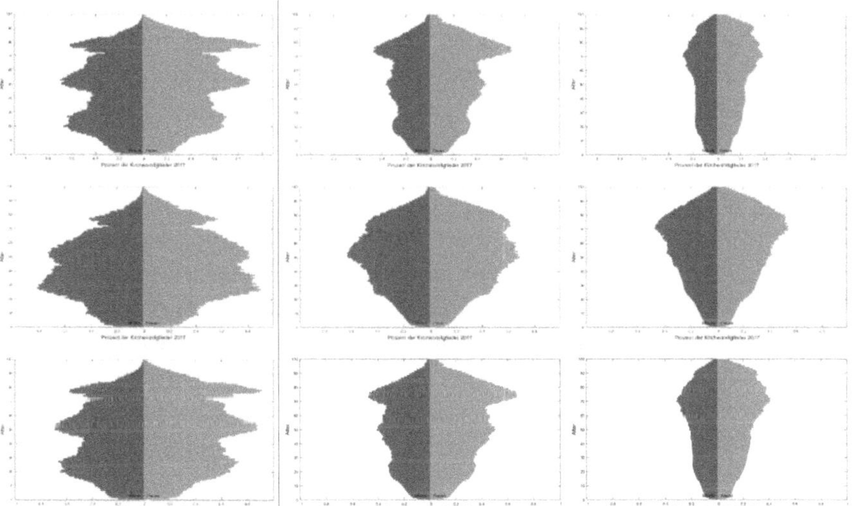

Oben: evangelische Kirche, Mitte: katholische Kirche, Unten: beide Kirchen.
Quelle: eigene Berechnung (Basisjahr 2017).

zwischen 15 und 65 Jahren (evangelische Kirche: 62 Prozent). Die ohnehin jüngere Altersstruktur der Katholiken wird durch die vorwiegend im Alter zwischen 20 und 40 Jahren stattfindende Zuwanderung verstärkt. Daher entwickelt sich die katholische Altersstruktur – und in Folge auch die Gesamtzahl der Katholiken – bis 2060 deutlich anders als für die katholische Kirche in Deutschland insgesamt beschrieben. Die 2019 starken Jahrgänge im erwerbsfähigen Alter werden dann gerade noch nicht in den Ruhestand eingetreten sein. Da in der Region allerdings deutlich mehr Protestanten als Katholiken leben, ist diese Entwicklung beim Blick auf alle Kirchenmitglieder kaum erkennbar.

Diese Wanderungsbewegungen erklären einen großen Teil der unterschiedlichen Entwicklung zwischen den beiden Kirchen. Würden Außen- und Binnenwanderungen die Mitgliederzahlen der Nordkirche und der Erzdiözese Hamburg nicht beeinflussen, würden sich die Unterschiede der beiden Konfessionen im Norden – wie Tabelle 8 zeigt – nicht nur auflösen, sondern umkehren. Die katholische Kirche würde in der Region bis 2060 weitere knapp 100.000 Mitglieder verlieren. Bei der evangelischen Kirche wären es 75.000. Aufgrund der geringeren Mitgliederzahl sind die relativen Auswirkungen bei der katholischen Kirche um ein Vielfaches höher. Die besondere Situation der katholischen Kirche in der Region mit der erwerbsintensiven Altersstruktur führt dazu, dass ohne Berücksichtigung kirchenspezifischer Einflüsse die Mitgliederzahl bis 2060 stiege. Im Jahr 2060 würden 30 Prozent mehr Katholiken im Norden leben als noch im Jahr 2017 (525.000 statt 391.000). Allerdings sorgen Tauf-, Austritts- und Eintrittsverhalten dafür, dass dieser „demografische Überschuss" in einen Mitgliederrückgang umgekehrt wird. Auch die evangelische Kirche würde ohne den Einfluss kirchenspezifischer Faktoren, die 66 Prozent am gesamten Mitgliederrückgang erklären, deutlich weniger Mitglieder verlieren (minus 20 Prozent).

Wird für die Projektion anstelle des Basisjahrs 2017 das Basisjahr 2019 verwendet, läge der Mitgliederstand des Jahres 2060 um 3 Prozentpunkte tiefer. Die Differenz lässt sich vor allem mit den im Norden in den Jahren 2018 und 2019 auch gegenüber anderen Regionen besonders stark gestiegenen Kirchenaustritten erklären. Sie fällt bei der katholischen Kirche mit 6 Prozentpunkten stärker aus als bei der evangelischen Kirche (minus 2 Prozentpunkte).[190]

Tabelle 8: Projektionsergebnisse der Region Norden

	Norden			Deutschland		
	evangelisch	katholisch	beide Kirchen	evangelisch	katholisch	beide Kirchen
Kirchenmitglieder 2060	855.400	240.300	1.095.700	10.495.700	12.197.000	22.692.700
in Prozent 2017	42%	60%	45%	49%	52%	51%
ohne Wanderungen	780.600	141.300	921.900	10.143.600	11.417.000	21.560.600
in Prozent 2017	38%	35%	38%	47%	49%	48%
ohne kirchenspezifische Einflüsse	1.625.700	524.800	2.150.500	16.432.900	18.991.400	35.424.300
in Prozent 2017	80%	130%	88%	76%	82%	79%
Anteil der kirchenspezifischen Faktoren am Mitgliederrückgang	66%	175%	79%	54%	61%	58%
Kirchenmitglieder 2060 (Basisjahr 2019)	811.600	218.700	1.030.300	9.948.400	11.616.000	21.564.300
in Prozent 2017	40%	54%	42%	46%	50%	48%

Quelle: eigene Berechnung.

[190] Vgl. Kapitel 7.2.

Vom Vermissen und der Gabe des Beginnens

von Landesbischöfin Kristina Kühnbaum-Schmidt (Nordkirche)

Im November 2019 hat sich die Landessynode der Evangelisch-Lutherischen Kirche in Norddeutschland (Nordkirche) intensiv mit der Freiburger Studie beschäftigt und die Kirchenleitung mit einem Zukunftsprozess beauftragt, der im Jahr 2021 beginnen soll.

Angesichts der Prognosen der Studie war und ist mir wichtig, an dem Vertrauen festzuhalten, dass wir als Einzelne ebenso wie als Kirche Jesu Christi zuerst und vor allem anderen aus der Fülle von Gottes Möglichkeiten leben. Das gilt – auch und gerade angesichts von Veränderungen der Rahmenbedingungen unseres kirchlichen Handelns. Wie immer wieder in der Geschichte ändert sich manches Gewohnte und lieb Gewordene im kirchlichen Leben, auf allen Ebenen und in allen Arbeitsbereichen. Dies geschieht durch gesamtgesellschaftliche Entwicklungen, durch Veränderungen im Zusammenleben und im Gemeinwesen, durch den Bedeutungswandel von Institutionen wie persönlichen Bindungen. Auch der Abschied von manchen bisher vertrauten Arbeitsweisen und Strukturen gehört dazu. Zugleich aber entsteht und wächst Neues – auch da, wo wir es nicht erwarten. Ich plädiere deshalb dafür, in allen Veränderungen aufmerksam zu sein für die Möglichkeiten, die Gott uns auch unter veränderten Bedingungen schenkt, um das Evangelium in unseren jeweils unterschiedlichen Kontexten und Situationen in Wort und Tat weiterzugeben.

Viele Menschen in unserer Landeskirche nutzen genau diese Möglichkeiten – sei es bei Predigt-Slams, großen und kleinen Tauffesten, Filmreihen in Kirchen und ökumenischen Jugendbegegnungen, in Wohnzimmerkirchen und Pilger-Cafés, bei Kinderchortagen oder in der Schäferwagenkirche, mit Monatsliedern und neuen Gottesdienstformen und vielem mehr, und das sowohl in analogen Begegnungen als auch, beschleunigt insbesondere durch die Corona-Pandemie, rasch wachsend in digitalen Räumen. Wer aufmerksam hinsieht, kann vielfältige Aufbrüche entdecken: neue Formen, Glauben zu teilen. Und nicht zuletzt auch neue Möglichkeiten für ein breites zivilgesellschaftliches Engagement für die Würde aller Menschen, für Mitmenschlichkeit und Nächstenliebe.

Mit Blick auf den in der Freiburger Studie prognostizierten Mitgliederschwund möchte ich die Sprach- und Gedankenfigur des einander Vermissens fruchtbar machen. Denn sie verdeutlicht: Wir vermissen die, die unsere Kirche verlassen. Wir vermissen diejenigen, die die Weise, wie wir Kirche und Glaube leben, eben nicht vermissen. Die uns sagen: Es geht auch ohne euch. Sie fehlen uns – mit ihrer Sicht auf das Leben, ihren Fragen und ihrer Hoffnung. Wenn wir die, die ausgetreten sind oder erst gar nicht den Weg zu uns finden, aber vermissen, weil wir mit ihnen die Hoffnung auf einen neuen Himmel und eine neue Erde teilen möchten, weil wir mit ihnen eine Gemeinschaft suchen, die aus mehr besteht als einem losen Nebeneinander – muss ein solches Vermissen dann nicht immer neue Wege zueinander und miteinander suchen? Neue Wege, unseren Glauben zu teilen. Neue Wege, Gemeinde zu sein – weiterhin in vertrauten Strukturen, die Halt geben und Sicherheit, und auch ganz anders: Denn ist die Gemeinschaft an einer evangelischen Schule nicht auch eine Gemeinde? Oder die Gemeinschaftsformen, die sich im digitalen Raum bilden – sind sie nicht auch Gemeinde? Es heißt deshalb, aufmerksam zu sein für neu entstehende Formen von Gemeinde und dazu zu ermutigen. Das bedeutet nicht, Traditionen und gewachsene Strukturen über Bord zu werfen, aber sie sollen auch so inspirieren, dass sich Neues herauswagen kann.

Denn der Mensch wurde erschaffen, damit ein Anfang sei. Die Philosophin Hannah Arendt beschrieb dies mit dem Konzept der Natalität, der Geburtlichkeit des Menschen: Wir Menschen sind mit der Gabe des Beginnens ausgestattet*. Und als zum Beginnen, zum neu Anfangen begabten Wesen ist uns auch die Freiheit geschenkt, handeln zu können: *„Weil jeder Mensch auf Grund des Geborenseins ein initium, ein Anfang und Neuankömmling in der Welt ist, können Menschen Initiative ergreifen, Anfänger werden und Neues in Bewegung setzen.“***

Genau diese Gabe des Menschen braucht Raum in der Gestaltung unserer Kirche. Damit wir nicht eine von ihrer Vergangenheit festgelegte, sondern eine zu ihrer Zukunft befreite Kirche sind. Kirche, um es mit dem Theologen Friedrich Daniel Ernst Schleiermacher zu sagen, wird in räumlicher und zeitlicher Konkretion und Begrenzung als *ecclesia particularis**** erfahrbar. Das heißt aber zugleich: Diese partikulare Weise darf ihrerseits nicht mit der Kirche *als ganzer oder wahrer Kirche* verwechselt werden. Sie, die ganze, wahre Kirche, die *ecclesia spiritualis,* ist immer mehr und immer größer als die partikulare Kirche vor Ort. Deshalb dürfen wir nicht nur die im Blick haben, die jeweils körperlich anwesend sind. Denn die Kirchenmitgliedschaftsuntersuchungen sowie die jährlichen statistischen Zahlen zeigen in all ihrer Nüchternheit: Was viele Menschen von einer religiösen Begleitung ihres Lebens in einer christlichen Gemeinschaft erwarten, passt offenbar nur begrenzt zu dem, was sie bei uns finden und wahrnehmen. Insonderheit trifft das zu auf die 20- bis 35-Jährigen und zunehmend auch auf die Gruppe der über 60-Jährigen. Aber nach wie vor suchen Menschen nach einer religiösen Begleitung ihres Alltags. Sie suchen nach einer individuell gestalteten spirituellen Praxis. Und sie fragen nach Orientierung und Halt, um Verantwortung für andere und für unsere Welt übernehmen zu können.

Als Kirche, um es mit dem Philosophen Jürgen Habermas zu sagen, übernehmen wir in diesem Zusammenhang wie andere Religionsgemeinschaften im politischen Leben einer säkularen Gesellschaft die Rolle einer Interpretationsgemeinschaft. Mit unseren Erzählungen, Deutungen, Interpretationen, mit *„relevanten, ob nun überzeugenden oder anstößigen Beiträgen zu einschlägigen Themen (nehmen wir Einfluss) auf die öffentliche Meinungs- und Willensbildung."***** Und unsere weltanschaulich pluralistische Gesellschaft bildet *„für solche Interventionen einen empfindlichen Resonanzboden, weil sie in politisch regelungsbedürftigen Wertkonflikten immer häufiger gespalten"****** ist.

Aber über Trennendes hinweg suchen Menschen verschiedener Lebensformen nach Gemeinschaft und Segen, nach Geborgenheit und Verbundenheit. Nach wie vor ist es deshalb wichtig, dass wir als Kirche zivilgesellschaftliche Akteurin sind, die aktiv Verantwortung übernimmt für ein Miteinander, in dem alle Menschen in Würde leben können. Die gegenwärtigen religiösen Sehnsüchte der Menschen und ihre konkreten ethischen Fragen aber werden wir noch besser verstehen müssen. Und wir sollten anders und intensiver mit Kirchenmitgliedern in Kontakt sein, auch indem neue Wege der Mitgliederkommunikation und Mitgliederorientierung beschritten werden – in digitalen, analogen, hybriden Formaten.

Auf ihrem Weg durch das Leben wollen Menschen verstehen, was ihnen widerfährt. Sie suchen nach einer Deutung für das, was sie erleben. Sie suchen Orte und Zeiten, wo sie ihrem Glück und ihrer Trauer, ihren Fragen und ihrer Hoffnung, Ausdruck verleihen können. Als Kirche sollten wir an ihrer Seite sein. Mit Raum für Fragen, die uns gemeinsam bewegen, mit Antworten, die wir gefunden haben: In der Heiligen Schrift, in unserer Tradition, in unserem persönlichen Glaubensleben und unserer ethischen Reflexion, im Gespräch mit anderen Wissenschaften und Religionen.

Auf ihrem Weg durch das Leben übernehmen Menschen Verantwortung. Tagtäglich, liebevoll und treu. Füreinander, für Menschen in Not, für Natur und Umwelt. Als Kirche sollten wir mit ihnen gemeinsam auf dem Weg sein, gesellschaftliche und öffentliche Verantwortung wahrnehmen. Wir sollten da sein für die, die auf der Suche sind nach tastenden Antworten und verbindender Gemeinschaft und darum zu uns kommen. Für die, die nicht zu uns kommen, aber die dennoch suchen – nach Antworten, nach Gemeinschaft – und die wir, die uns unverhofft finden.

All das wollen wir, um eine Kirche zu sein, die sich von Gottes Zukunft und deshalb von Hoffnung leiten lässt, von Gottes Stimme, die uns beim Namen nennt und vom Tod erweckt, von Christus, der uns die Liebe lehrt, zu der er uns befreit, von der bewegenden Geisteskraft, die uns aufbrechen lässt zu neuen Ufern. Denn so spricht Gott: *„Siehe, ich will etwas Neues schaffen, jetzt wächst es auf, erkennt ihr's denn nicht?!" (Jesaja 43,19)*

* *„Dieses Anfang-Sein bestätigt sich in der menschlichen Existenz, insofern jeder Mensch wieder durch Geburt als je ganz und gar Neues in die Welt kommt, die vor ihm war und nach ihm sein wird."* Hannah Arendt, Freiheit und Politik, in: Dies., Zwischen Vergangenheit und Zukunft, München/Zürich 1994, 201–226, 220.
** Hannah Arendt, Vita activa oder vom tätigen Leben, 9. Aufl. München 1997, 215.
*** Vgl. Friedrich Daniel Schleiermacher, Kurze Darstellung des theologischen Studiums zum Behuf einleitender Vorlesungen, Berlin 1811/1830.
**** Jürgen Habermas, Religion in der Öffentlichkeit der „postsäkularen" Gesellschaft, in: Ders., Nachmetaphysisches Denken II. Aufsätze und Repliken, Berlin 2012, 308–326, 313.
***** Ebd.

10.3 Region Osten

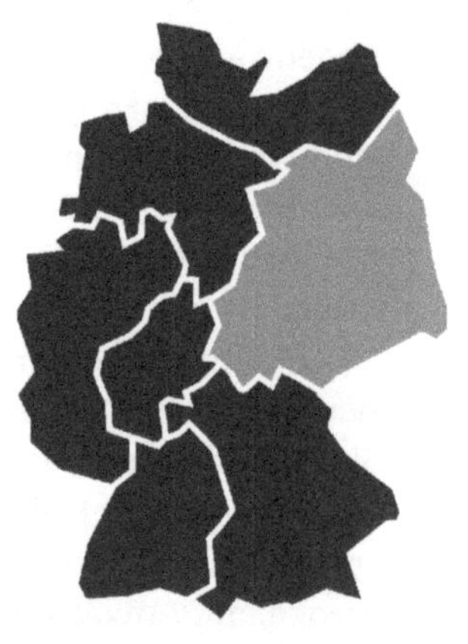

Die Region Osten erstreckt sich über die ostdeutschen Bundesländer Berlin, Brandenburg, Sachsen, Sachsen-Anhalt und Thüringen.[191] Bis heute wird sie von den Anpassungen nach der Wiedervereinigung geprägt. Im Osten sind Kirchenmitglieder eine klare Minderheit: Nur etwa jeder fünfte Einwohner (3,1 Millionen) war im Jahr 2019 Mitglied einer der beiden „großen" Kirchen. Von den 14,5 Millionen Menschen, die auf dem Gebiet der Landeskirchen Anhalt, Berlin-Brandenburg-schlesische Oberlausitz (EKBO), Mitteldeutschland und Sachsen wohnen, ist etwa jeder Sechste evangelisch (2,3 Millionen). Auf dem Gebiet der Diözesen Dresden-Meißen, Erfurt, Görlitz und Magdeburg sowie der Erzdiözese Berlin lebten im Jahr 2019 15,0 Millionen Menschen, von denen jeder Zwanzigste katholisch war (0,8 Millionen). Obwohl ca. 18 Prozent der Deutschen in der Region Osten wohnen, sind hier lediglich 11 Prozent aller Protestanten und 4 Prozent der deutschen Katholiken beheimatet.

[191] Nicht zur Region Osten gehört Mecklenburg-Vorpommern, das zum Territorium der Nordkirche bzw. größtenteils zum Erzbistum Hamburg gehört und daher der Region Norden zugeordnet ist.

Tabelle 9: Strukturdaten der Region Osten 2019

	Osten			Deutschland		
	evangelisch	katholisch	beide Kirchen	evangelisch	katholisch	beide Kirchen
Kirchenmitglieder	2.284.200	795.500	3.079.700	20.711.500	22.583.600	43.295.000
in Prozent der Bevölkerung*	16%	5%	21%	25%	27%	52%
in Prozent aller Kirchenmitglieder	11%	4%	7%	100%	100%	100%
Durchschnittsalter	51,8	45,8	50,2	47,8	46,2	47,0
Kirchenspezifische Einflüsse						
Kindertaufen	11.700	3.800	15.500	137.600	156.000	293.600
in Prozent der Geburten von konfessionell gebundenen Müttern	60%	41%	54%	72%	73%	73%
Durchschnitt 2013 bis 2017*	69%	48%	63%	76%	74%	75%
Eintritte	4.600	700	5.300	47.200	10.600	57.800
in Prozent aller Mitglieder	0,2%	0,1%	0,2%	0,2%	0,0%	0,1%
Durchschnitt 2013 bis 2017*	0,2%	0,1%	0,2%	0,2%	0,0%	0,1%
Austritte	31.400	14.700	46.100	266.700	272.700	539.300
in Prozent aller Mitglieder	1,4%	1,9%	1,5%	1,3%	1,2%	1,2%
Durchschnitt 2013 bis 2017*	1,1%	1,2%	1,1%	0,9%	0,8%	0,8%
Wanderungen						
Binnenwanderungen	5.100	4.500	9.600	0	0	0
in Prozent aller Mitglieder*	0,2%	0,6%	0,3%	0,0%	0,0%	0,0%
Außenwanderungen	0	2.900	2.900	9.900	39.100	49.000
in Prozent aller Mitglieder*	0,0%	0,4%	0,1%	0,0%	0,2%	0,1%
Kirchensteuer						
Steuerzahlende	899.600	326.600	1.226.300	9.993.200	11.739.000	21.732.100
Kirchensteueraufkommen (in Mio. Euro)	532	225	757	6.096	6.969	13.065
in Prozent des Gesamtaufkommens	9%	3%	6%	100%	100%	100%
davon Abgeltungsteuer	16	6	23	186	197	384
davon Lohn- und Einkommensteuer	516	218	734	5.910	6.772	12.681
pro Mitglied	226 €	274 €	238 €	285 €	300 €	293 €
pro Steuerzahlendem	573 €	668 €	598 €	591 €	577 €	584 €

* Diese Quote liegt der Projektion im Basisjahr zugrunde. Vgl. Kapitel 6.2.1.
Quelle: Kirchenamt der EKD (2020b), Verband der Diözesen Deutschlands (2020a, 2020b), Statistisches Bundesamt (2018b), eigene Berechnung.

Die Altersverteilung weicht sowohl bei der evangelischen als auch der katholischen Kirche deutlich von den in Teil I dargestellten bundesweiten Verhältnissen ab. Die Altersstruktur der Katholiken wird stark von der Metropole Berlin geprägt: Wenige Katholiken sind 65 Jahre und älter. Bedingt durch Arbeitsmigration ist der Anteil der Katholiken zwischen 15 und 64 Jahren deutlich höher als im übrigen Bundesgebiet. Die Protestanten in der Region sind hingegen wesentlich älter als der evangelische Bundesdurchschnitt. Mehr als jeder dritte Protestant ist 65 Jahre und älter. Hier macht sich bemerkbar, dass die Region vor dem Zweiten Weltkrieg überwiegend evangelisch war. Mit dem neuen politischen System hat die Kirchenmitgliedschaft nach 1945 an gesellschaftlicher Bedeutung verloren.

Dass zwei Drittel der Katholiken im erwerbsfähigen Alter zwischen 15 und 64 Jahren alt sind, ist ein Grund für die gegenüber der evangelischen Kirche höheren Kirchenaustritte. Es begründet aber nicht allein den Saldo aus Ein- und Austrittsquote, der bei der katholischen Kirche 1,8 Prozent beträgt. In der evangelischen Kirche beträgt er 1,2 Prozent. Dort erklären zwar ebenfalls überdurchschnittlich viele Kirchenmitglieder ihren Austritt aus der Kirche (1,4 Prozent). Diesen steht allerdings eine Eintrittsquote von 0,2 Prozent gegenüber. Die Region Osten weist unter den sieben Regionen die geringste Taufquote aus. Die Kindertaufen machen nur 54 Prozent der Geburten von konfessionell gebunden Müttern im Osten aus. Bei der evangelischen Kirche betrug sie 60 Prozent im Jahr 2019. Im Schnitt der Jahre 2013 bis 2017 waren es noch 69 Prozent. Für die katholische Kirche weicht die Taufquote allerdings besonders drastisch ab: Nicht einmal vier Kindertaufen kommen auf zehn Geburten von katholischen Frauen.

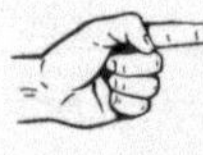

Wie stark die Kasualien unter Evangelischen eingebrochen sind, war für viele in der EKBO ein Schock. Generalsuperintendentin Ulrike Trautwein beschreibt in ihrem Beitrag auf S. 148, warum die Freiburger Studie gerade deshalb Lust macht, im Kirchenlabor der EKBO zu experimentieren.

Beide Kirchen gewinnen in der Region Osten durch Wanderungsbewegungen Mitglieder hinzu. So steigen die Mitgliederzahlen der evangelischen Kirche durch Binnenwanderungen jährlich um 0,2 Prozent. Die katholischen Zuwanderungen liegen noch deutlicher über den Abwanderungen (1,0 Prozent). Wie in beinahe allen Regionen gewinnt auch die katholische Kirche im Osten durch Zuwanderung von außerhalb Deutschlands neue Mitglieder hinzu. Zusätzlich profitiert sie aufgrund ihrer extremen Diasporasituation stärker als die evangelische Kirche von Binnenzuwanderungen.

Das Kirchensteueraufkommen in der Region Osten betrug im Aufkommensjahr 2019 insgesamt 757 Millionen Euro, von denen 532 Millionen der evangelischen und 225 Millionen der katholischen Kirche zustanden. Dieses wurde von insgesamt 1,2 Millionen steuerzahlenden Kirchenmitgliedern erbracht. Das Kirchensteueraufkommen pro Kirchenmitglied lag sowohl bei den evangelischen als auch den katholischen Christen unter dem Bundesdurchschnitt. Weil nur etwa 40 Prozent der Kirchenmitglieder in der Region Kirchensteuern zahlen, beträgt das Aufkommen pro steuerzahlendem Mitglied mehr als der Bundesschnitt. Mit 668 Euro liegt es für die Katholiken in der Region fast 100 Euro über dem katholischen Bundesschnitt.

Die Zahl der Kirchenmitglieder in der Region Osten würde sich unter den getroffenen Annahmen bis 2060 auf 1,5 Millionen Kirchenmitglieder verringern. Dies entspricht 46 Prozent der Mitgliederzahl des Jahres 2017 und liegt damit unter der bundesweiten Entwicklung. Der überdurchschnittliche Rückgang ist im Wesentlichen auf die größere evangelische Kirche zurückzuführen. Die Zahl der Protestanten verringert sich bis 2060 auf 42 Prozent des Mitgliederstands 2017. Die Zahl der Katholiken sinkt dagegen weniger stark auf 59 Prozent ab. Dies ist sowohl auf die abweichende Konfessionszugehörigkeit der Bevölkerung und den daraus resultierenden Wanderungsbewegungen als auch die durchschnittlich deutlich älteren Protestanten zurückzuführen.

Abbildung 36 zeigt, dass in der Region Osten der Kirchensteuerkaufkraftverlust günstiger als die Mitgliederentwicklung verläuft. Gegenüber dem Basisjahr 2017 beläuft sich der reale Kirchensteuerkraftverlust auf 50 Prozent und ist damit vergleichbar dem bundesweiten Rückgang. Entsprechend der vergleichsweise günstigeren Entwicklung der Katholikenzahl in der Region sind auch die katholischen Kirchensteuerkraftverluste weniger stark (minus 37 Prozent).

Spannend ist in der Region Osten der Blick auf die Entwicklung der Altersstruktur der beiden Kirchen. In Abbildung 37 sind die Unterschiede zwischen den Konfessionen deutlich zu erkennen. Die evangelischen Landeskirchen, bei denen im Jahr 2019 mehr als jedes dritte Kirchenmitglied 65 Jahre oder älter war, werden bis 2060 mortalitätsbedingt schneller schrumpfen als die katholische Kirche, bei der nur 23 Prozent ihrer Mitglieder 65 Jahre und älter sind. Zudem sind bei der von starkem erwerbsbedingtem Zuzug geprägten katholischen Kirche zwei Drittel der Kirchenmitglieder im erwerbsfähigen Alter zwischen 15 und 64 Jahren. Bei der evangelischen Kirche sind dies nur gut die Hälfte. Die ohnehin jüngere Altersstruktur der Katholiken wird durch die vorwiegend im Alter zwischen 20 und 40 Jahren stattfindende Zuwanderung verstärkt. So kommt es, dass die katholische Altersstruktur auch 2060 durchschnittlich jünger als die evangelische ist. Die Altersstruktur beider Kirchen wird hingegen von der zahlenmäßig stärkeren evangelischen Kirche dominiert.

Wäre bis 2060 sowohl der Außen- als auch der Binnenwanderungssaldo ausgeglichen, würden sich die Unterschiede der beiden Konfessionen im Osten – wie Tabelle 10 zeigt – weitestgehend auflösen. Die evangelische Kirche würde in der Region bis 2060 weitere knapp 190.000 Mitglieder

Abbildung 36: Kirchenmitglieder und Kirchensteuer in der Region Osten

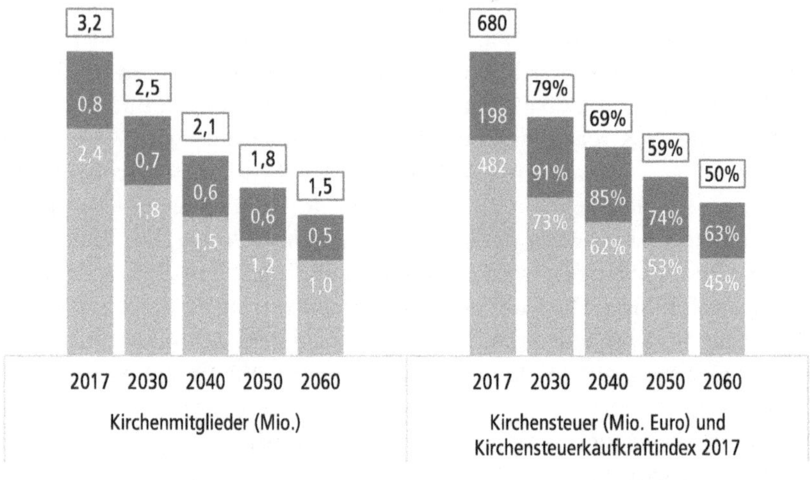

Im Kirchensteueraufkommen ist Kirchenabgeltungsteuer nicht enthalten.
Quelle: eigene Berechnung.

Abbildung 37: Kirchenmitglieder in der Region Osten 2019, 2040, 2060

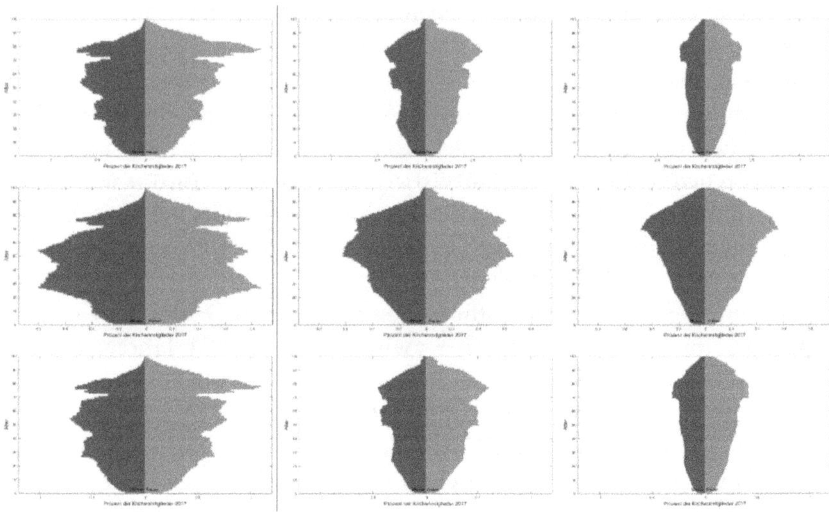

Oben: evangelische Kirche, Mitte: katholische Kirche, Unten: beide Kirchen
Quelle: eigene Berechnung (Basisjahr 2017).

verlieren. Bei der katholischen Kirche würde der Rückgang zwar absolut nur 165.000 Mitglieder bedeuten. Aufgrund der geringeren Mitgliederzahl sind die relativen Verluste aber deutlich höher als bei der evangelischen Kirche. Die besondere Diasporasituation der katholischen Kirche mit ihren starken Zuwanderungsströmen führt dazu, dass ohne Berücksichtigung kirchenspezifischer Einflüsse und bei anhaltendem Binnen- wie Außenwanderungstrend im Jahr 2060 mehr Katholiken leben würden als im Jahr 2017. Die Zahl der Katholiken wäre dann im Osten doppelt so groß wie für das Jahr 2060 in der Basisvariante projiziert (950.000 statt 480.000). So kommt es, dass der projizierte Mitgliederrückgang zu 140 Prozent auf kirchenspezifischen Faktoren beruht. Würde die katholische Kirche allein aufgrund von Fertilität, Mortalität und Migration bis 2060 wachsen, führt das Tauf-, Austritts- und Eintrittsverhalten zu einer gegenläufigen Bewegung, die die Zugewinne bei weitem überwiegt. Auch bei der evangelischen Kirche fallen kirchenspezifische Faktoren stärker ins Gewicht als demografische. Sie erklären 57 Prozent des gesamten Mitgliederrückgangs.

Wird für die Projektion anstelle des Basisjahrs 2017 das Basisjahr 2019 verwendet, läge der Mitgliederstand des Jahres 2060 insgesamt um 1 Prozentpunkt tiefer. Dieser Unterschied fällt bei der katholischen Kirche wegen der deutlich stärker gestiegenen Kirchenaustritte mit 5 Prozentpunkten größer aus als bei der evangelischen Kirche (minus 1 Prozentpunkt).[192]

Tabelle 10: Projektionsergebnisse der Region Osten

	Osten			Deutschland		
	evangelisch	katholisch	beide Kirchen	evangelisch	katholisch	beide Kirchen
Kirchenmitglieder 2060	1.008.800	479.800	1.488.600	10.495.700	12.197.000	22.692.700
in Prozent 2017	42%	59%	46%	49%	52%	51%
ohne Wanderungen	815.100	314.900	1.129.900	10.143.600	11.417.000	21.560.600
in Prozent 2017	34%	39%	35%	47%	49%	48%
ohne kirchenspezifische Einflüsse	1.801.000	946.400	2.747.300	16.432.900	18.991.400	35.424.300
in Prozent 2017	75%	116%	86%	76%	82%	79%
Anteil der kirchenspezifischen Faktoren am Mitgliederrückgang	57%	139%	73%	54%	61%	58%
Kirchenmitglieder 2060 (Basisjahr 2019)	964.000	437.600	1.401.600	9.948.400	11.616.000	21.564.300
in Prozent 2017	40%	54%	44%	46%	50%	48%

Quelle: eigene Berechnung.

[192] Vgl. Kapitel 7.2.

Die Freiburger Studie im Kirchenlabor der EKBO
von Generalsuperintendentin Ulrike Trautwein (EKBO)

Als die Freiburger Studie nach Berlin kam, fühlte sich das für mich so an, als würde ein neues Testergebnis in einem Labor mit brodelnder Experimentieranordnung eintreffen, vieles darin bestätigen, einiges umwerfen und anderes klarstellen. Berlin als Labor kann der gesamten Kirche einen Blick geben auf das, was kommt: Hier ist die religiöse Landschaft beweglicher als anderswo und stärker geprägt von massiver Entkirchlichung, wie sie unter anderem auf die Situation in der DDR zurückgeht. Der Protestantismus gibt kulturell schon lange nicht mehr den Ton an. Dennoch erlebe ich hier kirchliches Leben und Handeln von Neugier und Experimentierfreude geprägt.

Auch wenn vieles in der Studie nicht überraschend ist für eine Berliner Perspektive auf Kirchenmitgliedszahlen, stellt sie die doch auf festere Füße. Die Studie zeigt Faktoren auf, die die Berliner Kirchenlandschaft schon länger verändern, einmal abgesehen von der Demografie. In einer internationalen, von Migration und Diversität geprägten religiösen Öffentlichkeit verstärken die Freiburger Zahlen für mich einen in Berlin bereits schon länger laufenden Perspektivwechsel: Uns zunehmend selbst zu marginalisieren, bringt uns nicht weiter. Im Vergleich mit anderen „traditionellen" erodierenden Institutionen sind wir in der evangelischen Kirche immer noch viele, jedenfalls noch für eine ganze Weile. Wir bleiben wichtige Partner*innen in Bündnissen für Zivilgesellschaft und Demokratie, und unser diakonisches Profil verspricht Nachhaltigkeit – auf dem Land und in der Stadt. Auch wenn sich diese Wirksamkeiten nicht in Mitgliedschaftszahlen abbilden lassen.

Mit der Freiburger Studie trifft die EKBO aber der Schock, wie stark die Kasualien gerade unter Evangelischen eingebrochen sind. Überraschend für mich war, wie wenig die Daten zum Rückgang an Taufen, Konfirmationen, Hochzeiten etc. vor Ort wahrgenommen und als Impulse für neue Kreativität genutzt werden. Das Monitoring der Mitgliedschaft in der eigenen Gemeinde muss in den Blick kommen und besser werden.

Bei allem Schrecken erlauben die Freiburger Einsichten da auch Optimismus. An dieser Schraube können wir drehen. Kasualien können wir: Würde und Relevanz im Leben und Sterben wirksam werden lassen. Wir können tatsächlich etwas erreichen, wenn wir unsere Kasualpraxis aktualisieren und Biografien dadurch reicher und tiefer machen. Nicht zuletzt angeregt von der Freiburger Studie, sind wir in Berlin daran und entwickeln konkret ein Projekt (bald mehr dazu …), um den Zugang zu Kirchengebäuden, zu Taufe, Hochzeit und Beerdigung zu vereinfachen. Es ist Zeit, all die Hürden für eine schönes lebensbegleitendes Fest abzubauen und von der institutionellen Haltung zu einer von Offenheit und Service zu wechseln.

Der Mitgliederschwund, den die Freiburger Studie zeigt, gründet für mich auch in der Krise kirchlicher Sprache und Selbstgenügsamkeit. Menschen wird es dadurch schwergemacht, die Bedeutung befreiender und versöhnender Berührung durch Gott zu spüren – intellektuell, aber eben auch emotional und körperlich. Deswegen freut es mich, wie in Aus- und Weiterbildung und in der Praxis an einer gegenwartsrelevanten, emotionaleren Sprache gearbeitet wird. Ich bin begeistert, wie viele Gemeinden sich in Berlin auf den Weg machen, ihre Barrieren nach außen zu identifizieren und inklusiver zu werden. Und ich bin ein Fan von Angeboten einer neuen Alltagsspiritualität, aus denen Menschen Kraft ziehen und Glauben spüren.

Schließlich ist die Freiburger Studie für mich eine Legimitation dafür, Sachen zu lassen. Arbeitsbereiche aufzugeben ist auch ein Abschieds- und Trauerprozess. Trotzdem, mir haben die Freiburger Zahlen einfach Lust gemacht zu experimentieren. Im Berliner Labor Kirche steht für mich deswegen an: Kirche gemeinsam in Kooperation sein, kleiner, stärker, mit lauter Stimme für alle – nicht Nischenprogramm, nicht Selbsterhalt des Systems als Maß, sondern: mit dem Angebot des Lebens, relevant, genährt und getragen, mit Kopf, Herz und Seele.

10.4 Region Südosten

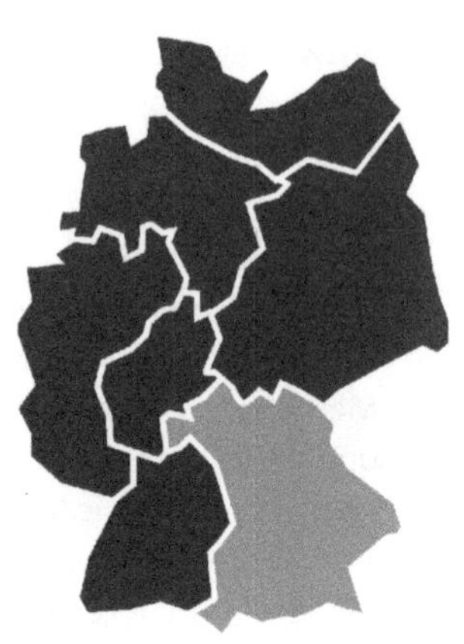

Die Region Südosten umfasst den Freistaat Bayern, der nach dem Saarland den höchsten Katholikenanteil an der Bevölkerung aufweist: Von den 13,1 Millionen Einwohnern gehörten 2019 knapp die Hälfte (6,3 Millionen) zu den Diözesen Augsburg, Eichstätt, Passau, Regensburg und Würzburg sowie den Erzdiözesen Bamberg und München und Freising. Die zahlenmäßige Bedeutung der katholischen Kirche zeigt sich auch daran, dass mehr als jeder vierte deutsche Katholik in Bayern lebt (28 Prozent). Während der überwiegende Teil Bayerns auch kulturell traditionell katholisch geprägt ist, gibt es im Nordwesten Bayerns auch evangelisch geprägte Gebiete. In der gesamten Region Südosten war im Jahr 2019 beinahe jeder Fünfte der Bevölkerung (2,3 Millionen) Mitglied der Evangelisch-Lutherischen Landeskirche in Bayern. Das flächenmäßig größte und zweitbevölkerungsreichste Bundesland gilt als sehr wirtschaftsstark und weist die niedrigste Arbeitslosenquote in Deutschland aus.

Tabelle 11: Strukturdaten der Region Südosten im Jahr 2019

	Südosten			Deutschland		
	evangelisch	katholisch	beide Kirchen	evangelisch	katholisch	beide Kirchen
Kirchenmitglieder	2.297.500	6.272.200	8.569.700	20.711.500	22.583.600	43.295.000
in Prozent der Bevölkerung*	18%	48%	65%	25%	27%	52%
in Prozent aller Kirchenmitglieder	11%	28%	20%	100%	100%	100%
Durchschnittsalter	45,4	45,6	45,5	47,8	46,2	47,0
Kirchenspezifische Einflüsse						
Kindertaufen	18.300	49.400	67.800	137.600	156.000	293.600
in Prozent der Geburten von konfessionell gebundenen Müttern	83%	85%	84%	72%	73%	73%
Durchschnitt 2013 bis 2017*	84%	86%	85%	76%	74%	75%
Eintritte	4.900	2.400	7.300	47.200	10.600	57.800
in Prozent aller Mitglieder	0,2%	0,0%	0,1%	0,2%	0,0%	0,1%
Durchschnitt 2013 bis 2017*	0,2%	0,0%	0,1%	0,2%	0,0%	0,1%

Austritte	32.400	78.300	110.700	266.700	272.700	539.300
in Prozent aller Mitglieder	1,4%	1,2%	1,3%	1,3%	1,2%	1,2%
Durchschnitt 2013 bis 2017*	1,0%	0,8%	0,8%	0,9%	0,8%	0,8%
Wanderungen						
Binnenwanderungen	3.400	2.000	5.400	0	0	0
in Prozent aller Mitglieder*	0,1%	0,0%	0,1%	0,0%	0,0%	0,0%
Außenwanderungen	800	8.300	9.100	9.900	39.100	49.000
in Prozent aller Mitglieder*	0,0%	0,1%	0,1%	0,0%	0,2%	0,1%
Kirchensteuer						
Steuerzahlende	1.300.700	3.644.600	4.945.300	9.993.200	11.739.000	21.732.100
Kirchensteuer-aufkommen (in Mio. Euro)	742	1.973	2.714	6.096	6.969	13.065
in Prozent des Gesamtaufkommens	12%	28%	21%	100%	100%	100%
davon Abgeltungsteuer	24	58	82	186	197	384
davon Lohn- und Einkommensteuer	718	1.914	2.632	5.910	6.772	12.681
pro Mitglied	312 €	305 €	307 €	285 €	300 €	293 €
pro Steuerzahlendem	552 €	525 €	532 €	591 €	577 €	584 €

* Diese Quote liegt der Projektion im Basisjahr zugrunde. Vgl. Kapitel 6.2.1.
Quelle: Kirchenamt der EKD (2020b), Verband der Diözesen Deutschlands (2020a, 2020b), Statistisches Bundesamt (2018b), eigene Berechnung.

In der Region Südosten leben die jüngsten Kirchenmitglieder der sieben Regionen. Sie sind durchschnittlich 45,5 Jahre alt. Insbesondere die bayerischen Protestanten haben mit durchschnittlich 45,4 Jahren einen um 2,4 Jahre jüngeren Altersdurchschnitt als bundesweit.

Sowohl der Saldo aus Ein- und Austrittsquote als auch die Taufquote sind in beiden Konfessionen beinahe identisch und jeweils günstiger als im gesamten Bundesgebiet. Beim Saldo aus Binnen- und Außenwanderungen sind ebenfalls keine gravierenden Unterschiede zu erkennen: Während die evangelische Landeskirche in der Region durch Binnenwanderungen Mitglieder hinzugewinnt, gilt dies für die Diözesen bezüglich der Zuwanderung von außerhalb Deutschlands. Ein Großteil der katholischen Binnenwanderungen spielt sich allerdings zwischen den Diözesen Bayerns ab. Insbesondere die von Ballungsräumen geprägte Erzdiözese München und Freising profitiert hiervon.

Das Kirchensteueraufkommen in der Region Südosten betrug im Aufkommensjahr 2019 insgesamt 2,7 Milliarden Euro, von denen knapp 2 Milliarden der katholischen und 742 Millionen der evangelischen Kirche zustanden. Dieses Aufkommen wurde von insgesamt knapp 5 Millionen steuerzahlenden Kirchenmitgliedern erbracht. Das Kirchensteueraufkommen pro Kirchenmitglied lag leicht über dem Bundesschnitt, das Aufkommen pro steuerzahlendem Mitglied leicht darunter. Dies lässt sich mit der hohen Quote der steuerzahlenden Mitglieder erklären: 58 Prozent zahlen Kirchensteuern.

Im Jahr 2060 würden unter den getroffenen Annahmen und auf Basis der vorgestellten Berechnungen 5 Millionen Kirchenmitglieder in der Region Südosten leben. Dies entspricht 56 Prozent der Mitgliederzahl des Jahres 2017. Die Entwicklung verläuft damit günstiger als die bundesweite Entwicklung. Aufgrund der weitestgehend ähnlich hohen Einflussfaktoren ergeben sich keine nennenswerten Unterschiede zwischen den Konfessionen.

Wie Abbildung 38 zeigt, gilt dies nicht für den Kirchensteuerkaufkraftverlust in der Region Südosten, der bei der evangelischen Kirche weniger stark ausfällt als der Mitgliederrückgang. Bei der katholischen Kirche sind die Verhältnisse umgekehrt: Hier fällt der Kirchensteuerkaufkraftverlust stärker als der Mitgliederrückgang aus. Gegenüber dem Basisjahr 2017 beläuft sich der reale Kirchensteuerkraftverlust in der Region Südosten auf 45 Prozent und ist damit weniger stark als der bundesweite Rückgang.

Da die Wanderungsbewegungen in der Region insgesamt keine große Rolle spielen, überrascht es wenig, dass ein Wegfall sämtlicher Wande-

Abbildung 38: Kirchenmitglieder und Kirchensteuer in der Region Südosten

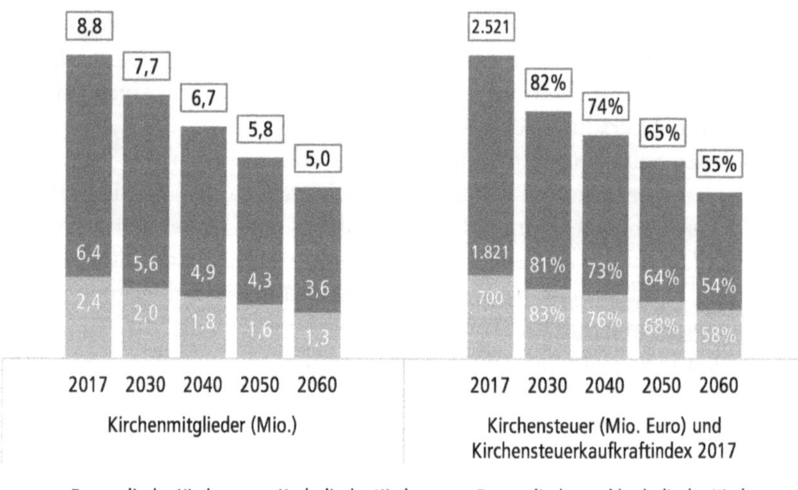

Im Kirchensteueraufkommen ist Kirchenabgeltungsteuer nicht enthalten.
Quelle: eigene Berechnung.

rungsbewegungen keinen großen Einfluss auf die Mitgliederentwicklung hat. Wäre bis 2060 sowohl der Außen- als auch der Binnenwanderungssaldo ausgeglichen, sodass die Mitgliederzahlen nicht durch Wanderungen beeinflusst werden, würde dies zu einem zusätzlichen Rückgang um 3 Prozentpunkte führen. Auch beim Einfluss der kirchenspezifischen Faktoren Tauf-, Austritts- und Eintrittsverhalten sind nur geringe konfessionelle Unterschiede auszumachen: Bei der evangelischen Kirche beträgt der Anteil der kirchenspezifischen Faktoren am Mitgliederrückgang 68 Prozent und bei der katholischen Kirche 61 Prozent. Ohne kirchenspezifische Einflüsse betrüge im Jahr 2060 der Mitgliederstand der evangelischen Kirche 86 Prozent des Mitgliederstands 2017. Bei der katholischen Kirche wären es 83 Prozent. Wird für die Projektion anstelle des Basisjahrs 2017 das Basisjahr 2019 verwendet, läge der Mitgliederstand des Jahres 2060 um 3 Prozentpunkte tiefer.[193]

Tabelle 12: Projektionsergebnisse der Region Südosten

	Südosten			Deutschland		
	evangelisch	katholisch	beide Kirchen	evangelisch	katholisch	beide Kirchen
Kirchenmitglieder 2060	1.341.100	3.632.200	4.973.400	10.495.700	12.197.000	22.692.700
in Prozent 2017	57%	56%	56%	49%	52%	51%
ohne Wanderungen	1.242.400	3.409.400	4.651.800	10.143.600	11.417.000	21.560.600
in Prozent 2017	52%	53%	53%	47%	49%	48%
ohne kirchenspezifische Einflüsse	2.036.600	5.356.000	7.392.600	16.432.900	18.991.400	35.424.300
in Prozent 2017	86%	83%	84%	76%	82%	79%
Anteil der kirchenspezifischen Faktoren am Mitgliederrückgang	68%	61%	63%	54%	61%	58%
Kirchenmitglieder 2060 (Basisjahr 2019)	1.248.700	3.413.000	4.661.700	9.948.400	11.616.000	21.564.300
in Prozent 2017	53%	53%	53%	46%	50%	48%

Quelle: eigene Berechnung.

193 Vgl. Kapitel 7.2

10.5 Region Südwesten

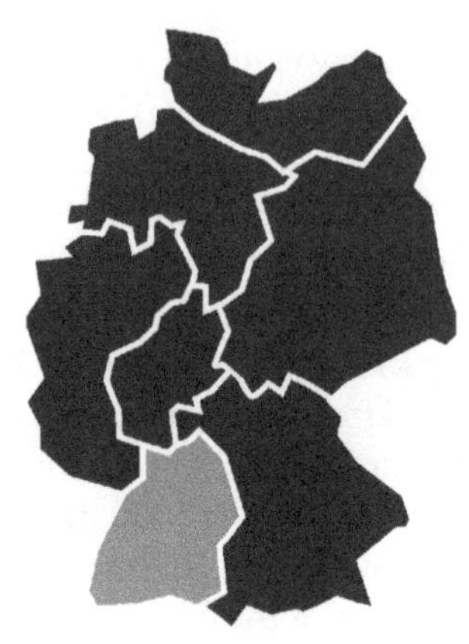

Die vier Kirchen Baden-Württembergs bilden die Region Südwesten: Ein Drittel der Bevölkerung gehört den evangelischen Landeskirchen Baden und Württemberg an. Ein weiteres Drittel ist Mitglied der territorial vergleichbaren Erzdiözese Freiburg (Baden) und der Diözese Rottenburg-Stuttgart (Württemberg). Während das Verhältnis zwischen den beiden großen Kirchen insgesamt nahezu ausgeglichen ist, bekennt sich im badischen Landesteil die Mehrheit der Bevölkerung zur katholischen Kirche. Dagegen gehört im sowohl vom Pietismus geprägten als auch durch starken Mittelstand gekennzeichneten Württemberg der größere Anteil der Bevölkerung der evangelischen Kirche an. Das industrie- und exportintensive Bundesland ist mit seinen 11,1 Millionen Einwohnern geprägt vom Automobilbau mit seinen vielen Zulieferern, dem Maschinen- und Anlagenbau sowie der Metall- und Elektroindustrie.

Tabelle 13: Strukturdaten der Region Südwesten im Jahr 2019

	Südwesten			Deutschland		
	evangelisch	katholisch	beide Kirchen	evangelisch	katholisch	beide Kirchen
Kirchenmitglieder	3.073.200	3.564.400	6.637.600	20.711.500	22.583.600	43.295.000
in Prozent der Bevölkerung*	28%	32%	60%	25%	27%	52%
in Prozent aller Kirchenmitglieder	15%	16%	15%	100%	100%	100%
Durchschnittsalter	46,6	46,2	46,4	47,8	46,2	47,0
Kirchenspezifische Einflüsse						
Kindertaufen	22.800	24.600	47.300	137.600	156.000	293.600
in Prozent der Geburten von konfessionell gebundenen Müttern	79%	74%	77%	72%	73%	73%
Durchschnitt 2013 bis 2017*	82%	75%	78%	76%	74%	75%
Eintritte	6.100	1.500	7.600	47.200	10.600	57.800
in Prozent aller Mitglieder	0,2%	0,0%	0,1%	0,2%	0,0%	0,1%
Durchschnitt 2013 bis 2017*	0,2%	0,0%	0,1%	0,2%	0,0%	0,1%

Austritte	37.800	44.100	82.000	266.700	272.700	539.300
in Prozent aller Mitglieder	1,2%	1,2%	1,2%	1,3%	1,2%	1,2%
Durchschnitt 2013 bis 2017*	0,9%	0,8%	0,8%	0,9%	0,8%	0,8%
Wanderungen						
Binnenwanderungen	-2.200	-600	-2.800	0	0	0
in Prozent aller Mitglieder	-0,1%	0,0%	0,0%	0,0%	0,0%	0,0%
Außenwanderungen	300	6.700	7.000	9.900	39.100	49.000
in Prozent aller Mitglieder	0,0%	0,2%	0,1%	0,0%	0,2%	0,1%
Kirchensteuer						
Steuerzahlende	1.625.000	1.891.400	3.516.500	9.993.200	11.739.000	21.732.100
Kirchensteueraufkommen (in Mio. Euro)	1.084	1.137	2.221	6.096	6.969	13.065
in Prozent des Gesamtaufkommens	18%	16%	17%	100%	100%	100%
davon Abgeltungsteuer	36	32	68	186	197	384
davon Lohn- und Einkommensteuer	1.048	1.106	2.154	5.910	6.772	12.681
pro Mitglied	341 €	310 €	324 €	285 €	300 €	293 €
pro Steuerzahlendem	645 €	585 €	612 €	591 €	577 €	584 €

* Diese Quote liegt der Projektion im Basisjahr zugrunde. Vgl. Kapitel 6.2.1.
Quelle: Kirchenamt der EKD (2020b), Verband der Diözesen Deutschlands (2020a, 2020b), Statistisches Bundesamt (2018b), eigene Berechnung.

Die Altersstruktur der Kirchenmitglieder entspricht bei der katholischen Kirche den in Teil I dargestellten bundesweiten Verhältnissen. Dagegen sind die Protestanten in der Region durchschnittlich ein Jahr jünger als der Bundesdurchschnitt.

Der Saldo aus Ein- und Austrittsquote liegt mit 1,2 Prozent bei den Katholiken über dem Saldo der evangelischen Kirche (1,0). Während die Diözesen knapp über dem Vergleichswert für das gesamte Bundesgebiet liegen, ist der Saldo für die evangelischen Landeskirchen etwas geringer als bundesweit. Die Taufquote, also das Verhältnis von Kindertaufen zu den Geburten von konfessionell gebundenen Frauen, liegt in der katholischen Kirche leicht und in der evangelischen deutlich über den bundesweiten Werten.

Beim Saldo aus Binnen- und Außenwanderungen treten nicht nur konfessionelle Unterschiede hervor. Auch zwischen Baden und Württemberg weichen die Ergebnisse voneinander ab: Die evangelischen Landeskirchen verlieren 0,1 Prozent ihrer Kirchenmitglieder durch Wanderungen. Dagegen liegen die katholischen Zuwanderungen über den Abwanderungen (0,2 Prozent). Dabei profitiert die katholische Kirche vor allem durch die Zuwanderung von außerhalb Deutschlands. Bei den Binnenwanderungen sind vor allem Unterschiede zwischen den Landesteilen Baden und Württemberg festzustellen. Aufgrund der abweichenden Religionszugehörigkeit verliert die Erzdiözese Freiburg mit einem höheren Katholikenanteil mehr Katholiken durch Binnenwanderung als die Diözese Rottenburg-Stuttgart. Umgekehrt verhält es sich bei der evangelischen Kirche: Die Landeskirche Württemberg, mit höherem Bevölkerungsanteil evangelischer Christen, verliert mehr Mitglieder durch Binnenabwanderung als die badische Landeskirche.

Das Kirchensteueraufkommen in der Region Südwesten betrug im Aufkommensjahr 2019 insgesamt 2,2 Milliarden Euro, das je zur Hälfte der evangelischen und der katholischen Kirche zustand. Dieses wurde von insgesamt 3,5 Millionen steuerzahlenden Kirchenmitgliedern erbracht. Obwohl lediglich 15 Prozent aller deutschen Kirchenmitglieder im Südwesten leben, erbringen sie 17 Prozent des bundesweiten Kirchensteueraufkommens. Erklären lässt sich das mit der starken Wirtschaftskraft im „Ländle". Sowohl das Kirchensteueraufkommen pro Kirchenmitglied als auch pro Kirchensteuerzahlendem liegen über dem Bundesschnitt. Dies ist vor allem auf die beiden in Württemberg liegenden Kirchen zurückzuführen, deren durchschnittliche Steuerzahlung deutlich über der aller Diözesen beziehungsweise Landeskirchen liegt.

Im Jahr 2060 würden unter den getroffenen Annahmen und auf Basis der vorgestellten Berechnungen 3,5 Millionen Kirchenmitglieder in der Region Südwesten leben. Dies entspricht 51 Prozent der Mitgliederzahl des Jahres 2017 (vgl. Abbildung 39) und unterscheidet sich kaum von der bundesweiten Entwicklung. Während die Unterschiede zwischen den Konfessionen marginal sind, zeigen sich erneut Unterschiede zwischen den beiden Landesteilen. Hier wirken sich die abweichende Konfessionszugehörigkeit der Bevölkerung und die daraus resultierenden Wanderungsbewegungen aus. In Württemberg fällt der Mitgliederrückgang bei der evangelischen Kirche stärker aus. Im badischen Landesteil verliert die katholische Kirche mehr Mitglieder.

Auch in der Region Südwesten verläuft der Kirchensteuerkaufkraftverlust weitestgehend entsprechend der Mitgliederentwicklung. Gegenüber dem Basisjahr 2017 beläuft sich der reale Kirchensteuerkraftverlust in der Region Südwesten auf 50 Prozent und ist damit vergleichbar dem bundesweiten Rückgang. Trotz der vergleichsweise günstigeren Entwicklung der Katholikenzahl in der Region fallen die katholischen Kirchensteuerkraftverluste etwas stärker als bei der evangelischen Kirche aus (minus 51 Prozent). Dies hängt mit den geringeren Mitgliederrückgängen im wirtschaftsstärkeren württembergischen Landesteil zusammen. Da hier mehr Protestanten als Katholiken leben, sind die evangelischen Steuerverluste geringer.

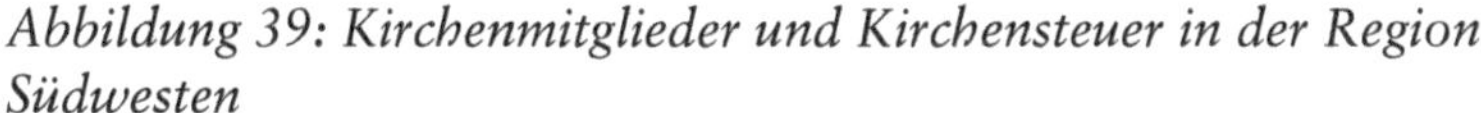

Abbildung 39: Kirchenmitglieder und Kirchensteuer in der Region Südwesten

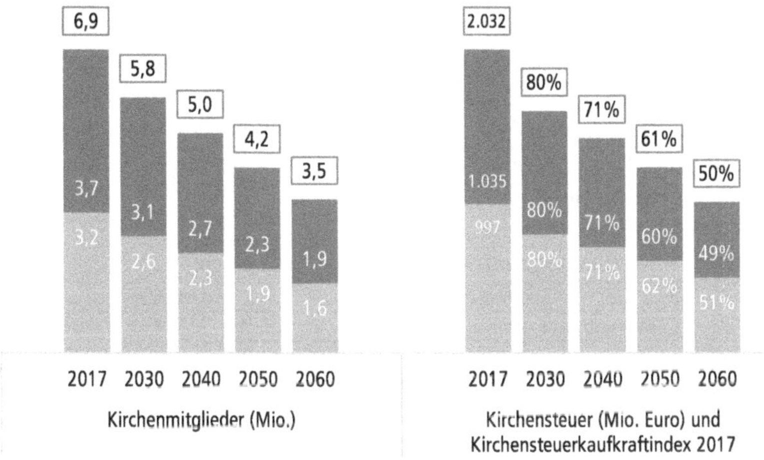

Evangelische Kirche ■ Katholische Kirche □ Evangelische und katholische Kirche

Im Kirchensteueraufkommen ist Kirchenabgeltungsteuer nicht enthalten.

Quelle: eigene Berechnung.

Die Projektionsergebnisse haben in der badischen Landeskirche schmerzhafte Transparenz geschaffen. Oberkirchenrat Martin Wollinsky beschreibt in seinem Beitrag auf S. 159, warum diese dem ohnehin schon Geahnten den Schrecken nimmt und die Kirche ins Handeln bringt.

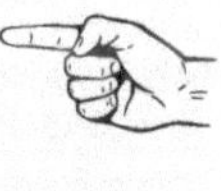

Zu der unterschiedlichen Entwicklung zwischen den Konfessionen und Landesteilen tragen insbesondere die Wanderungsbewegungen bei. Würden bis 2060 die Mitgliederzahlen nicht durch Wanderungen beeinflusst, verkehren sich die Unterschiede der beiden Konfessionen im Südwesten – wie Tabelle 14 zeigt – ins Gegenteil. Dann würde die katholische Kirche in der Region bis 2060 weitere 135.000 Mitglieder verlieren, während der Rückgang bei den Protestanten um 58.000 Mitglieder geringer ausfallen würde. Daher erklären die kirchenspezifischen Faktoren Tauf-, Austritts- und Eintrittsverhalten – trotz beinahe identischem konfessionellem Saldo aus Aus- und Eintrittsquote – bei der katholischen Kirche 63 Prozent des Mitgliederrückgangs. Bei der evangelischen Kirche sind es 52 Prozent. Aufgrund der konfessionellen Unterschiede in den beiden Landesteilen ergeben sich bei den Binnenwanderungsbewegungen kaum Unterschiede zwischen den Konfessionen. Allerdings profitiert die katholische Kirche auch im Südwesten stärker als die evangelische Kirche von Zuwanderungsbewegungen aus dem Ausland.

Angesichts dieser immensen demografischen Unterschiede spielt die differierende Taufquote nur eine untergeordnete Rolle. Ohne kirchenspezifische Einflüsse betrüge der Mitgliederstand der evangelischen Kirche im Jahr 2060 76 Prozent des Mitgliederstands 2017. Bei der katholischen Kirche sind es 82 Prozent. Wird für die Projektion anstelle des Basisjahrs 2017 das Basisjahr 2019 verwendet, läge der Mitgliederstand des Jahres 2060 um 2 Prozentpunkte tiefer.

Tabelle 14: Projektionsergebnisse der Region Südwesten

	Südwesten			Deutschland		
	evangelisch	**katholisch**	**beide Kirchen**	**evangelisch**	**katholisch**	**beide Kirchen**
Kirchenmitglieder 2060	1.587.800	1.894.800	3.482.600	10.495.700	12.197.000	22.692.700
in Prozent 2017	50%	51%	51%	49%	52%	51%
ohne Wanderungen	1.646.200	1.760.000	3.406.200	10.143.600	11.417.000	21.560.600
in Prozent 2017	52%	48%	50%	47%	49%	48%
ohne kirchenspezifische Einflüsse	2.408.700	3.024.900	5.433.600	16.432.900	18.991.400	35.424.300
in Prozent 2017	76%	82%	79%	76%	82%	79%
Anteil der kirchenspezifischen Faktoren am Mitgliederrückgang	52%	63%	58%	54%	61%	58%
Kirchenmitglieder 2060 (Basisjahr 2019)	1.505.200	1.808.800	3.314.100	9.948.400	11.616.000	21.564.300
in Prozent 2017	47%	49%	48%	46%	50%	48%

Quelle: eigene Berechnung.

Im Kern steht der Kirche eine Umgestaltungsaufgabe bevor!

von Oberkirchenrat Martin Wollinsky
(Evangelische Landeskirche in Baden)

Unbarmherzig verläuft die Kurve. Unaufhaltsam. Bis sie in rund 40 Jahren knapp oberhalb der Hälfte der heutigen Mitgliedszahlen stehenbleibt. Wow. Etwa 50 Prozent weniger Mitglieder. In 40 Jahren. Und nun?

Aus planerischer und organisatorischer Sicht ist genau das die Frage: Wie gehen wir um mit den Ergebnissen der sogenannten „Freiburger Studie", die den großen Kirchen deutlich vor Augen führt, was man vorher schon ahnte, aber so klar nicht projizieren konnte? Als Christen sind wir damit auch unmittelbar im Spannungsverhältnis zwischen dem Vertrauen auf Jesus Christus, der seine Gemeinde nicht im Stich lässt, und unserer eigenen Verantwortung.

Wohin die Reise der Gemeinde Jesu Christi auf Dauer gehen wird, wissen wir nicht. Welche finanziellen und personellen Rahmenbedingungen wir in den kommenden Jahren haben werden, lässt sich dagegen nach menschlichen Maßstäben vergleichsweise gut abschätzen. Für die evangelische Landeskirche in Baden haben wir auf Basis der Freiburger Ergebnisse, der Einschätzungen zum wirtschaftlichen Verlauf in den kommenden Jahren, der in diesem Zeitraum auftretenden Kostenentwicklungen eine Planung bis 2032 erstellt. Dies geht deutlich über den typischen Zeithorizont einer Mittelfristplanung hinaus, bildet aber gemessen an der Freiburger Studie nur einen (gerade noch handhabbaren) Teilabschnitt ab. Neue Themen und verbleibende Hausaufgaben, z. B. im Bereich der Sanierung von Gebäuden inklusive der Erreichung CO2-neutraler Standards, werden dabei berücksichtigt.

Das Ergebnis: eine zunächst schmerzhafte Transparenz. Die Folge: Erleichterung, die dem ohnehin schon Geahnten den Schrecken nimmt und uns ins Handeln bringt. Denn im Kern steht uns als Kirche eine Umgestaltungsaufgabe bevor, die es uns ermöglicht, auch mit deutlich verringerten Ressourcen unseren Verkündigungsauftrag zu erfüllen. Der Schlüssel dazu ist nicht der Blick auf die finanzielle Situation, sondern auf die Personalstruktur. Letztlich ist unsere Pfarrerschaft ein Abbild der Mitgliedschaft. Hier wie dort gehen die geburtenstarken Jahrgänge in den Ruhestand, trotz guter Ausbildungszahlen kommen weniger „Junge" nach.

Das bedeutet, dass wir uns anders organisieren, Aufgaben umverteilen, besser miteinander und ökumenisch zusammenarbeiten, Dinge einfacher machen und auch einiges weglassen müssen. Insofern gilt es, sich darauf einzulassen, wie Kirche mit weniger Ressourcen funktionieren kann, und diese Aufgabe mit Freude anzugehen.

Was heißt funktionieren in diesem Zusammenhang? Heißt es, das Schrumpfen möglichst gut zu begleiten, den verbleibenden Mitgliedern weiterhin einen angemessenen Leistungsumfang zu bieten und sie möglichst lange zu halten? Oder heißt es, dem Auftrag, die Botschaft von der Liebe Jesu Christi weiterzutragen, möglichst gut nachzukommen?

Darum muss es aus meiner Sicht gehen, wenn wir von Mitgliederorientierung sprechen: dass wir uns immer wieder bewusst an alle Mitglieder wenden und sie ansprechen. Spannend und besonders herausfordernd ist das bei Menschen, mit denen wir als Organisation Kirche nur selten direkten Kontakt haben. Umso wichtiger ist es, die sich bietenden Chancen wahrzunehmen. Hochzeiten, Taufen, Beerdigungen und Festgottesdienste sind solche Chancen. Und diese sollten wir nutzen. Nicht, weil wir uns aus jeder Hochzeit 1,3 neue Kirchenmitglieder versprechen. Sondern, weil es wichtig ist, dass Menschen ihre Entscheidung füreinander vor Gott bringen. Weil es wichtig ist, dass ein Kind im christlichen Glauben erzogen wird und damit eine gute Grundlage für eine eigene Glaubensentscheidung bekommt. Weil es wichtig ist, am Ende eines Lebens den Trauernden Hoffnung zuzusprechen.

Dazu gehört auch, kontinuierlich auf Menschen zuzugehen, sie einzuladen und sie willkommen zu heißen. „Niederschwellige Angebote" heißt ein oft genanntes Schlagwort. Diese Niederschwelligkeit darf aber nicht zu Lasten der Erkennbarkeit gehen, sondern wir müssen klar benennen, worum es uns geht. Bei reduzierten Ressourcen wird es besonders darauf ankommen, an denjenigen Orten, an denen kirchliches Leben stattfindet, deutlich erkennbar zu sein. Das betrifft nicht nur die Kirchengemeinde, sondern auch Schulen, Pflegeheime, Klinikseelsorge und diakonische Einrichtungen.

Die sogenannte Kerngemeinde ist ein Schlüssel zum Gelingen des Transformationsprozesses. Die Menschen in diesem „inner circle" sind nicht nur der harte Kern der treuen Kirchgänger, sondern die wichtigsten Helfer und Mitstreitenden. Bei allen notwendigen Anpassungen kommt es darauf an, für diese Mitarbeitenden gute Rahmenbedingungen zu schaffen, um unserem gemeinsamen Auftrag nachzukommen. Denn für uns alle gilt: *„Wir können's doch nicht lassen, von dem zu reden, was wir gesehen und gehört haben."*

10.6 Region Mitte

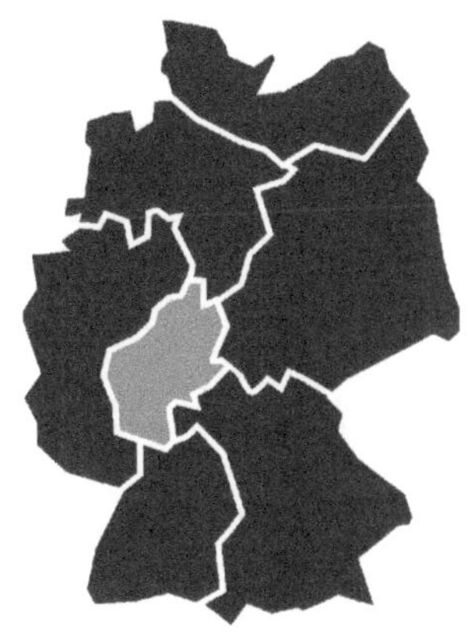

Die Region Mitte erstreckt sich über das Bundesland Hessen und kleinere Teile von Rheinland-Pfalz. Kennzeichnend für das Rhein-Main-Gebiet ist die chemische und pharmazeutische Industrie, die IT- und Telekommunikationsbranche, aber auch Maschinen- und Fahrzeugbau sowie der international bedeutende Finanzplatz Frankfurt. Die 7,2 Millionen Einwohner gehörten 2019 mehrheitlich einer der beiden großen Kirchen an. Drei Fünftel der Kirchenmitglieder in der Region Mitte (2,3 Millionen) war evangelisch und damit Mitglied der Landeskirchen von Hessen und Nassau oder von Kurhessen-Waldeck. Zwei Fünftel gehörten einer der Diözesen Limburg, Mainz oder Fulda an. Das Territorium der Diözese Fulda sowie der evangelischen Kirche von Kurhessen-Waldeck ist weitestgehend deckungsgleich und erstreckt sich auf das von ländlichen Regionen geprägte Nord- und Osthessen. Zwei Drittel der Christen in dem Gebiet sind evangelisch, ein Drittel katholisch. Im Süden und Westen der Region liegen die evangelische Kirche von Hessen und Nassau sowie die Diözesen Limburg und Mainz. Der südliche Teil zählt dabei zu den am dichtesten besiedelten und wirtschaftsstärksten Regionen Deutschlands. Hier ist das Verhältnis der Konfessionen zueinander beinahe ausgeglichen.

Tabelle 15: Strukturdaten der Region Mitte 2019

	Mitte			Deutschland		
	evangelisch	**katholisch**	**beide Kirchen**	**evangelisch**	**katholisch**	**beide Kirchen**
Kirchenmitglieder	2.267.700	1.673.800	3.941.500	20.711.500	22.583.600	43.295.000
in Prozent der Bevölkerung*	32%	23%	55%	25%	27%	52%
in Prozent aller Kirchenmitglieder	11%	7%	9%	100%	100%	100%
Durchschnittsalter	47,6	46,6	47,2	47,8	46,2	47,0
Kirchenspezifische Einflüsse						
Kindertaufen	15.400	10.100	25.500	137.600	156.000	293.600
in Prozent der Geburten von konfessionell gebundenen Müttern	75%	62%	69%	72%	73%	73%
Durchschnitt 2013 bis 2017*	78%	63%	71%	76%	74%	75%

Eintritte	5.000	1.100	6.000	47.200	10.600	57.800
in Prozent aller Mitglieder	0,2%	0,1%	0,2%	0,2%	0,0%	0,1%
Durchschnitt 2013 bis 2017*	0,2%	0,1%	0,2%	0,2%	0,0%	0,1%
Austritte	29.300	23.100	52.400	266.700	272.700	539.300
in Prozent aller Mitglieder	1,3%	1,4%	1,3%	1,3%	1,2%	1,2%
Durchschnitt 2013 bis 2017*	0,9%	0,9%	0,9%	0,9%	0,8%	0,8%
Wanderungen						
Binnen-wanderungen	-1.300	200	-1.000	0	0	0
in Prozent aller Mitglieder*	-0,1%	0,0%	0,0%	0,0%	0,0%	0,0%
Außen-wanderungen	800	4.900	5.700	9.900	39.100	49.000
in Prozent aller Mitglieder*	0,0%	0,3%	0,1%	0,0%	0,2%	0,1%
Kirchensteuer						
Steuerzahlende	1.129.300	835.100	1.964.400	9.993.200	11.739.000	21.732.100
Kirchensteuer-aufkommen (in Mio. Euro)	736	584	1.321	6.096	6.969	13.065
in Prozent des Gesamtaufkom-mens	12%	8%	10%	100%	100%	100%
davon Abgel-tungsteuer	21	18	39	186	197	384
davon Lohn- und Einkommensteuer	715	567	1.282	5.910	6.772	12.681
pro Mitglied	315 €	339 €	325 €	285 €	300 €	293 €
pro Steuerzah-lendem	634 €	679 €	653 €	591 €	577 €	584 €

* Diese Quote liegt der Projektion im Basisjahr zugrunde. Vgl. Kapitel 6.2.
Quelle: Kirchenamt der EKD (2020b), Verband der Diözesen Deutschlands (2020a, 2020b), Statistisches Bundesamt (2018b), eigene Berechnung.

Der Saldo aus Ein- und Austrittsquote liegt mit 1,2 Prozent in der Region Mitte über dem Vergleichswert für das gesamte Bundesgebiet (1,1 Prozent). Die Austrittsquote der Diözesen weicht um beinahe 0,2 Prozentpunkte stärker vom bundesweiten Wert ab als die der Landeskirchen. Während die Taufquote bei der evangelischen Kirche im Wesentlichen den bundesweiten Verhältnissen entspricht (plus 3 Prozentpunkte), liegt sie in der katholischen Kirche deutlich (minus 11 Prozentpunkte) unter dem Bundesdurchschnitt.

Die evangelischen Landeskirchen verlieren aufgrund von Abwanderung aus der Region jährlich 0,1 Prozent ihrer Kirchenmitglieder. Dagegen liegen die katholischen Zuwanderungen in die Region über den Abwanderungen (0,3 Prozent). Die katholische Kirche profitiert dabei in erster Linie von der Zuwanderung außerhalb Deutschlands. Bei den Binnenwanderungen zwischen den beiden evangelischen Landeskirchen wirkt sich der unterschiedliche Anteil der Protestanten an der Bevölkerung zwischen dem Nord- (Kurhessen-Waldeck) und Südteil der Region (Hessen und Nassau) aus.

Im Jahr 2019 wurden die insgesamt 1,3 Milliarden Euro Kirchensteuereinnahmen in der Region Mitte von 1,9 Millionen steuerzahlenden Kirchenmitgliedern erbracht. 736 Millionen Euro waren davon evangelische und 584 Millionen katholische Kirchensteuer. Die in der Region Mitte lebenden 9 Prozent aller Kirchenmitglieder Deutschlands erbringen 10 Prozent des gesamten deutschen Kirchensteueraufkommens. Dies kann mit dem im Bundesvergleich überdurchschnittlichem Wert sowohl für das Kirchensteueraufkommen pro Kirchenmitglied als auch pro steuerzahlendem Mitglied begründet werden. Die katholischen Steuerzahlenden in der Region haben mit durchschnittlich 679 Euro über 100 Euro mehr als der katholische Bundesdurchschnitt zum Kirchensteueraufkommen beigetragen. Sowohl innerhalb der katholischen als auch der evangelischen Kirche muss dabei zwischen dem Nord- und dem Südteil der Region unterschieden werden: Das durchschnittliche Kirchensteueraufkommen pro steuerzahlendem Mitglied liegt im Süden 200 Euro über dem im Norden.

Für die Region Mitte ergeben die dargestellten Berechnungen 2,0 Millionen Kirchenmitglieder im Jahr 2060. Dies entspricht 49 Prozent der Mitgliederzahl des Jahres 2017. Die Zahl der Kirchenmitglieder in der Region nimmt damit stärker ab als bundesweit. Die evangelische Kirche würde gegenüber der Mitgliederzahl 2017 auf 48 Prozent, die katholische Kirche auf 49 Prozent absinken. Bei der katholischen Kirche wird der höhere regionale Saldo aus Ein- und Austrittsquote durch die Wanderungsgewinne gegenüber der evangelischen Kirche überkompensiert. Abbildung 40 zeigt darüber hinaus, dass auch in der Region Mitte der Kirchensteuerrückgang weitestgehend entsprechend der Mitgliederentwicklung verläuft. Gegenüber dem Basisjahr 2017 beläuft sich der reale Kirchensteuerrückgang auf 49 Prozent und ist damit vergleichbar mit dem bundesweiten Rückgang. Während die evangelische Kirche in der Region mehr Mitglieder verliert als die katholische Kirche, fallen die evangelischen Kirchensteuerkraftverluste geringer aus (minus 50 Prozent gegenüber minus 53 Prozent).

In der Region Mitte wirken sich die Wanderungsbewegungen nur auf die katholische Kirche spürbar aus. Wäre bis 2060 sowohl der Außen- als auch der Binnenwanderungssaldo ausgeglichen, würde sich – wie Tabelle 16 zeigt – der Rückgang der evangelischen Kirchenmitglieder quasi nicht verändern. Die zu Beginn des Projektionszeitraums leichten evangelischen Wanderungsverluste werden sich aufgrund des veränderten Wanderungs-

Abbildung 40: Kirchenmitglieder und Kirchensteuer in der Region Mitte

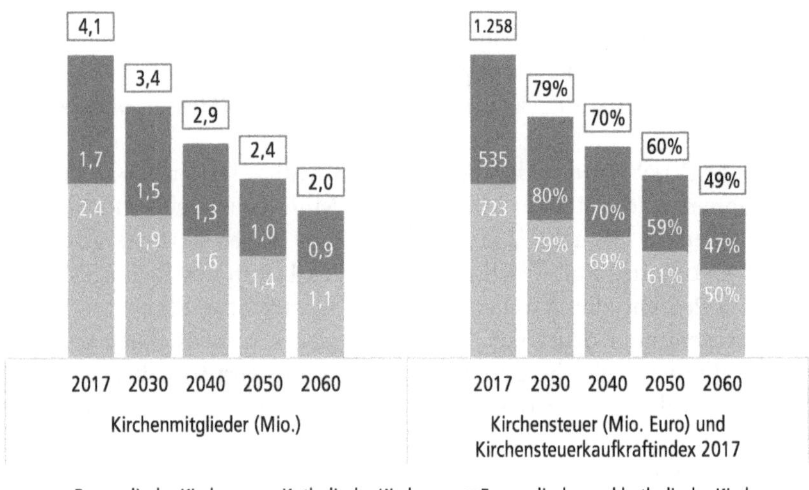

Im Kirchensteueraufkommen ist Kirchenabgeltungsteuer nicht enthalten.
Quelle: eigene Berechnung.

potenzials in den Abwanderungslandeskirchen bis 2060 in leichte Wanderungsgewinne verwandeln. Die katholische Kirche hingegen müsste ohne Migrationsbewegungen auf weitere 123.000 Mitglieder in der Region verzichten (minus 7 Prozentpunkte). Aufgrund der unterschiedlichen Verteilung der Konfessionen innerhalb Hessens sind diese grundsätzlichen Aussagen für die Region – insbesondere für die beiden Landeskirchen aber auch für die einzelnen Diözesen – nicht übertragbar.

Da nur die katholische Kirche in der Region Mitte von Zuwanderungsbewegungen profitiert, haben die kirchenspezifischen Faktoren bei den Diözesen einen größeren Einfluss auf den Mitgliederrückgang als bei den Landeskirchen in der Region Mitte. Tauf-, Austritts- und Eintrittsverhalten sind bei der katholischen Kirche für beinahe drei Viertel des Mitgliederrückgangs verantwortlich; bei der evangelischen Kirche „lediglich" für die Hälfte. Ohne kirchenspezifische Einflüsse betrüge der Mitgliederstand der evangelischen Kirche im Jahr 2060 74 Prozent des Mitgliederstands 2017. Bei der katholischen Kirche wären es 86 Prozent. Wird für die Projektion anstelle des Basisjahrs 2017 das Basisjahr 2019 verwendet, läge der Mitgliederstand des Jahres 2060 um 3 Prozentpunkte tiefer.

Tabelle 16: Projektionsergebnisse der Region Mitte

	Mitte			Deutschland		
	evangelisch	katholisch	beide Kirchen	evangelisch	katholisch	beide Kirchen
Kirchenmitglieder 2060	1.133.000	857.300	1.990.300	10.495.700	12.197.000	22.692.700
in Prozent 2017	48%	49%	49%	49%	52%	51%
ohne Wanderungen	1.144.900	734.500	1.879.400	10.143.600	11.417.000	21.560.600
in Prozent 2017	48%	42%	46%	47%	49%	48%
ohne kirchenspezifische Einflüsse	1.741.700	1.502.400	3.244.100	16.432.900	18.991.400	35.424.300
in Prozent 2017	74%	86%	79%	76%	82%	79%
Anteil der kirchenspezifischen Faktoren am Mitgliederrückgang	50%	73%	59%	54%	61%	58%
Kirchenmitglieder 2060 (Basisjahr 2019)	1.064.600	815.500	1.880.096	9.948.400	11.616.000	21.564.300
in Prozent 2017	45%	47%	46%	46%	50%	48%

Quelle: eigene Berechnung.

10.7 Region Westen

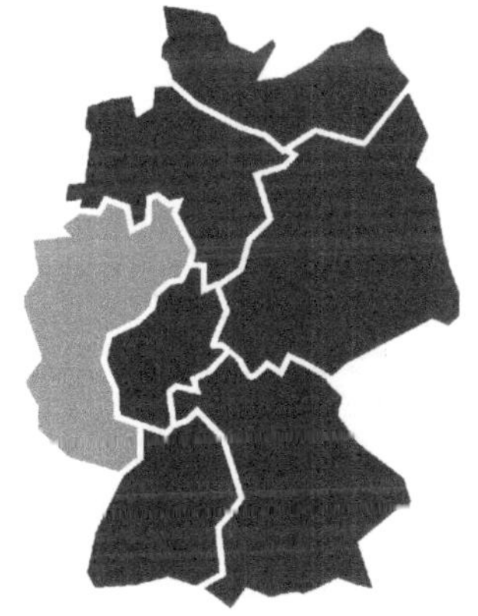

Die Region Westen ist mit insgesamt 22,2 Millionen Einwohnern die bevölkerungsreichste der sieben Regionen. Das zeigt sich auch an den Kirchenmitgliedern: Fast 40 Prozent der deutschen Katholiken leben hier. Bei den deutschen Protestanten trifft das wie bei der Gesamtbevölkerung immerhin auf ungefähr 25 Prozent zu. Die Region umfasst das traditionell katholisch geprägte Nordrhein-Westfalen, große Teile von Rheinland-Pfalz sowie das Saarland, das Bundesland mit dem höchsten Anteil an Kirchenmitgliedern an der Gesamtbevölkerung. Insgesamt waren 38 Prozent der in der Region lebenden Bevölkerung im Jahr 2019 katholisch und 24 Prozent evangelisch. Sie gehören zu den fünf Diözesen Aachen, Essen, Munster (ohne den Offizialatsbezirk Oldenburg), Speyer und Trier, den zwei Erzdiözesen Köln und Paderborn und den vier evangelischen Landeskirchen Lippe, Pfalz, Rheinland und Westfalen. Die Region weist eine breit diversifizierte Wirtschaftsstruktur auf: Von Schlüsselindustrien über den Mittelstand bis hin zu Weinbau und Tourismus ist alles vertreten.

Tabelle 17: Strukturdaten der Region Westen 2019

	Westen			Deutschland		
	evangelisch	katholisch	beide Kirchen	evangelisch	katholisch	beide Kirchen
Kirchenmitglieder	5.249.200	8.499.600	13.748.800	20.711.500	22.583.600	43.295.000
in Prozent der Bevölkerung*	24%	38%	62%	25%	27%	52%
in Prozent aller Kirchenmitglieder	25%	38%	32%	100%	100%	100%
Durchschnittsalter	47,8	47,0	47,3	47,8	46,2	47,0
Kirchenspezifische Einflüsse						
Kindertaufen	32.600	57.200	89.800	137.600	156.000	293.600
in Prozent der Geburten von konfessionell gebundenen Müttern	66%	73%	70%	72%	73%	73%
Durchschnitt 2013 bis 2017*	69%	73%	72%	76%	74%	75%
Eintritte	11.500	3.900	15.400	47.200	10.600	57.800
in Prozent aller Mitglieder	0,2%	0,0%	0,1%	0,2%	0,0%	0,1%
Durchschnitt 2013 bis 2017*	0,2%	0,1%	0,1%	0,2%	0,0%	0,1%
Austritte	57.500	88.700	146.100	266.700	272.700	539.300
in Prozent aller Mitglieder	1,1%	1,0%	1,1%	1,3%	1,2%	1,2%
Durchschnitt 2013 bis 2017*	0,8%	0,6%	0,7%	0,9%	0,8%	0,8%
Wanderungen						
Binnenwanderungen	-4.500	-9.700	-14.200	0	0	0
in Prozent aller Mitglieder*	-0,1%	-0,1%	-0,1%	0,0%	0,0%	0,0%
Außenwanderungen	7.600	10.800	18.400	9.900	39.100	49.000
in Prozent aller Mitglieder*	0,1%	0,1%	0,1%	0,0%	0,2%	0,1%
Kirchensteuer						
Steuerzahlende	2.566.000	4.193.300	6.759.300	9.993.200	11.739.000	21.732.100
Kirchensteuer-aufkommen (in Mio. Euro)	1.544	2.519	4.062	6.096	6.969	13.065
in Prozent des Gesamtaufkommens	25%	36%	31%	100%	100%	100%
davon Abgeltungsteuer	45	69	114	186	197	384
davon Lohn- und Einkommensteuer	1.498	2.450	3.948	5.910	6.772	12.681
pro Mitglied	285 €	288 €	287 €	285 €	300 €	293 €
pro Steuerzahlendem	584 €	584 €	584 €	591 €	577 €	584 €

* Diese Quote liegt der Projektion im Basisjahr zugrunde. Vgl. Kapitel 6.2.
Quelle: Kirchenamt der EKD (2020b), Verband der Diözesen Deutschlands (2020a, 2020b), Statistisches Bundesamt (2018b), eigene Berechnung.

Während das Durchschnittsalter der Protestanten in der Region dem bundesweiten Schnitt entspricht, sind die katholischen Bewohner durchschnittlich etwas älter als die Gesamtheit der deutschen Katholiken. Dies gilt aber nicht für alle Diözesen und Landeskirchen in gleichem Maße. Die Zahl der Kirchenaustritte ist im Westen niedriger als bundesweit. Hier zeigt sich der in Kapitel 5.1.5 bereits dargestellte Zusammenhang, dass die Austrittswahrscheinlichkeit in Regionen mit einem überdurchschnittlichen Anteil an Kirchenmitgliedern beider Konfessionen an der Gesamtbevölkerung kleiner als in anderen Regionen ist. Gerade vor diesem Hintergrund fällt die niedrige Taufbereitschaft der Protestanten auf. Ihnen scheint es trotz hoher Kirchenzugehörigkeit besonders schwer zu fallen, die Kirchenmitgliedschaft in die nächste Generation zu übertragen. So ist die evangelische Taufquote mit 66 Prozent deutlich geringer als sowohl der bundesweite wie auch der entsprechende katholische Wert. Dagegen sind beim Saldo aus Binnen- und Außenwanderungen abweichend von der bundesweiten Beobachtung keine konfessionellen Unterschiede erkennbar. Sowohl die evangelische als auch die katholische Kirche verlieren in der Region durch Binnenwanderung Kirchenmitglieder (minus 0,1 Prozent).

Das Kirchensteueraufkommen in der Region Westen betrug im Aufkommensjahr 2019 insgesamt 4,1 Milliarden Euro, von denen 1,6 Milliarden der evangelischen und 2,5 Milliarden der katholischen Kirche zustanden. Dieses wurde von insgesamt 6,8 Millionen steuerzahlenden Kirchenmitgliedern erbracht. Das Kirchensteueraufkommen pro Mitglied lag insgesamt leicht unter dem Bundesdurchschnitt. Pro steuerzahlendem Kirchenmitglied entsprach es dem Bundesschnitt. Zwischen den Konfessionen waren hier Unterschiede auszumachen: Die durchschnittliche Steuerzahlung pro steuerzahlendem Kirchenmitglied war bei den Katholiken in der Region überdurchschnittlich, die durchschnittliche Steuerzahlung pro Kirchenmitglied dagegen unterdurchschnittlich. Grund hierfür ist, dass im Vergleich zu allen Katholiken Deutschlands in der Region Westen weniger Mitglieder Kirchensteuer bezahlt haben (48 Prozent gegenüber 52 Prozent). Genau umgekehrt ist dies für die evangelische Kirche, wobei der Unterschied weniger gravierend ausfällt (49 Prozent gegenüber 48 Prozent).

Im Jahr 2060 würden unter den getroffenen Annahmen und auf Basis der vorgestellten Berechnungen 7,1 Millionen Kirchenmitglieder in der Region Westen leben. Die Zahl der Kirchenmitglieder verringert sich damit etwas stärker als dies bundesweit der Fall ist (minus 51 Prozent). Während deutschlandweit die Zahl der Katholiken weniger stark abnimmt als die Zahl der Protestanten (minus 48 Prozent gegenüber minus 51 Prozent), ist dies im Westen genau umgekehrt (minus 51 Prozent gegenüber minus 49 Prozent). Die evangelische Kirche profitiert nicht nur (leicht) stärker von

Zuwanderungen als die katholische. Auch der Saldo aus Ein- und Austrittsquote fällt bei den Protestanten um 0,1 Prozentpunkte günstiger aus.

Generalvikar Pfeffer plädiert in seinem Beitrag auf S. 170 dazu, den kirchlichen Strukturwandel nicht nur geschehen zu lassen, sondern die Entwicklung konkret zu gestalten. Eine Analogie für sein Bistum sieht er im Fußgängertunnel unter dem Essener Hautbahnhof.

Abbildung 41 zeigt, dass auch in der Region Westen der Kirchensteuerkaufkraftverlust weitestgehend entsprechend der Mitgliederentwicklung verläuft. Der reale Kirchensteuerrückgang beläuft sich in der Region Westen auf 50 Prozent und ist damit etwas höher als der bundesweite Rückgang. Entsprechend der vergleichsweise günstigeren Entwicklung der Zahl evangelischer Kirchenmitglieder in der Region sind auch die evangelischen Kirchensteuerkraftverluste weniger stark ausgeprägt (minus 47 Prozent).

Würden die Mitgliederzahlen bis 2060 nicht durch Wanderungen beeinflusst, gäbe es zwischen den Konfessionen beinahe keine Unterschiede. Ein ausgeglichener Außen- und Binnenwanderungssaldo würde dazu führen, dass die evangelische Kirche in der Region – wie Tabelle 18 zeigt – bis 2060 weitere 126.000 Mitglieder verliert. Obwohl die katholische Kirche im Ausgangsjahr der Projektion über einen positiven Wanderungssaldo verfügt, stiege die Zahl der Katholiken ohne Berücksichtigung von Wanderungen um 52.000 Mitglieder. Dies liegt daran, dass die katholische Kirche über den gesamten Projektionszeitraum mehr Mitglieder durch Abwanderung verliert als durch Zuwanderung hinzugewinnt. Das „Zusammenspiel" aus dem höheren katholischen Saldo von Ein- und Austrittsquote sowie der geringeren evangelischen Taufquote führt dazu, dass Tauf-, Austritts- und Eintrittsverhalten sowohl bei der katholischen als auch der evangelischen Kirche etwa die Hälfte des Mitgliederrückgangs erklären. Ohne kirchenspezifische Einflüsse betrüge der Mitgliederstand der evangelischen Kirche im Jahr 2060 75 Prozent des Mitgliederstands 2017. Bei der katholischen Kirche wären es 73 Prozent.

Wird für die Projektion anstelle des Basisjahrs 2017 das Basisjahr 2019 verwendet, läge der Mitgliederstand des Jahres 2060 um 2 Prozentpunkte tiefer. Das entspricht im Wesentlichen den bundesweiten Verhältnissen.

Abbildung 41: Kirchenmitglieder und Kirchensteuer in der Region Westen

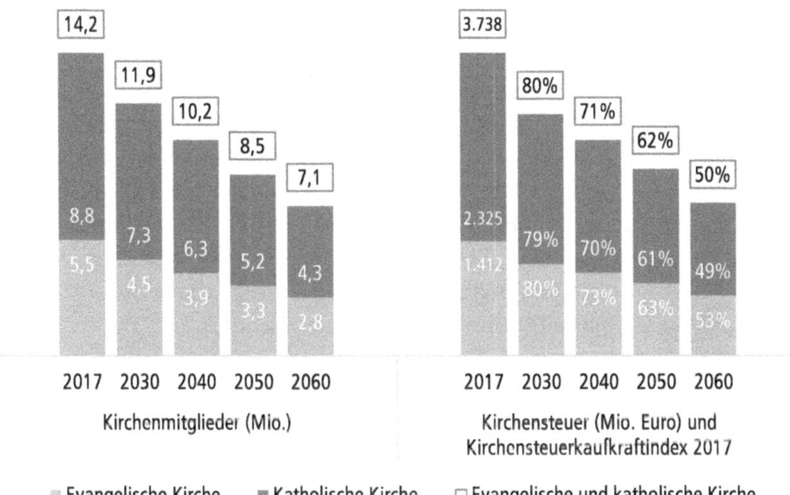

Im Kirchensteueraufkommen ist Kirchenabgeltungsteuer nicht enthalten.
Quelle: eigene Berechnung.

Tabelle 18: Projektionsergebnisse der Region Westen

	Westen			Deutschland		
	evangelisch	katholisch	beide Kirchen	evangelisch	katholisch	beide Kirchen
Kirchenmitglieder 2060	2.767.600	4.283.000	7.050.700	10.495.700	12.197.000	22.692.700
in Prozent 2017	51%	49%	49%	49%	52%	51%
ohne Wanderungen	2.641.300	4.335.400	6.976.700	10.143.600	11.417.000	21.560.600
in Prozent 2017	48%	49%	49%	47%	49%	48%
ohne kirchenspezifische Einflüsse	4.115.300	6.394.100	10.509.400	16.432.900	18.991.400	35.424.300
in Prozent 2017	75%	73%	74%	76%	82%	79%
Anteil der kirchenspezifischen Faktoren am Mitgliederrückgang	50%	47%	48%	54%	61%	58%
Kirchenmitglieder 2060 (Basisjahr 2019)	2.643.700	4.158.000	6.801.700	9.948.400	11.616.000	21.564.300
in Prozent 2017	48%	47%	48%	46%	50%	48%

Quelle: eigene Berechnung.

Kirchlicher Strukturwandel – lokale und zentrale Kirchenentwicklung im Bistum Essen

von Generalvikar Klaus Pfeffer (Bistum Essen)

Wenn es um die Entwicklung der Kirchen bei uns im Ruhrgebiet und in ganz Deutschland geht, bietet der Fußgängertunnel unter dem Essener Hauptbahnhof eine schöne Analogie. Dort haben die Planer vor gut zehn Jahren die Breite des aus den 1970er-Jahren stammenden, 300 Meter langen Durchgangs zur U-Bahn schlicht halbiert – und die verbliebene Röhre durch eine 80 Meter lange Leuchtwand optisch deutlich aufgewertet. Offenbar hatte man zwischenzeitlich einen realistischeren Blick auf die Pendlerströme der Ruhrmetropole bekommen und konnte so die viel zu großen Dimensionen der U-Bahn-Gründerzeit ein wenig reduzieren.

Für mich weist dieses Beispiel auf den Strukturwandel, den wir auch in unseren Kirchen erleben: Wenn man das Schrumpfen nicht einfach geschehen lässt, sondern diese Entwicklung aktiv gestaltet, kann im besten Fall etwas entstehen, das passender ist als das, was war. Natürlich gelingt dies nicht immer. Und angesichts so gravierender Veränderungen, wie sie die Kirchen in Deutschland erleben, sind immer auch Abschied und Trauer, Unsicherheit und Wut verständlich. Und dennoch kann nur ein planvoller Wandel, der dem Schwinden mit Kreativität begegnet, unsere Strukturen so weiterentwickeln, dass wir als Christinnen und Christen hierzulande auch in Zukunft lebendig Kirche sein können.

Im Bistum Essen ist uns der Strukturwandel dabei gewissermaßen in die Wiege gelegt worden: Als unsere Diözese 1958 im Kohle- und Stahlrevier Nordrhein-Westfalens gegründet wurde, begann im gleichen Jahr mit der ersten Zechenkrise der wirtschaftliche Niedergang und – Jahre und Jahrzehnte später – der gesellschaftliche Versuch, sich dieser Entwicklung mit einem Strukturwandel entgegenzustellen. Ein Weg, mit dem unser Bistum seit seiner Gründung eng verbunden ist: Seit den Gründerjahren verlieren wir praktisch kontinuierlich an Mitgliedern, mit rund 730.000 Männern und Frauen sind wir heute nicht einmal mehr halb so viele Katholikinnen und Katholiken wie vor gut 60 Jahren.

Auf diesen Trend hat unser Bistum – wie das gesamte Ruhrgebiet – erst mit deutlicher Verzögerung reagiert. Als das Ruhrbistum Anfang der 2000er-Jahre vor massiven Finanzproblemen stand, wurden binnen weniger Monate die gesamte Kirchenverwaltung umstrukturiert, zahlreiche Arbeitsplätze gestrichen, 259 selbstständige Pfarreien zu 43 neuen Pfarreien vereinigt und in den Jahren danach rund 100 Kirchen als katholische Gotteshäuser aufgegeben.

Als Lehre aus diesem vor allem von finanziellen Aspekten getriebenen Umbau gelten in unserem Bistum seitdem vier wesentliche Punkte:

- Unser Zukunftsbild: Wir entwickeln unsere Kirche aus unserem Glauben heraus. Was dies bedeutet, sagt uns seit 2013 das Zukunftsbild des Bistums Essen – Ergebnis eines intensiven Dialogprozesses.
- Partizipation: Wir sind davon überzeugt, dass die Menschen vor Ort eine hohe Mitverantwortung dafür tragen, wie sie Kirche zukunftsfähig gestalten können und wollen. Auf Basis des Zukunftsbildes treffen die Gremien der Pfarreien im Rahmen der 2015 begonnenen Pfarreientwicklungsprozesse im Dialog mit Verantwortlichen der Bistumsleitung wichtige Entscheidungen selbst.
- Vorsorge: Ohne ausreichende finanzielle Ressourcen funktioniert es nicht. Deshalb gehen heute in den Pfarreientwicklungsprozessen mittel- und langfristige pastorale und wirtschaftliche Planungen Hand in Hand.
- Kirchenentwicklung lokal und zentral: Ergänzt wird die lokale Kirchenentwicklung der Pfarreientwicklungsprozesse durch zahlreiche Projekte, die auf Bistumsebene entwickelt und dann gegebenenfalls als Pilotprojekte an einzelnen Orten der Diözese ausprobiert werden.

Bei all dem geht es nicht nur um einen quantitativen Wandel, von einer großen hin zu einer kleineren Kirche, sondern auch um die Art, wie wir Kirche sein wollen. Statt klar abgegrenzter und eindeutiger Strukturen in Pfarreien, Verbänden und Gruppen muss unsere Kirche künftig offener und flexibler werden. In unserer Studie „Kirchenaustritt oder nicht – wie Kirche sich verändern muss" beschreiben die Autoren die Kirche der Zukunft nach dem Vorbild „sozialer Bewegungen" und plädieren für „offene Grenzen" der kirchlichen Zugehörigkeit und Beteiligung. Dies wird zwangsläufig dazu führen, Kirche auch vor Ort deutlich vielfältiger und offener zu entwickeln. Dieser Perspektive folgen in unserem Bistum zum Beispiel folgende Projekte und Angebote:

- Das Bistums-Magazin „BENE": Mehrmals im Jahr erhält jeder katholische Haushalt in unserem Bistum kostenlos diese Zeitschrift. BENE kommt dabei nicht als klassische Kirchenzeitschrift daher, sondern als frisches Magazin, das die Leserinnen und Leser in ihrer Lebenswirklichkeit erreichen möchte, um so die Bindung zur Kirche aufrecht zu erhalten.
- Das „Trauteam": Viele junge Menschen, die kirchlich heiraten möchten, haben keine enge Kirchenbindung. Sie wissen deshalb oft nicht,

an wen sie sich wenden müssen und auch manche kirchenbürokratische Regel ist ihnen fremd. Hier hilft das Trauteam weiter: Eine E-Mail – und schon kümmern sich die Fachleute um alles weitere.

- Willkommenskultur: Um möglichst einladend zu sein, berät eine Projektgruppe mit einem eigenen Handbuch und Schulungen interessierte Haupt- und Ehrenamtliche in den Gemeinden vor Ort.
- Segnungsfeiern für Babys: Unabhängig von der Frage nach einer Taufe laden wir junge Familien ein, mit uns die Geburt ihres Nachwuchses zu feiern und sich zusammen mit ihrem Kind segnen zu lassen.

Diese und viele weitere Projekte beschreiben wir online auf zukunftsbild.bistum-essen.de. Dort gibt es nicht die eine Patentstrategie für den Weg der Kirche – aber viele kleine Mosaiksteine, von denen wir glauben, dass sie zu einem gemeinsamen Bild gehören: zu einer Kirche, die auch in Zukunft Menschen zusammenführt, die sich von Gott berühren lassen, um das Leben in dieser Welt gut zu gestalten.

TEIL V – CHANCEN

Die Ergebnisse liegen auf dem Tisch: Der Schrumpfungsprozess geht weiter. In absehbarer Zukunft werden die beiden Kirchen ihre Mehrheit in der Gesamtbevölkerung verlieren. 2060 soll gar weniger als jeder dritte Bundesbürger Kirchenmitglied sein. So mancher wundert sich über die Reichweite der Schlagzeilen und Debatten, die durch die Freiburger Studie ausgelöst wurden. War das Ergebnis rückgehender Mitgliederzahlen nicht intuitiv erwartbar? Sind frühere Untersuchungen nicht zu ähnlichen Ergebnissen gekommen?

Auf den ersten Blick stimmt das sicherlich. Zu Recht weisen Wissenschaftler auf die kirchen- und religionssoziologischen Untersuchungen vergangener Jahrzehnte hin. Zu Recht wird darauf hingewiesen, dass in den Ordinariaten und Landeskirchenämtern seit Jahrzehnten mit perspektivisch sinkenden Mitgliedschaftszahlen gerechnet wird. Und selbstverständlich war auch vor Veröffentlichung der Freiburger Studie hinlänglich bekannt, dass sich der gesellschaftliche Relevanzverlust der beiden großen Kirchen auch an der künftigen Entwicklung ihrer Mitgliedschaftszahlen zeigt.

Auf den zweiten Blick zeigen sich in den Projektionsergebnissen jedoch neue Aspekte: Denn der bereits eingetretene Veränderungsprozess bietet durchaus Chancen. Um einer lähmenden Grundhaltung zu entkommen, besteht eine wichtige Aufgabe darin, die Ursachen des zahlenmäßigen Rückgangs zu kommunizieren. Nicht einmal die Hälfte des projizierten Mitgliederschwunds lässt sich auf die demografische Entwicklung zurückführen. Der größere Teil beruht auf dem Tauf-, Austritts- und Eintrittsverhalten der Kirchenmitglieder.

Der Teil des Mitgliederrückgangs, der nur durch demografische Faktoren verursacht wird, ist für die Kirchen nicht zu beeinflussen. Fertilität, Mortalität und Migration folgen langfristig konstanten Trends und reagieren – wenn überhaupt – nur sehr träge auf Politikmaßnahmen. Und wenn – und das ist entscheidend – liegen diese Politikmaßnahmen außerhalb der Entscheidungssphäre der Kirchen. So wird die Zahl der evangelischen und katholischen Sterbefälle aller Voraussicht nach auch zukünftig die Zahl der Geburten von evangelischen beziehungsweise katholischen Müttern sowie von evangelischer beziehungsweise katholischer Zuwanderung weit übersteigen. Die Mitgliederzahlen des Jahres 2017 verringern sich bis 2060 aus demografischen Gründen (wie Abbildung 42 zeigt) um 21 Prozentpunkte. Die Folgen des demografischen Wandels sind jedoch nicht alleine für den Mitgliederrückgang verantwortlich. Berücksichtigt man zusätzlich, dass nicht alle Kinder von evangelischen beziehungsweise katholischen Müttern getauft werden und die Auswirkungen des Überhangs von Kirchenaustritten über die -eintritte, bedeutet dies einen weiteren Verlust von 28 Prozentpunkten. Kirchenspezifische Faktoren spielen folglich beim Mitgliederrückgang eine größere Rolle als demografische. Und diese Faktoren können

Abbildung 42: Einfluss demografischer und kirchenspezifischer Faktoren auf die Mitgliederentwicklung

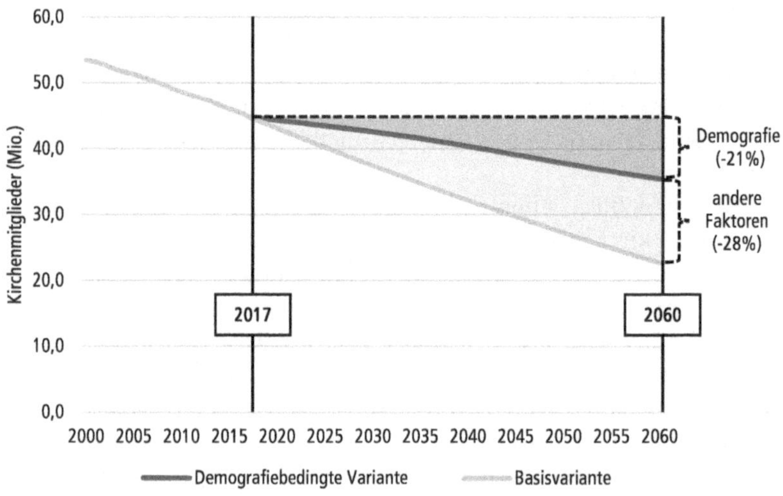

Quelle: eigene Berechnung.

die Kirchen zumindest theoretisch beeinflussen. Wenn es überhaupt Ansätze gibt, den Mitgliederrückgang zu verlangsamen, dann nur bei Taufen, Austritten und Eintritten. Zwar werden sich gesellschaftliche Megatrends wie Säkularisierung, Pluralisierung und Individualisierung nicht umkehren lassen. Doch für einen Teil des Mitgliederrückgangs ergeben sich aus den analysierten Daten Handlungsansätze.

Das ist das eigentlich Neue an der Freiburger Studie: Sie zeigt Chancen und Möglichkeiten auf. Man kann etwas machen!

Wichtig ist aber auch: Ein „Wachsen gegen den Trend“ lässt sich aus den Freiburger Zahlen nicht ableiten. Damit der Anteil der Kirchenmitglieder an der Gesamtbevölkerung auch 2060 über 50 Prozent liegt, müsste (bei ansonsten gleichbleibenden Parametern) die Austrittswahrscheinlichkeit um zwei Drittel sinken und die Aufnahmequote auf das Sechsfache des aktuellen Werts ansteigen. Das würde bedeuten, dass die Zahl der Eintritte die der Austritte übersteigt – eine unwahrscheinliche Trendwende, für die es aktuell keinerlei Anzeichen gibt, die aber theoretisch möglich ist. Wohl aber lassen sich auf Basis fundierter Datenanalyse Ansatzpunkte für mögliche Maßnahmen ableiten, die den Mitgliederrückgang verlangsamen können.

Die von den Kirchen angestoßene systematische Projektion von Kirchenmitgliedschaft und Kirchensteueraufkommen stellt nicht nur eine notwendige Grundlage für viele auf Zukunftsplanung bezogene Debatten bereit. Vielmehr hilft sie dabei, die wesentlichen von den unwesentlichen Faktoren

Abbildung 43: Demografiebedingte und annahmebasierte Altersstruktur 2060

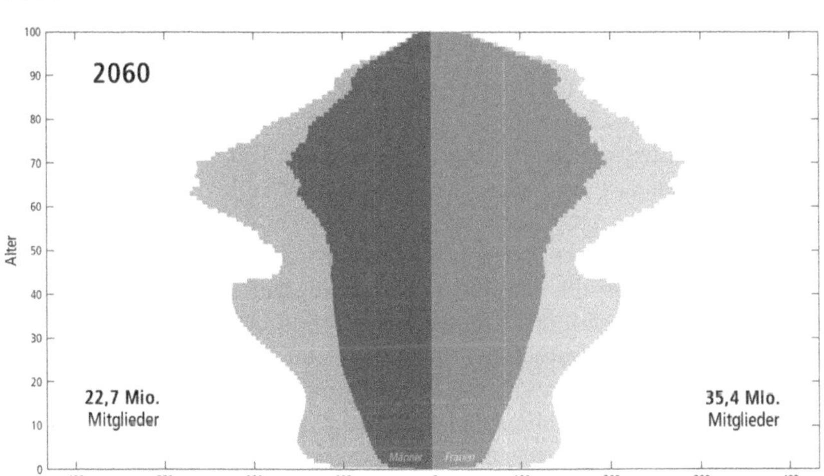

Quelle: eigene Berechnung.

zu unterscheiden. Denn annahmebasierte Projektionen wie die vorliegende stellen zwar vordergründig vor allem die bestmögliche Planungsgrundlage für künftiges kirchliches Handeln dar. Ihre wahre Stärke liegt aber weniger in der genauen Vorhersage zukünftiger Mitgliedschaftsbestände. Sie verdeutlichen vielmehr, wie stark sich einzelne Projektionsparameter auf die Gesamtentwicklung auswirken. So werden Potenziale wie Schwachstellen für die künftige Mitgliederentwicklung gleichermaßen aufgedeckt.

In diesem Kapitel werden gewonnene Erkenntnisse aus der für die Projektion erfolgten umfangreichen Datensammlung, -aufbereitung und -analyse vorgestellt. Daraus werden Impulse, pastorale Implikationen und Handlungsmöglichkeiten für die kirchliche Arbeit vor Ort und auf übergeordneter Ebene entwickelt. Bewusst wird damit die Kernkompetenz der Ökonomie überschritten. Daher beruhen die dargestellten Erkenntnisse größtenteils auf interdisziplinären Forschungsanstrengungen zwischen Wirtschaftswissenschaft und Theologie sowie den Tagungsergebnissen des ökumenischen Netzwerks Mitgliederorientierung.[194] Den Handlungsmöglichkeiten liegt eine für Ökonomen intuitive, aber im Bereich der Theologie durchaus umstrittene These zugrunde: *„Ein kirchliches Ziel ist es, den Mitgliederrückgang durch eigene Anstrengung zu verlangsamen."*

---

[194] Vgl. Gutmann u. a. (2020).

Um 12,7 Millionen Kirchenmitglieder unterscheidet sich die Basisvariante, bei der sowohl demografische als auch kirchenspezifische Faktoren berücksichtigt werden, von der rein demografiebedingten Entwicklung im Jahr 2060. Abbildung 43 zeigt, dass es ohne kirchenspezifische Einflüsse in allen Altersgruppen mehr Protestanten und Katholiken geben würde. Dabei lassen sich zwei Altersbereiche unterscheiden, auf die sich die Mitgliederverluste etwa hälftig aufteilen: Die 2060 über 43-Jährigen waren im Ausgangsjahr der Projektion bereits am Leben. Ihre Zahl unterscheidet sich zwischen den beiden Varianten ausschließlich aufgrund des Überhangs von Kirchenaustritten über die -eintritte. Bei den jüngeren Kirchenmitgliedern zeigt sich zusätzlich, dass nicht alle von ihnen getauft wurden. Während bei der rein demografiebedingten Entwicklung die Enkel- und Urenkelkinder der geburtenstarken Jahrgänge deutlich hervorstechen, sind diese unter Berücksichtigung auch der kirchenspezifischen Faktoren nicht zu erkennen. Insgesamt werden gemäß den Berechnungen bis 2060 10,8 Millionen Menschen aus der evangelischen oder katholischen Kirche austreten und 4,5 Millionen Kinder von Kirchenmitgliedern nicht getauft. Bei der demografiebedingten Variante fehlen bis 2060 zusätzlich 1,1 Millionen (Wieder-)Aufnahmen. 1,3 Millionen Menschen würden als Kirchenmitglieder und nicht konfessionslos sterben.

Die folgenden Überlegungen knüpfen an diesen Befund an: Was könnten die Kirchen tun, damit sich (noch) mehr Menschen für die Taufe ihrer Kinder entscheiden? Wo gibt es Erfolg versprechende Anknüpfungspunkte, um zum Kircheneintritt einzuladen? Welche Handlungsmöglichkeiten ergeben sich vor Ort und auf übergeordneter Ebene, um Menschen von der Sinnhaftigkeit ihrer Kirchenmitgliedschaft zu überzeugen?

Verstärkt zu Taufe und Mitgliedschaft einladen

Es liegt auf der Hand, dass weniger getaufte Kinder nicht nur kurzfristig weniger Mitglieder bedeuten, sondern langfristig auch zu weniger Geburten von Kirchenmitgliedern führen. So verstärkt eine geringe Taufbereitschaft den Mitgliederrückgang in doppelter Weise. Das nach wie vor recht hohe und relativ stabile Verhältnis von Kindertaufen zu den Geburten von Kirchenmitgliedern darf nicht darüber hinwegtäuschen, dass die Taufquote gemessen an allen Kindern in Deutschland kontinuierlich sinkt. Zudem sind regional erhebliche Unterschiede erkennbar. Gerade in städtisch geprägten Regionen liegt die Taufbereitschaft deutlich unter dem Durchschnitt. Bei der Interpretation der Quoten darf darüber hinaus nicht vergessen werden, dass nicht alle Eltern von getauften Kindern Kirchenmitglieder sind. So ergibt sich eine nicht unerhebliche Zahl von Protestanten und Katholiken, die trotz Kirchenmitgliedschaft ihre Kinder nicht zur Taufe bringen. In manchen Fällen ist dies gewiss eine überlegte Entscheidung. In anderen Fällen könnte die Taufe aber schlicht „vergessen" worden sein. **Daher lautet eine Frage an die Kirchen, ob und wie sie Eltern unter ihren Kirchenmitgliedern flächendeckend zur Taufe ihrer Kinder einladen wollen.** Hilfreich erscheint dabei auch die Schaffung von Taufgelegenheiten für Menschen, die eine klassisch traditionelle Form nicht anspricht.

War es über Jahrhunderte üblich, dass Eltern ihre Kinder im Alter von wenigen Tagen oder Wochen taufen ließen, werden heute viele erst später getauft. Während katholische Taufen vorwiegend in den ersten Lebensjahren stattfinden, vergrößern sich nach der Vollendung des zweiten bis zum 15. Lebensjahr evangelische Jahrgänge aufgrund von Taufen um knapp ein Viertel. Eine besondere Bedeutung kommt dabei der Konfirmation zu: Beinahe jede zehnte evangelische Taufe wird rund um die Feier dieses Festes vollzogen. **Damit ist die Konfirmation die bedeutendste Gelegenheit zum Kircheneintritt, die es in der evangelischen Kirche gibt.** Das ist in der katholischen Kirche anders: Zwar ist auch im Zusammenhang mit dem Sakrament der Kommunion ein kleiner Anstieg der katholischen Taufzahlen festzustellen. Bei den 14- bis 16-jährigen Katholiken ist im Zusammenhang mit der Firmung im Gegensatz zu ihren evangelischen Altersgenossen keine statistisch signifikante Erhöhung der Taufzahlen erkennbar. **Dass jedoch eine grundsätzliche Bereitschaft von 14- bis 16-Jährigen zur Taufe vorhanden ist oder zumindest mit dem kirchlichen Angebot geweckt werden kann, zeigen die evangelischen Zahlen.**

So ist diese Altersgruppe mit für den bereits mehrfach beschriebenen konfessionellen Unterschied bei der Höhe der Kircheneintritte zwischen evangelischer und katholischer Kirche verantwortlich: Taufen nach Vollendung des 14. Lebensjahres sind nach deutschem Recht Erwachsenentaufen.[195] Sie zählen zusammen mit den (Wieder-)Aufnahmen als Kircheneintritte. Die evangelische Kirche verzeichnet bei den Kircheneintritten deutlich höhere Zahlen. Neben den evangelischen Erwachsenentaufen rund um das Alter der Konfirmation finden in beiden Konfessionen die meisten Kircheneintritte zwischen 20 und 45 Jahren statt. Anders als oft vermutet, fällt der (Wieder-)Eintritt in die Kirche nur selten in die Phase des Lebensendes. Das deutet zumindest darauf hin, dass das Hauptmotiv zur (Wieder-)Erlangung der Kirchenmitgliedschaft nicht der Wunsch nach einer kirchlichen Bestattung ist. Vielmehr liegt die höchste Eintrittswahrscheinlichkeit mit 34 Jahren nur um ca. 7 Jahre höher als die entsprechend höchste Austrittswahrscheinlichkeit. **Statistisch gesehen bestehen bei Erwachsenen zu Beginn der Erwerbsphase die größten Möglichkeiten zur Mitglieder(rück)gewinnung.**

[195] In der evangelischen Kirche machen die Erwachsenentaufen bis zum 16. Lebensjahr ein knappes Viertel der Kircheneintritte aus.

Aus der Praxis: Was kann direkt vor Ort getan werden?

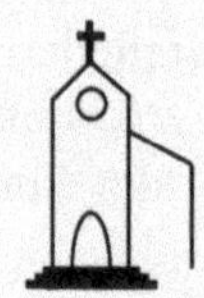

Statt darauf zu warten, dass Gemeindeglieder sich mit ihrem Taufwunsch melden, können Kirchengemeinden von sich aus den Kontakt zu ihren Mitgliedern suchen und direkt zur Taufe ihrer Kinder einladen. Naheliegend ist dafür die Grußkarte zur Geburt des Kindes konfessioneller Eltern. Eine entsprechende Meldung erfolgt automatisiert über den im Meldegesetz geregelten Datenaustausch zwischen staatlichem und kirchlichem Meldewesen. Die Kirchengemeinde hat so die Möglichkeit bei der Geburt eines Kindes zu gratulieren und gegebenenfalls direkt zur Feier der Taufe einzuladen. Auch für Kirchengemeinden mit besonders hoher Taufquote bieten sich Glückwunschkarten zur Geburt an. Einige verbinden die Kontaktaufnahme nicht mit einer Taufeinladung, sondern laden nur jene Eltern direkt zur Taufe ein, die innerhalb von zwei Jahren nach Versand der Geburtskarte keinen Kontakt zur Kirchengemeinde hatten.

Gerade vor dem Hintergrund, dass sich viele junge Menschen im Rahmen von Konfirmation oder Kommunion taufen lassen, sollte die Reichweite dieser kirchlichen Angebote in den Pfarr- und Kirchengemeinden analysiert werden. Es erscheint sinnvoll, Zeit für das Nachfassen bei jenen Kindern und Jugendlichen einzuplanen, die zwar von der Gemeindeleitung zu Kommunions-, Konfirmations- und Firmvorbereitung eingeladen wurden, sich aber nicht zurückgemeldet haben. Evangelischerseits bietet auch die Etablierung von KU3, einem Angebot, Kinder der dritten Klasse auf spielerische und kreative Art und Weise mit Kirche, ihrer Gemeinde und dem christlichen Glauben vertraut zu machen, Gelegenheit mit allen (auch konfessionslosen) Kindern aus evangelischen Haushalten der Kirchengemeinde in Kontakt zu treten. Katholischerseits besteht mit der Kommunionvorbereitung dieses Angebot bereits flächendeckend.

Tauffeste außerhalb von Kirchengebäuden bieten für Familien und ihre Gäste meist die Gelegenheit, bei einem zwanglosen Picknick im Freien zu feiern. Sie haben sich mittlerweile in vielen Landeskirchen als beliebtes Format etabliert. Alle zwei Jahre feiert beispielsweise die evangelische Kirche in Karlsruhe ein großes Tauffest, bei dem regelmäßig mehr als 100 Menschen aller Altersgruppen in dem Flüsschen Alb getauft werden. Beim Elbtauffest 2019 in Hamburg wurden ca. 500 Menschen in der Elbe getauft. Die dortigen Verantwortlichen berichten, dass an solchen Tauffesten *„vor allem auch Kirchenmitglieder teilnehmen, die nicht allzu eng mit ihrer Gemeinde verbunden sind, […] die nicht in* *klassischen Familienkonstellationen leben und vielleicht auch nicht so viel Geld haben*“[196]

Was kann auf übergeordneter Ebene getan werden?

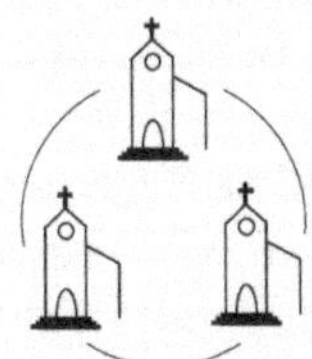

Bei der Taufe setzt das von der Evangelisch-lutherischen Landeskirche Hannover entwickelte Projekt „Kirchenkiste“ an. Ein Team von Theologinnen, Öffentlichkeitsarbeitern, Kirchenvorsteherinnen und Grafikern hat sich der Frage gestellt, wie Mitgliedern wertschätzend, einladend und auf Augenhöhe begegnet werden kann. Die Taufe ist oft erster Berührungspunkt mit einer zweifachen Zielgruppe: zum einen den jungen Taufeltern, die selber zu einer Altersgruppe gehören, in der der Kirchenaustritt naheliegt, und zum anderen den Täuflingen, die in der Kirchengemeinde begrüßt werden können. Die Taufkiste bietet den Kirchengemeinden Materialien, um die neuen Gemeindeglieder im Zeitraum bis zur Konfirmation kontinuierlich zu begleiten.[197]

Neue Gemeindeformen, die sich bewusst an bisher nicht erreichte Zielgruppen wenden, können das kirchliche Portfolio sinnvoll ergänzen. So richten sich ***die beymeister***, ein evangelisches Gemeindeprojekt im Kölner Stadtteil Mülheim, bewusst nicht an bereits partizipierende Kirchenmitglieder. Mit einem klar erkennbaren christlichen Profil wendet sich deren Angebot an Menschen im Stadtteil. Mit Unterstützung der Kirchengemeinde bieten sie bewusst neben der parochialen Struktur eine Gemeinschaft für jene, die sich in einer klassischen Kirchengemeinde nicht heimisch fühlen.

Kontakt halten und Enttäuschungen vorbeugen

Es darf nicht übersehen werden, dass durch Kircheneintritte die hohe Zahl der Kirchenaustritte bei weitem nicht kompensiert wird. Besonders deutlich wird dies bei Betrachtung der Austrittswahrscheinlichkeit, die mit 27 Jahren ihren höchsten Wert erreicht.[198] Drei von 100 Männern und zwei von 100 Frauen beenden in diesem Lebensjahr ihre Kirchenmitgliedschaft. Rein rechnerisch treten bis zum 31. Lebensjahr – das durchschnittliche Alter einer Mutter bei Geburt ihrer Kinder – ein Fünftel der getauften Frauen in

[196] Vgl. EKD (2019, S. 23 f.).
[197] Fiola (2020).
[198] Vgl. für detaillierte Informationen zur Austrittswahrscheinlichkeit Kapitel 5.1.5.

Deutschland aus der evangelischen und katholischen Kirche aus; von den getauften Männern sind es sogar etwas mehr als ein Viertel. **Kirchenaustritte sind also kein statistisches Randproblem**, sondern beeinflussen die zukünftige Entwicklung der Mitgliederzahlen erheblich: In dieser Altersgruppe wirken sie sich doppelt aus. Sie führen nicht nur zu sinkenden Mitgliedschaftszahlen, sondern zwangsläufig auch zu weniger Geburten von konfessionell gebundenen Eltern – und damit zu einem sinkenden Taufpotenzial.

Diese Beobachtungen lassen sich dem Wesen nach in allen Regionen Deutschlands und beiden Konfessionen beobachten. Damit wird eines deutlich: **Kirchenaustritte können – zumindest statistisch signifikant – nicht mit der Arbeit in der Kerngemeinde vor Ort erklärt werden.** Sie sind keine Frage von theologischen Grundüberzeugungen oder synodalen beziehungsweise bischöflichen Entscheidungen. Für die Höhe von Kirchenaustritten spielen die binnenkirchlich heiß diskutierten Fragen, ob kirchliche Arbeit nun liberal oder pietistisch, lutherisch, uniert, reformiert oder katholisch, progressiv oder konservativ sein muss, eine untergeordnete Rolle.[199] Austritte geschehen statistisch signifikant in der Peripherie der Parochie. Wie sollte es auch anders sein? Schließlich erreicht diese auch bei großzügiger Reichweitenschätzung nur einen Bruchteil der Kirchenmitglieder. Es erscheint daher sinnvoll, den Kirchenaustritt aus der Perspektive der Kirchenmitglieder außerhalb der Kerngemeinde zu begründen.

Dem Austritt geht in der Regel eine kontaktlose Zeit zwischen Kirchenmitglied und Kirche voraus.[200] In einem längeren Entfremdungsprozess, sind die meisten der positiven Beziehungen zur Kirche – wenn es sie denn im Leben überhaupt gab – verloren gegangen. Nun bedarf es nur noch eines bestimmten Anlasses. Diese Theorie des Kirchenaustritts fußt auf der Rational-Choice-Theorie, deren Übertragbarkeit auf die Zugehörigkeit zu Religionsgemeinschaften in der Soziologie umstritten ist. Dennoch folgen deren Gedankenkonstrukt mehre relevante Kirchenaustrittsstudien.[201] Der Einzelne vergleicht den Nutzen, den er aus seiner Kirchenmitgliedschaft zieht, mit ihren Kosten. Wenn die Vorteile die Kosten überwiegen, bleibt er Kirchenmitglied. Andernfalls tritt er aus der Kirche aus. Dabei müssen Kosten wie Nutzen nicht allein materieller Natur sein. Diese Überlegungen führten *Riegel, Kröck und Faix* (2018) zu dem in Abbildung 44 dargestellten idealtypischen Prozess des Kirchenaustritts. Dieser Entfremdungsprozess kann durch Glaubenszweifel, das Erscheinungsbild der Kirche (Macht, Unglaubwürdigkeit), einer persönlichen Diskrepanz zu ethischen Positionen

199 Vgl. Gundlach (2018).
200 Vgl. Riegel/Kröck/Faix (2018).
201 Vgl. Birkelbach (1999).

der Kirchen und/oder einer anti-modernen kirchlichen Haltung verstärkt werden. Auslöser des Austritts im eigentlichen Sinn können dann entweder die Kirchensteuer oder ein persönlich enttäuschendes Erlebnis sein.

Abbildung 44: Idealtypischer Prozess des Kirchenaustritts

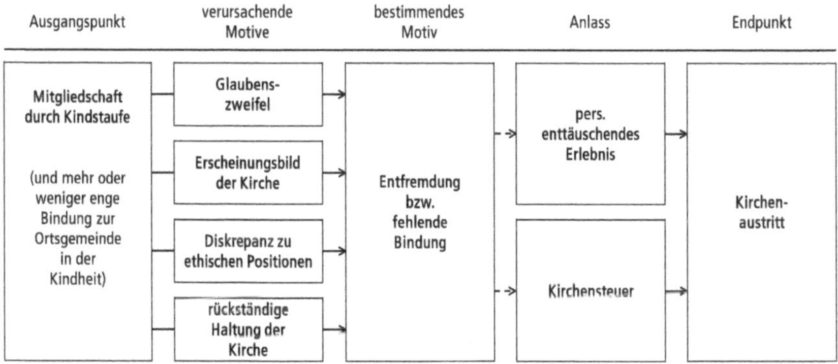

Quelle: Riegel/Kröck/Faix (2018).

In diesem Zusammenhang ist es nicht verwunderlich, dass die Wahrscheinlichkeit für einen Kirchenaustritt mit dem Eintritt in das Berufsleben drastisch ansteigt. **Der „erste Gruß" der Kirche nach der langen kontaktlosen Zeit kommt beim Einzug der ersten Kirchensteuer vom Finanzamt.** Die „ruhende" Kirchenmitgliedschaft erhält dadurch einen anderen Status. Waren die Kosten der Kirchenmitgliedschaft bisher ausschließlich emotionaler Natur, lassen sie sich jetzt in Euro beziffern und übersteigen für viele junge Menschen den Nutzen.

Der Anlass kann aber auch der Ärger über die Institution sein, etwa weil in den Medien über den Missbrauch durch Geistliche oder einen Finanzskandal berichtet wurde, ein persönlich enttäuschendes Ereignis, etwa weil die eigene Trauanfrage beim Pfarrbüro ins Leere lief oder ein gesamtgesellschaftliches Ereignis, etwa weil zusätzlich zur Kirchensteuer ein Solidaritätszuschlag gezahlt werden soll. Fällt die erste Kirchensteuerzahlung oder solch ein enttäuschendes Erlebnis in eine Lebensphase, in der kirchliche Angebote quasi nicht genutzt werden oder diese mangels Interesse oder Bedarf unbekannt sind, ist die Austrittswahrscheinlichkeit besonders hoch.

Aus der Praxis: Was kann direkt vor Ort getan werden?

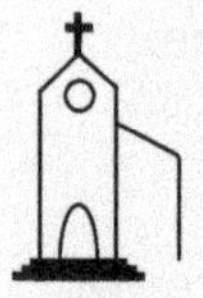

Der Prozess des Kirchenaustritts ist individuell verschieden und komplex. Die Austrittsmotive sind vielfältig. Dementsprechend verbieten sich monokausale Erklärungsversuche und Handlungsansätze. Dennoch erscheint es vielversprechend, die Beziehung zu jenen Kirchenmitgliedern zu pflegen, die von sich aus keinen Kontakt zur Kirchengemeinde suchen. Eine Möglichkeit bietet das Modell „Lebenslang Mitglied bleiben“, das von den Evangelisch-reformierten Kirchen der Kantone Aargau und Zürich entwickelt wurde. Es unterstützt Kirchengemeinden dabei, zu jedem Mitglied alle zwei bis drei Jahre persönlich Kontakt aufzunehmen. Zentral sind dabei die richtige Haltung gegenüber den betreffenden Kirchenmitgliedern, passende Kontaktmöglichkeiten und entsprechende Maßnahmen sowie formal und sprachlich ansprechend gestaltete Formate. Im Rahmen des Modells sollen die Beziehungen zu den sogenannten kontaktlosen Kirchenmitgliedern verbessert werden. Das sind Kirchenmitglieder, die von sich aus nicht im Gemeindekontext auftauchen, aber mit ihren finanziellen Beiträgen die meisten Angebote der Kirchengemeinde erst ermöglichen. „Die Haltung gegenüber kontaktlosen Mitgliedern sollte von Aufmerksamkeit, Wertschätzung und Dankbarkeit geprägt sein.“[202]

Eine andere Form der Direkt-Kommunikation ist die vorgestellte „Kirchenkiste“, mit der jährlich aktiv Kontakt zu den getauften Kindern der Gemeinde sowie deren Eltern aufgenommen werden kann.

Ein gutes Beispiel dafür, den Blick konsequent auf die zu richten, die dazu gehören aber nicht aktiv dabei sind, bietet die evangelische Kirchengemeinde Böhringen am Bodensee. Hinter ihrem Konzept der Quellgemeinde steht die Idee, dass innovative Impulse nicht nur von großen, lebendigen, ausstrahlungsstarken Gemeinden ausgehen, sondern auch von kleinen Gemeinden und Gemeinschaften. Diese erzielen hohe Akzeptanz bei Mitgliedern wie Kirchenfernen und können eine Bereitschaft zum Aufbruch in den verfassten Formen von Kirche generieren. So wurden bei einer „Lichtträgeraktion“ allen Haushalten der Kirchengemeinde ein kleines selbst gestaltetes Licht persönlich überreicht. Mit einem innovativen Trainee-Programm bildet die Gemeinde Jugendliche nach der Konfirmation als „Young Leaders“ aus. Ein Schwerpunkt deren Arbeit bildet die Unterstützung des Konfi-Programms. Dieses wird dadurch von Jugendlichen für Jugendliche angeboten und gewinnt an Attraktivität. Erste Anzeichen deuten auf einen Zuwachs an Konfirmationen in der Kirchengemeinde hin.

202 Worbs (2020).

Was kann auf übergeordneter Ebene getan werden?

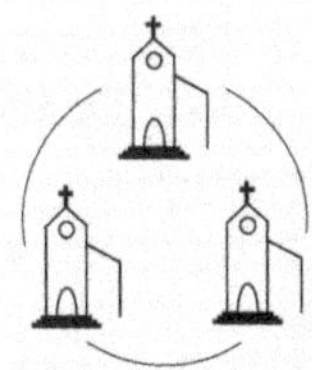

Ähnlich dem Modell „Lebenslang Mitglied bleiben" sucht auch das Projekt „Kirchenpost" der Evangelisch-Lutherischen Kirche in Bayern den regelmäßigen aktiven Kontakt zu Kirchenmitgliedern. Alle Kirchenmitglieder ab einem Alter von 13 Jahren erhalten mindestens einmal jährlich eine persönlich adressierte Postsendung. Diese erfolgt nach Jahrgängen und Themen differenziert und ist insgesamt als Serie konzipiert.[203] Auch die Evangelische Kirche in Hessen und Nassau (EKHN) wendet sich rund zweimal im Jahr mit einem Brief an alle Haushalte, in denen mindestens eine evangelische Person lebt. Mit den Briefaktionen will die Kirche zum einen mit ihren Mitgliedern verstärkt in den Dialog treten und zum anderen evangelische Themen in die Öffentlichkeit tragen.[204] Vorteil solch landeskirchen- beziehungsweise diözesanweit organisierter Mitgliederkommunikation ist, dass tatsächlich alle Kirchenmitglieder erreicht werden. In den Kirchengemeinden selbst entsteht kein zusätzlicher Aufwand. Nachteil ist, dass kirchliche Arbeit zumeist von persönlichen Beziehungen bestimmt wird. So erzeugt ein persönlich unterschriebener Brief der eigenen Gemeindepfarrerin (auch wenn man ihr noch nie begegnet ist) eine besondere Wirkung.

Zwischen Mitglieder- und Gemeinwesenorientierung: ein Dilemma kirchlicher Arbeit

Für Ökonomen ist „*the tragedy of the commons*" ein Klassiker: Ressourcen, die einerseits frei zugänglich sind und andererseits nicht ausreichend für alle zur Verfügung stehen, führen zu der sogenannten Allmendeproblematik.[205] Gerne wird zu deren Erklärung ein Beispiel aus dem frühen 19. Jahrhundert herangezogen. Den Hirten des Landes wird von der englischen Krone Weideland zugänglich gemacht, das alle von ihnen frei nutzen können. Jeder der Schäfer versucht nun, so viele Schafe wie möglich auf der Weide grasen zu lassen. Die „Tragik der Allmende" zeigt sich schließlich darin, dass die Weide durch Übernutzung nicht mehr brauchbar ist. Keiner der Hirten profitiert mehr von ihr. Das Beispiel wird zur Erklärung vielfacher Probleme wie Umweltverschmutzung, Überfischung der Weltmeere

203 Baumann/Bermpohl/Leiser (2020).
204 Vgl. EKHN (2020).
205 Vgl. insbesondere den viel zitierten Aufsatz von Hardin (1968) sowie Llyod (1833).

oder Klimaschutz herangezogen. Letztlich zeigt es, dass auch frei zugängliche Ressourcen endlich sind.

Ausgehend von dieser Problembeschreibung klassifizieren Ökonomen den Zugang zu Ressourcen über die Form ihrer Nutzungsmöglichkeit. Dabei unterscheiden sie einerseits, ob bestimmte Personen oder Personengruppen grundsätzlich von der Nutzung ausgeschlossen sind. Dies ist beispielsweise bei Auto- oder Unfallversicherungen der Fall: Nur wer einen entsprechenden Vertrag abgeschlossen hat, kann im Schadensfall eine Versicherungsleistung erhalten. Andererseits wird danach gefragt, ob durch die Nutzung des Gutes einem anderen ganz oder teilweise die Nutzungsmöglichkeit genommen wird. Ist dies der Fall, spricht man von „rivalen Gütern". Dabei handelt es sich beispielsweise um die bereits oben erwähnte Weide. Liegt bei der Nutzung von Gütern sowohl Rivalität als auch Ausschließbarkeit vor, handelt es sich um sogenannte „private Güter" wie beispielsweise Schokoladenriegel oder Kleidung. Werden bestimmte Personengruppen von der Nutzung nicht-rivaler Güter ausgeschlossen, reden Ökonomen von „Clubgütern". Rivale Güter, die allen zur Verfügung stehen, werden „Allmendegüter" genannt. Weder rival noch ausschließbar sind schließlich „öffentliche Güter". Darunter fallen beispielsweise die Landesverteidigung oder die Rechtsprechung.[206]

Tabelle 19: Beispielhafte Güterklassifizierung kirchlicher Arbeit

	Ausschließbarkeit	Nichtausschließbarkeit
Rivalität	**Private Güter** - Vermietung von Wohngebäuden in kirchlichem Besitz - Übernachtung in kirchlichen Tagungshäusern	**Allmendegüter** - Angebote der Kinder- und Jugendarbeit, Bildungsarbeit, … - Kindergartenplätze - Gottesdienste an Heiligabend
Nichtrivalität	**Clubgüter** - Finanzierung kirchlicher Arbeit - Kasualien (im kirchenrechtlichen Sinne)	**Öffentliche Güter** - Gottesdienste und Veranstaltungen - Kasualien (im praktischen Vollzug)

Quelle: eigene Darstellung.

Dieses ökonomische Gedankenkonstrukt kann auch auf die kirchliche Arbeit übertragen werden. Während Wirtschaftsunternehmen vorwiegend private Güter bereitstellen, sind diese im kirchlichen Bereich selten auffindbar. Nur wenn die Kirchen unternehmerisch tätig sind und wie andere Marktteilnehmer agieren, handelt es sich beim kirchlichen Angebot um private Güter. Von ihrem Anspruch möchten die Kirchen vielmehr öffentliche Güter bereitstellen. **Kirchliche Angebote sollen – entsprechend des biblischen Auftrags, die frohe Botschaft allen zu verkünden – weder rival**

[206] Vgl. Mankiw/Taylor (2018, S. 305).

noch ausschließbar sein. Grundsätzlich stehen sie allen offen – unabhängig der Zugehörigkeit zur evangelischen oder katholischen Kirche. Sie sind zudem nur in den seltensten Fällen aufbrauchbar und damit nicht-rival. Abgesehen von Heiligabend und einigen besonderen Anlässen sind Kirchen selten überfüllt, sodass Besucher abgewiesen werden müssten. **Die Finanzierung der kirchlichen Angebote ist allerdings als „Clubgut" ausgestaltet.** Nur die Personen, die auch Mitglied der evangelischen oder katholischen Kirche sind, werden entsprechend ihrer Leistungsfähigkeit zur Kirchensteuerzahlung herangezogen. In dieser (ökonomischen) Logik müssten die kirchlichen Angebote prinzipiell nicht als öffentliche, sondern als Clubgüter ausgestaltet sein. Nur jene sollten sie in Anspruch nehmen dürfen, die durch ihre Kirchenmitgliedschaft zur Finanzierung beitragen (Ausschließbarkeit). Da das allerdings im Widerspruch zu theologischen Grundüberzeugungen steht, offenbart sich hier ein echtes Dilemma. **So steht Kirche bei der Ausgestaltung ihrer Arbeit zwischen der theologisch begründeten „Gemeinwesenorientierung" und der (nicht nur) ökonomisch notwendigen „Mitgliederorientierung".** Diese Spannung findet sich auch in der gemeindlichen Realität wieder: Kirchliche Kerndienstleistungen wie Taufe, Trauung und Bestattung sind kirchenrechtlich (mit gewissen Ausnahmen) eigentlich als Clubgüter ausgestaltet. Nur Kirchenmitglieder können sie in Anspruch nehmen. Allerdings werden diese aus seelsorgerlichen oder anderen Gründen auch bei Ausgetretenen durchgeführt.

Der Spannung zwischen Gemeinwesen- und Mitgliederorientierung geht Kirchenpräsident Volker Jung in seinem Beitrag auf S. 191 nach. Er erklärt, warum für die Evangelische Kirche in Hessen und Nassau eine doppelte Ausrichtung sowohl auf Kirchenmitglieder als auch das Gemeinwesen dabei hilft, den kirchlichen Auftrag zu erfüllen.

Aus ökonomischer Perspektive wird es besonders dann schwierig, wenn bei der Inanspruchnahme kirchlicher Angebote zusätzlich eine Allmendeproblematik entsteht. Dies geschieht, **wenn konfessionelle Angebote teilweise wie Clubgüter finanziert werden, tatsächlich allerdings Allmendegüter sind.** Wie Tabelle 19 darstellt, kann dies bei limitierten Angeboten wie beispielsweise Kinder- und Jugendfreizeiten, kirchlichen Kindergärten oder auch dem Gottesdienstbesuch an Heiligabend der Fall sein. Beispielhaft sei hier an ein katholisches Paar zu denken, das sein Kind gerne in einer katholischen Kindertagesstätte mit dem christlichen Glauben vertraut machen möchte. Da die Plätze für die Kindertagesstätte allen Eltern zur Verfügung stehen, kommt es dabei nicht zum Zuge und muss auf eine Einrichtung eines anderen Trägers ohne christliche Prägung ausweichen.[207] Diese Problematik verschärft sich, wenn mit rückgehender Zahl von Katholiken und Protestanten Kirchenmitgliedschaft in der Gesamtbevölkerung zunehmend nicht der Regelfall ist.

Aus der Praxis: Was kann direkt vor Ort getan werden?

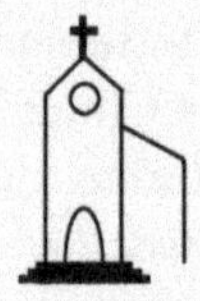

Kirchenmitgliedschaft bedarf der individuellen Plausibilisierung. Menschen muss sich erschließen, welchen Nutzen sie selbst oder auch andere von der Kirche haben. Gerade die kirchlichen Angebote, die prinzipiell nur Kirchenmitgliedern vorbehalten sind, sollten von Serviceorientierung und Professionalität geprägt sein. Wenn möglich, sollten persönlich enttäuschende Erlebnisse wie unbeantwortete Tauf-, Trau- und Bestattungsanfragen oder die aus Sicht der Kirchenmitglieder unwürdige Feier dieser Lebenswenden vermieden werden. Insbesondere bei Kasualien ist die theologische und persönliche Kompetenz der Pfarrpersonen mit ihrer Liebe zu den Menschen und ihrer Kreativität für unterschiedliche Lebensumstände gefragt.[208] Zusätzliche Gebühren für die Inanspruchnahme sollten so weit wie möglich vermieden werden. Für viele Kirchenmitglieder, die selten am Gemeindeleben partizipieren, ist nicht ersichtlich, warum sie zusätzlich zu ihren Kirchensteuern dafür Geld entrichten sollen. Insbesondere bei Trauungen wissen und unterscheiden Kirchenmitglieder in der Regel nicht, welcher parochialen Einheit sie offiziell angehören. Vor diesem Hintergrund ist es im gesamtkirchlichen Interesse nicht ratsam, Kirchenmitglieder an andere parochiale Einheiten zu verweisen oder besondere Gebühren zu erheben.

Hilfreich ist zudem, wenn sich Christen offensiver zu ihrer Kirchenmitgliedschaft bekennen und dafür werbend in der Öffentlichkeit eintreten. So kann kirchliches Handeln in der Gesellschaft öffentlich gemacht werden, wie es beispielsweise die Evangelische Stadtkirchengemeinde in Karlsruhe tut. „Der städtische Raum ermöglicht es, im unmittelbaren Dialog mit hauptsächlich nicht kirchlichen Partnern die Relevanz christlicher Themen für das zeitgenössische Leben in der Stadt auszuhandeln

---

[207] In diesem konkreten Fall sei darauf hingewiesen, dass kirchliche Kindergärten subsidiär unterhalten werden und daher nur zu Teilen durch kirchliche Mittel und Eigenarbeit finanziert werden. Das Beispiel wurde gewählt, da es in der Praxis häufig vorkommt und für Eltern öfters Gelegenheit ist, die eigene Kirchenmitgliedschaft infrage zu stellen.

[208] Neue Ideen, Handlungsformen und nicht kirchliche wie kirchliche Ritualpraxen stellen bspw. Wagner-Rau/Handke (2019) vor. Praktische Theologen kommentieren darin die Vorschläge im Blick auf ihre pastoraltheologischen und kirchentheoretischen Konsequenzen.

und an den Alltagsorten der Partner angemessen zu gestalten. So wird der christliche Glaube kontextualisiert und konkret.", formuliert Stadtkirchenpfarrer Dirk Keller, Initiator des David-Projekts. Ob in einer Bäckerei, beim Bundesverfassungsgericht, als Putzgraffiti mit Schülern oder durch eine Meditation im Bürofachgeschäft: „David wird zum Stadtgespräch".[209]

Der Kirchengemeinde und ihrem pastoralen Tun Relevanz und Präsenz im öffentlichen Raum zu geben, war auch Ziel der mobilen Kirchenbank. Für eine Kirchengemeinde kann dies die Chance sein, in anderen, nicht kirchlich geprägten Kontexten wahrgenommen zu werden. Dabei wird ein Haltungswechsel von einer Komm- zu einer Geh-Pastoral vollzogen und versucht, das „System Kirchengemeinde" in Bewegung zu bringen.[210]

Was kann auf übergeordneter Ebene getan werden?

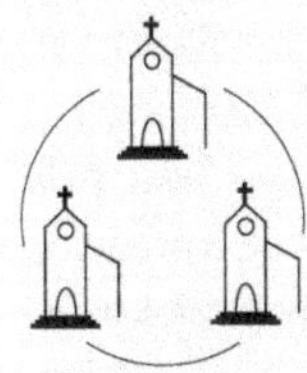

Persönlich enttäuschende Erlebnisse können vermieden werden, wenn individuelle Anliegen zeitnah, freundlich, verbindlich und umfassend bearbeitet werden. Dabei ist ein Vermittlungs- und Matchingprozess zwischen Kirchenmitglied und Kirchengemeinde erforderlich. Das gilt nicht nur für Kasualien, sondern auch für die vielfältigen weiteren kirchlichen Angebote. Mit den heutigen technischen Möglichkeiten können problemlos detaillierte Auskünfte erteilt sowie insbesondere Personen, Orte und Zeiten koordiniert „gematcht" werden. Damit Kasualien vor Ort gerne und viel vollzogen werden, sollte verstärkt darüber nachgedacht werden Anreizwirkungen zu schaffen.

Unter dem Motto „Einfach kirchlich heiraten" hat das Erzbistum Freiburg einen „Hochzeitsnavigator" entwickelt.[211] Auch das „Trauteam" aus dem Bistum Essen bietet beim Gestalten der Eheschließung Unterstützung. Von der niederschwelligen Kontaktaufnahme über die Internetseite mit Tipps für die Planung der kirchlichen Trauung bis hin zur ganz konkreten Anfrage an Seelsorgerinnen und Seelsorger oder Kirchenmusikerinnen und -musiker.[212] Die Nordkirche versucht mit der Gründung einer Kasualagentur den Matchingprozess zwischen Kirche und Kirchenmitgliedern zu unterstützen. Vor allem Menschen, die nicht

209 Vgl. Keller (2020).
210 Vgl. Swiatkowski (2020).
211 Vgl. Erzbistum Freiburg (2020a).
212 Vgl. Rünker (2020).

am kirchlichen Leben teilnehmen, soll ein Zugang zu Taufen, Trauungen oder Trauerfeiern ermöglicht werden. Über digitale Medien und ortsübergreifend ist es geplant, Tauf- und Traumöglichkeiten zu vermitteln.[213] Ein ähnliches Projekt wird auch in der Bayerischen Landeskirche verfolgt.[214]

Insgesamt sollte die religiöse Plausibilität des Christentums gestärkt werden. Menschen sollten erkennen, dass der christliche Glaube und insbesondere ihre Kirchenmitgliedschaft dabei helfen, das Leben in der Gegenwart zu bestehen. So gilt es, überzeugende Persönlichkeiten zu finden, die für die Kirchen einstehen (Influencer). Die Arbeit von Diakonie und Caritas sollte als kirchliche Arbeit öffentlich erkennbar sein. So führte die Erkenntnis, dass kirchliche Angebote mit hoher Zufriedenheit genutzt werden, diese jedoch nicht als kirchlich wahrgenommen werden, im Bistum Münster zu dem Entschluss eine bistumsweite Markenkommunikation zu entwickeln.[215]

Die bevorstehende demografische Alterung der Bevölkerung bietet den Kirchen die Chance, sich mit ihrem dichten Netzwerk aus Kirchengemeinden, Pflegedienstleistern, Wohlfahrtsverbänden, Kindertagesstätten, Bildungseinrichtungen, Beratungsangeboten und als Arbeitgeber und Grundeigentümer als relevanter Akteur einzubringen und zu präsentieren. Dies setzt allerdings den politischen Willen voraus, gemeinsam und koordiniert aufzutreten. Wenn es gelingt, dieses Netzwerk ökumenisch zu gestalten, entstehen darüber hinaus Synergieeffekte und zusätzliche Hebelwirkungen bei der Steigerung ihrer gesamtgesellschaftlichen Wahrnehmung.[216]

---

213 Vgl. Evangelisch-Lutherische Kirche in Norddeutschland (2020).
214 Vgl. Evangelisch-Lutherische Kirche in Bayern (2017, S. 20).
215 Vgl. Vormweg (2020).
216 Raffelhüschen/Peters/Gutmann (2020).

Zum Umgang mit der Freiburger Studie in der EKHN

von Kirchenpräsident Dr. Dr. h. c. Volker Jung (Evangelische Kirche von Hessen und Nassau)

Trotz der schwierigen Entwicklungsperspektiven, die in der Freiburger Studie aufgezeigt werden, wurde die Studie vor allen Dingen in der Synode mit relativer Gelassenheit aufgenommen. Das lag zum einen daran, dass sie keine neuen Entwicklungen präsentiert hat, sondern aufzeigt, was viele längst „gefühlt" haben. Es lag zum anderen aber auch daran, dass die Studie nicht defätistisch vermittelt, dass nichts getan werden kann, sondern einigermaßen realistische Handlungsperspektiven eröffnet. Trotzdem hat die Studie manche Kritik auf den Plan gerufen, die im Hintergrund eine Neuauflage des mit „Kirche der Freiheit" verbundenen EKD-Programms „Wachsen gegen den Trend" vermutete. Dies aber, so die Kritik, führe nur zu weiterer Frustration vor allem im Pfarrdienst und sei zudem eine theologisch unangemessene kirchliche Handlungsorientierung.

Die Leitungsgremien der EKHN haben als Reaktion auf die Studie entschieden, einen neuen Zukunftsprozess „ekhn2030" auf den Weg zu bringen. Er soll an die bisherigen Reform- und Prioritätenprozesse anknüpfen und helfen, Kriterien für anstehende Entscheidungen zu finden. So ist seit einiger Zeit offen, ob Tagungshäuser weitergeführt oder geschlossen werden oder wie die Zukunft eines Bibelmuseums aussehen kann, bei dem großer Investitionsbedarf erkennbar ist. Um die Entscheidungslage deutlicher in den Blick zu nehmen, wurde das Freiburger Institut beauftragt, eine Finanzperspektive für die EKHN bis zum Jahr 2030 zu berechnen. Diese Prognose, die aufgrund der Mitgliederentwicklung im letzten Jahr noch einmal korrigiert wurde, zeigt: Gemessen am jetzigen Haushalt gibt es in der EKHN bis 2030 einen strukturellen Einsparbedarf von 140 Millionen Euro. Das sind etwa 25 Prozent des Haushaltsvolumens. Obwohl diese Reduktionen anstehen, soll der Prozess Perspektiven der Kirchenentwicklung eröffnen. So wurden die Themen Kirchenbild, Digitalisierung und Nachhaltigkeit als Querschnittshemen identifiziert. In diesen Themen werden grundlegende Leitperspektiven für die Kirchenentwicklung erarbeitet. Diese sollen dann in einzelnen „Arbeitspaketen" auf sehr konkrete Arbeitsbereiche bezogen werden – dabei geht es immer um Einsparpotentiale und Zukunftsperspektiven. Dass die digitalen Möglichkeiten genutzt werden und dass Entwicklung nachhaltig sein muss, gilt als gesetzt. Die Corona-Pandemie hat die Notwendigkeit digitaler und nachhaltiger Entwicklung noch einmal intensiviert. Nicht so eindeutig sind die Debatten im Blick auf das Kirchenverständnis. Im letzten Jahrzehnt hat es bereits eine Entwicklung hin zu stärkeren regionalen Kooperationen gegeben. In der EKHN wurde die Zahl der Dekanate weiter reduziert. Damit kommt ein langer Reformprozess an ein erkennbares Ende. Die Dekanate wiederum haben als eine wesentliche Aufgabe, regionale Kooperationen von Kirchengemeinden zu initiieren und zu unterstützen. In regionalen Nahbereichen soll Kirche über Personen und Orte auch bei zurückgehenden Ressourcen als gestaltende Kraft erkennbar bleiben. Diese Entwicklung soll weitergehen. Der bis jetzt entwickelte Vorschlag für die inhaltliche Ausrichtung der kirchlichen Arbeit nennt zwei Handlungsperspektiven: Mitglieder- und Gemeinwesenorientierung.

In den bisherigen Diskussionen wurde allerdings schnell deutlich: Wenn Mitgliederorientierung allein auf die Frage konzentriert wird, wie neue Mitglieder gewonnen oder Mitglieder gehalten werden können, greift dies zu kurz. Sie wird sogar verfehlt, wenn mitgliederorientiert gearbeitet wird, weil das Primärinteresse die Bestandssicherung der Organisation ist. Mitgliederorientierung ist kommunikative Beziehungsarbeit. Sie sucht den Kontakt zu allen Mitgliedern und allen, die Kontakt zur Kirche wünschen. Zur Mitgliederorientierung gehört auch, nach Bedürfnissen und Interessen im Blick auf die Kirchenmitgliedschaft zu fragen. Hierzu gehört auch die von mir angestoßene Frage, wie es gelingen kann, dass Kirchenmitglieder einen Kita-Platz in einer evangelischen Kita bekommen können, wenn sie dies wünschen. Es geht nicht um eine schlichte Bevorzugung von Kirchenmitgliedern bei der Vergabe von Kita-Plätzen. Mitgliederorientierung als Beziehungsarbeit ist aber nicht beschränkt auf die Kirchenmitglieder. Sie sucht und hält Verbindung zu denen, die mit Kirche Kontakt suchen und wollen. Neben die an Einzelpersonen ausgerichtete Mitgliederorientierung muss in einer Kirche, die sich vom Grundauftrag der Kommunikation des Evangeliums her versteht, allerdings noch eine weitere Ausrichtung treten. Es ist die Ausrichtung auf das Gemeinwesen. Hier wird bewusst nicht von Gemeinde gesprochen, da die Gemeinde einen Auftrag in dieser Welt und für diese Welt hat. Die doppelte Ausrichtung an den Mitgliedern und am Gemeinwesen soll sowohl eine individualistische Verkürzung als auch eine sozialaktivistische Auflösung der Kommunikation des Evangeliums verhindern. Sie soll aber dazu führen, dass Kirche auch mit weniger Mitteln ihrem Auftrag der „Kommunikation des Evangeliums" gerecht wird und so Menschen erreicht.

Über die Kirchensteuer reden

Während der Erwerbsphase sind die finanziellen Anreize für einen Kirchenaustritt am höchsten. So werden mehr als neun von zehn Kirchenaustritte in dieser Lebensphase erklärt. **Besonders deutlich wird die Bedeutung der Kirchensteuer für das Austrittsverhalten am Anfang des Berufslebens.** Mit der ersten Kirchensteuerzahlung schnellt die Austrittswahrscheinlichkeit nach oben. Die Analyse der kirchlichen Daten zu Austritten ergibt weitere Hinweise, die einen Zusammenhang zwischen der individuellen Bereitschaft zum Kirchenaustritt und der Zahlung von Kirchensteuern zumindest nahelegen: Männer, die in der Regel über höhere Einkommen als Frauen verfügen, kehren der Kirche häufiger den Rücken zu. Sie machen 54 Prozent der Ausgetretenen aus. Bei den Jüngeren zwischen 20 und 39 Jahren treten mit 58 Prozent sogar noch mehr Männer aus. Die geringere weibliche Austrittswahrscheinlichkeit mag auf den ersten Blick mit einer höheren Religiosität von Frauen zusammenhängen.[217] Daneben lässt sich die geringere weibliche Austrittswahrscheinlichkeit auch mit wirtschaftlichen Argumenten erklären: Denn je geringer das individuelle Einkommen ist, desto geringer ist auch der individuelle finanzielle Anreiz, Kirchensteuern zu sparen.

Zwischen 40 und 59 Jahren dreht sich das Verhältnis der Geschlechter: Jetzt gibt es mit 51 Prozent etwas mehr Frauen als Männer unter den Ausgetretenen.[218] Diese angesichts der eben vorgestellten Hypothese zunächst widersprüchliche Begebenheit kann mit wirtschaftlichen Beweggründen erklärt werden. Für Männer wie Frauen spielen in dieser Lebensphase üblicherweise die klassischen kirchlichen Angebote keine Rolle. Die eigenen Kinder haben die „kirchliche Karriere" hinter sich gebracht: Sie wurden getauft und waren bei der Kommunion, Firmung oder Konfirmation. Die eigene Beerdigung erscheint in weiter Ferne. Für die Frauen steht statistisch gesehen in dieser Lebensphase oft ein Wiedereinstieg in den Beruf an. Das deutsche Ehegattensplitting führt dazu, dass ein zweites, geringeres Einkommen mit hohen Kirchenlohnsteuern verbunden ist. Aufgrund des Alters der Kinder kommt regelmäßig ein wegfallender Kindergeldanspruch hinzu.[219] Diese beiden Faktoren könnten der Grund sein, warum Frauen in dieser Lebensphase wieder etwas stärker aus der Kirche austreten.

Im Zusammenhang mit der Höhe des Einkommens können weitere Erkenntnisse abgeleitet werden, die auf einen Kausalzusammenhang zwi

[217] Vgl. Trzebiatowska/Steve (2012).

[218] Eigene Berechnung auf Basis der statistischen Daten der Diözesen und Landeskirchen für das Jahr 2017.

[219] Vgl. ausführlich dazu die Ausführungen in Kapitel 2.

schen Kirchenmitgliedschaft und Kirchensteuerzahlung hindeuten. In den unteren Einkommensklassen der deutschen Einkommensteuerpflichtigen finden sich mehr Protestanten und Katholiken als in den oberen Einkommensklassen. Zwischen einem zu versteuernden Einkommen von 15.000 Euro und 50.000 Euro sinkt der Anteil der Kirchenmitglieder von ca. 60 Prozent um 10 Prozentpunkte auf dann ca. 50 Prozent ab. Berücksichtigt man, dass 76 Prozent der Kirchensteuereinnahmen von Mitgliedern mit einem steuerpflichtigen Einkommen ab 30.000 Euro erbracht werden, zeigt sich die besondere Bedeutung der Kirchensteuer: **Personen mit Einkommen, das tatsächlich die Zahlung von Kirchensteuern nach sich zieht, sind mit geringerer Wahrscheinlichkeit Mitglied der evangelischen oder katholischen Kirche.**[220] Interessanterweise steigt der Anteil der Kirchenmitglieder mit sehr hohen Einkommen wieder an. Ökonomisch könnte diese Entwicklung mit dem abnehmenden Grenznutzen von Geld erklärt werden: Je höher das verfügbare Einkommen ist, desto geringer fällt der Nutzen aus, der durch noch mehr Geld generiert wird.[221] Andererseits könnte der Anstieg darauf hindeuten, dass in diesen Einkommensklassen die Kirchenmitgliedschaft als eine nicht zufällige, sondern sehr bewusste Entscheidung angesehen wird.

Aus der Praxis: Was kann direkt vor Ort getan werden?

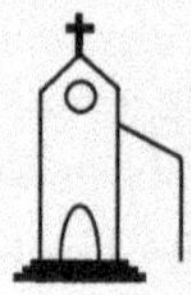

Verantwortliche vor Ort sollten sich bewusstmachen, dass nicht alle Kirchenmitglieder gleichermaßen zum Kirchensteueraufkommen beitragen. Insbesondere jene 15 Prozent der Gemeindeglieder, die knapp 80 Prozent des Kirchensteueraufkommens erbringen, werden mit klassischen kirchlichen Angeboten und Kommunikationskanälen in aller Regel nicht erreicht. Dennoch gibt es Berührungspunkte bei Taufen, Kommunionen, Konfirmationen, Firmungen, Trauungen und Beerdigungen, in den kirchlichen Kindertagesstätten und Krankenhäusern sowie im Religionsunterricht und bei Schulgottesdiensten. Geistliche und andere kirchliche Angestellte sollten bei Kasual- und Elterngesprächen ansprechbar und auskunftsfähig über das Konzept der Kirchensteuer sein. Es bietet sich an, weiterführende und ansprechende Informationen zur Kirchensteuer zur Weitergabe bereit zu halten. Vielen Kirchensteuerzahlenden ist nicht bewusst, dass sie mit ihrer Kirchensteuer einen Solidarbeitrag für die rund 50 Prozent der Kirchenmitglieder leisten, die aufgrund fehlenden oder geringen Einkommens nicht zur Finanzierung der kirchlichen Ar-

220 Vgl. Riegel u. a. (2019, S. 182 f.) und die Ausführungen in Kapitel 2.
221 Vgl. Easterlin (2005).

beit herangezogen werden. Darüber hinaus finanzieren sie subsidiärer unterhaltene Einrichtungen wie Kindergärten, Ehe- und Familienberatungen, Telefonseelsorge sowie diakonische/caritative Angebote mit, die der gesamten Gesellschaft zugutekommen.

Mit Jugendlichen können Fragen des Kirchenaustritts und der Verwendung der Kirchensteuern bei der Konfirmandenarbeit, der Firmvorbereitung und im Religionsunterricht thematisiert werden.

Was kann auf übergeordneter Ebene getan werden?

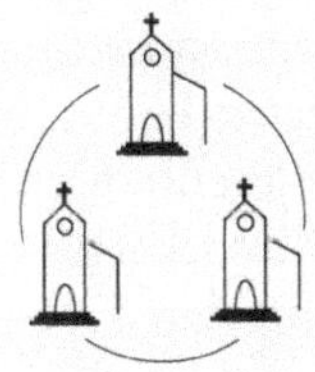

Den Verantwortlichen vor Ort sollten gute und transparente Materialien über die Verwendung der Kirchensteuern an die Hand gegeben werden, die argumentativ und emotional dabei helfen, mit unterschiedlichen Menschen über die Kirchensteuer ins Gespräch zu kommen. So hat beispielsweise das Bistum Regensburg seine Finanzkommunikation unter dem Motto „Jede Zahl hat ein Gesicht" online modern und ansprechend gestaltet.[222] Die badische Landeskirche hat unter dem Titel „Was Sie uns anvertrauen" nicht nur eine Broschüre zur Verwendung von 100 Euro Kirchensteuer erstellt, sondern auch einen entsprechenden Unterrichtsentwurf für den Religionsunterricht, eine Arbeitshilfe für die Jugendarbeit und eine Predigthilfe für Pfarrerinnen und Pfarrer entwickelt. Auch die Imagekampagne des Bistums Münster hat das Ziel, kirchliche und damit aus Kirchensteuern finanzierte Angebote als solche stärker erkennbar zu machen.[223]

Besonders wichtig ist es, junge Menschen sowohl vor der ersten Kirchensteuerzahlung als auch beim Eintreffen des ersten Kirchensteuerbescheids flächendeckend proaktiv darüber zu informieren, was Kirche mit ihrem Geld bewegt. Weniger hilfreich erscheint allerdings der innerhalb der evangelischen Kirche viel diskutierte Vorschlag, die Kirchensteuer für junge Menschen zu reduzieren.[224] Zum einen deutet die Datenlage in dieser Altersgruppe darauf hin, dass es weniger die Höhe als vielmehr überhaupt die Zahlung (oder eben Nichtzahlung) der Kirchensteuer ist, die den Ausschlag für den Kirchenaustritt gibt. Zum anderen würde durch so eine Reduzierung im besten Fall lediglich der Zeitpunkt des Austritts verschoben, da die Steuerprogression dann im späteren Lebensverlauf deutlich stärker ausgestaltet wäre.

222 Vgl. Bistum Regensburg (2020).
223 Vgl. Vormweg (2020).
224 Vgl. hierzu ausführlich Teil VI Ausblick.

Theologisch umstritten und gleichzeitig ökonomisch überlegenswert scheint eine besondere und strategische Begleitung der Kirchenmitglieder zu sein, die einen überproportional hohen Beitrag zur Finanzierung der Kirche leisten. Der Wegfall eines solchen Hochsteuerzahlers wirkt sich unmittelbar und spürbar auf die kirchliche Arbeit mit allen Kirchenmitgliedern aus.

Vernetzt denken und handeln

Dass sinkenden Mitgliedschaftszahlen und insbesondere Kirchenaustritten nicht nur regional begegnet werden kann, zeigt die beispielhafte Beobachtung von Wechselwirkungen zwischen den zwei Erzdiözesen Freiburg und Berlin. Insbesondere zwischen 20 und 35 Jahren sind hier Wanderungsbewegungen von Katholiken aus dem Südwesten in den Nordosten zu beobachten, die zu Beginn durch Ausbildung oder Studium motiviert sind und später mit dem Berufseinstieg oder der Familiengründung zusammenhängen. Sicherlich liegt diese Wanderungsrichtung einerseits an der hohen Attraktivität der universitär und wirtschaftlich interessanten Bundeshauptstadt. Im Falle der katholischen Kirche kommt aber hinzu, dass im Südwesten deutlich größere Teile der Bevölkerung katholisch sind (37 Prozent) als auf dem Gebiet der Berliner Erzdiözese (7 Prozent). Daher ist ein höherer Anteil der Wanderungsbewegungen aus dem Süden oder Westen in den Norden oder Osten katholisch als umgekehrt. So lässt sich leicht erklären, dass **unabhängig von den Wanderungsbewegungen der Gesamtbevölkerung, die konfessionellen Wanderungen zwischen den Bundesländern mit dem Anteil der Kirchenmitglieder an der Bevölkerung in Zusammenhang stehen und sich daher von den staatlichen Binnenwanderungen unterscheiden.**

Die zuwandernden Katholiken aus dem kirchlich geprägten Südwesten treffen im von der Großstadt Berlin geprägten Erzbistum auf eine säkularere Welt. Hier gibt es eine im bundesweiten Vergleich besonders geringe Taufquote sowie eine hohe Austrittsquote.[225] Leider kann beim Blick auf die statistischen Daten nicht gefolgert werden, dass die Zuwandernden ihre höhere Kirchenverbundenheit mitbringen. Vielmehr ist es so, dass viele von ihnen die Gelegenheit des Umzugs für einen Kirchenaustritt nutzen. Zugespitzt formuliert: Es sind auch Freiburger Katholiken, die in Berlin austreten. Selbstverständlich lässt sich solch ein Beispiel ebenso anhand evan-

[225] Dass das Erzbistum Berlin nicht noch mit stärkeren Mitgliederverlusten konfrontiert ist als projiziert wurde, liegt an Binnenwanderungsgewinnen. Vgl. Kapitel 10.3.

gelischer Landeskirchen oder innerhalb von Diözesen oder Landeskirchen erläutern.

Daraus lassen sich zwei Folgerungen schließen: **Austritts- und Taufverhalten lassen sich nicht allein lokal, regional oder auch auf Ebene der Diözesen und Landeskirchen begegnen.** Ihnen sollte übergreifend begegnet werden. Die beispielhaft beschriebene Problematik kann wohl am besten im Zusammenspiel der beiden Erzbistümer entschärft werden. So ist es Freiburger Aufgabe, den Kontakt zum Kirchenmitglied bis zum Umzug bestmöglich aufrechtzuerhalten. In Berlin wiederum sollten die zuziehenden Kirchenmitglieder begrüßt und über die kirchliche Situation informiert werden. Zum anderen liegt die Entstehung von Problemen oft auf einer anderen Ebene oder an einem anderen Ort als dem, wo sie letztlich sichtbar werden. **Es bedarf der sowohl kommunikativen als auch finanziellen Solidarität unter Kirchengemeinden, regionalen Einheiten sowie Landeskirchen und Diözesen.**

In seinem Beitrag auf Seite 199 beschreibt der Leiter der Finanzabteilung des Bistums Dresden-Meißen Jan Zähringer die Situation in einem klassischen Diasporabistum und kommt zu dem Schluss, dass das Bistum Dresden-Meißen auch mit einem nicht volkskirchlichen Mitgliederniveau eine stabile Zukunft haben kann.

Aus der Praxis: Was kann direkt vor Ort getan werden?

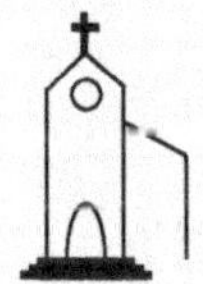

Vor dem Hintergrund, dass insbesondere im städtischen Kontext ein Wohnortwechsel oft mit einem Kirchenaustritt verbunden wird, sollte die Kontaktaufnahme mit Neuzugezogenen in Kirchengemeinden Standard sein, um vor allem kontaktlose Kirchenmitglieder zu begrüßen und über örtliche Charakteristika und Zuständigkeiten zu informieren. So bieten die bereits vorgestellten Projekte „Lebenslang Mitglied bleiben“ und „Kirchenpost“ auch Briefvorlagen für diesen Kontext. Vielleicht bietet es sich sogar an, die neuzugezogenen Menschen direkt zu besuchen und ein kleines Willkommensgeschenk zu übergeben. Dafür könnte auf einige der etablierten Geburtstagsbesuche verzichtet werden.

Was kann auf übergeordneter Ebene getan werden?

Das Bistum Essen hat im Rahmen eines Strategieprozesses das Zukunftsbild-Projekt „Willkommenskultur“ etabliert. Damit sollen Menschen in der Kirche willkommen geheißen und das Servicedenken gefördert werden.[226] Die Evangelische Kirche Berlin-Brandenburg-schlesische Oberlausitz hat im Rahmen einer Checkliste Willkommenskultur institutionalisiert und dabei auch „Neuhinzugezogene“ und „Kirchendistanzierte“ konkret im Blick.[227] Modellhaft werden in einem badischen Kirchenbezirk die Neuzugezogenen mit einem Mailing zentral angeschrieben und ein traditionelles Brot- und Salzgeschenk übermittelt.[228]

Wünschenswert wäre die Bereitstellung von individuell kirchlichen Daten bei Umzügen innerhalb und über die Grenzen von Diözesen und Landeskirchen. Wenn eine Zuzugsgemeinde wüsste, dass ein neues Gemeindeglied am Heimatort kirchlich engagiert war, vor Kurzem kirchlich getraut wurde oder einen kranken Angehörigen in der Ferne hat, könnte sie persönlicher und bedarfsorientierter auf ihre neuen Mitglieder zugehen. Neben technischen Schwierigkeiten ergeben sich hier aber insbesondere datenschutzrechtliche Anfragen.

226 Vgl. Rünker (2020).
227 Vgl. EKBO (2020).
228 Vgl. Kendel (2020).

Perspektive für eine nachhaltige Finanzsituation des Bistums Dresden-Meißen

von Finanzabteilungsleiter Jan Zähringer (Bistum Dresden-Meißen)

Dass ein langfristig orientiertes, tragfähiges und damit nachhaltiges finanzielles Handeln der Bistümer geboten ist, wird vor allem im Zusammenhang mit der aktuellen Corona-Pandemie noch einmal mehr deutlich. Um auch in Zukunft kirchliches Handeln zu ermöglichen, wird zudem die Glaubwürdigkeit der Kirche mit der Frage der Transparenz in finanziellen Angelegenheiten verbunden.

Mit weniger als 3,5 Prozent katholischer Christen an der Gesamtbevölkerung ist die Diözese Dresden-Meißen ein klassisches Diasporabistum. Es verdankt seine heutige Verfasstheit wesentlich der langjährigen Solidarität der Katholiken in den ehemals westdeutschen Diözesen. Das eigene Kirchensteueraufkommen macht nur ca. 40 Prozent des Gesamtaufwands unseres Bistums aus.

Die Ortskirche von Dresden-Meißen veröffentlicht demnächst den fünften testierten Jahresabschluss. Die Analyse der Jahresabschlussdaten zeigt auf, dass es dem Bistum gelungen ist, ein gemessen an den wirtschaftlichen Verhältnissen solides Finanzpolster zu entwickeln. Dies war vor allem möglich durch die finanzielle Unterstützung der westdeutschen Bistümer in den letzten 30 Jahren seit der Wiedervereinigung, aber auch durch die zunehmend starke volkswirtschaftliche Entwicklung auf dem Gebiet der Diözese Dresden-Meißen und der damit einhergehenden überaus guten Entwicklung bei den Kirchensteuereinnahmen seit der Finanzkrise.

Allerdings wird der schon seit Jahren spürbare demografische und gesamtgesellschaftliche Wandel mit den damit verbundenen Kirchenaustritten und der alternden Bevölkerung einen weiteren Rückgang der Quote des Kirchensteueranteils im Verhältnis zum Gesamtaufwand des Bistums Dresden-Meißen bedeuten, sodass die Erträge des oben beschriebenen finanziellen Polsters in Zukunft benötigt werden, um es den künftigen Generationen zu ermöglichen, die Ortskirche unter den Bedingungen ihrer Zeit gestalten zu können.

Wie konkret dieser Wandel schon heute absehbar ist, macht die vorliegende Studie deutlich. Überraschend dabei ist, dass es vor allem durch die Diaspora-Situation des Bistums Dresden-Meißen ein paar Besonderheiten für die Ortskirche in Sachsen und Ostthüringen gibt. Vor allem der hohe Anteil an jungen Katholiken, die aus anderen Bundesländern im Rahmen der Ausbildung zugezogen sind, war eine wichtige Erkenntnis und erklärt das Wachstum der Katholikenzahlen im Bistum im vergangenen Jahrzehnt. Aber auch der im Verhältnis zu anderen Bistümern sehr geringe Anteil von Kirchensteuerzahlern am Gesamtumfang der Kirchenmitglieder wurde durch die Studie noch einmal pointiert belegt.

Neben dem Verständnis der Zusammenhänge wirkt die Studie auf die Kirche wie ein Imperativ zum Handeln. Strukturell sind wir aufgefordert, schlanker und effektiver zu werden; pastoral ist ein stärkeres Bekenntnis und ein Engagement für neue Wachstumsimpulse geboten. Die Studie liefert in einem Szenario des Niedergangs Ansätze, um besser einschätzen zu können, wann, wo und in welchem Umfang Strategien und konkrete Maßnahmen ergriffen werden können, um neues kirchliches Leben zu ermöglichen.

Aus der Analyse der Vermögens-, Finanz- und Ertragslage des Bistums Dresden-Meißen lässt sich die Prognose ableiten, dass das Bistum die Chance hat, dauerhaft wirtschaftlich stabil zu sein, wenn Defizite im Betriebsergebnis dauerhaft reduziert werden und das Vermögen zur Sicherstellung eines langfristigen Finanzergebnisses erhalten bleibt. Das setzt den Rückbau der nach der Wende und nur mit finanziellen Mitteln der Geberbistümer ermöglichten volkskirchlichen Strukturen voraus. Die parallele Auswertung der vorliegenden Studie belegt, dass das Bistum auch demografisch auf einem niedrigen, also nicht volkskirchlichen Niveau eine stabile Zukunft haben kann. Auf diesem Weg werden auch harte Entscheidungen zu treffen und neue Wege mitzutragen sein.

Dank der Studie verfügen wir über wissenschaftlich fundierte Erkenntnisbeiträge mit einer Perspektive bis 2060. Wir halten es für wichtig, dass auch in Zukunft diese Datenerhebung fortgesetzt wird, um die weiteren Veränderungen von Gesellschaft und Kirche besser verstehen zu können.

Keine Angst vor Zahlen: Strategien entwickeln

Welche der bisher vorgestellten Maßnahmen für die eigene Kirchengemeinde oder Landeskirche beziehungsweise Diözese Erfolg versprechend sind, kann nur durch Auswertung der je eigenen Verhältnisse beantwortet werden. Das kirchliche Meldewesen bietet vielfältige Möglichkeiten, um sich ein Bild über die Situation vor Ort zu verschaffen. Die #projektion2060 zeigt, dass Empirie dabei helfen kann, Wirklichkeit wahrzunehmen. Denn die gefühlte Wirklichkeit ist oft eine andere als die gezählte Wirklichkeit. Vor Zahlen muss man keine Angst haben. **Vielmehr kann ein kontinuier-**

liches Monitoring dabei helfen den Blick auf die eigene Arbeit und deren Reichweite zu schärfen. So kann evaluiert werden, wo Potenziale der kirchlichen Arbeit liegen und sich Investitionen lohnen – und wo sie sich aufgrund zu kleiner Zielgruppen nicht lohnen. Mit diesem Wissen kann eine Strategie mit klar definierten und operationalisierbaren Zielen entwickelt werden, deren Erreichung und Wirkung auch institutionalisiert überprüft wird. Die Datenanalyse hilft dabei neben dem Mehr an kirchlicher Arbeit auch das angesichts der projizierten Kirchensteuerrückgänge notwendige Weniger zu definieren.

Ein Angebot – eine erwünschte Wirkung. Für Bischof Michael Gerber ist das nicht so einfach. Er erläutert auf S. 204, warum er Resonanz für einen der Schlüsselbegriffe der Kirchenentwicklung hält.

Aus der Praxis: Was kann direkt vor Ort getan werden?

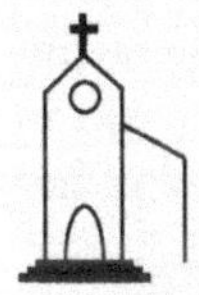

Für Kirchengemeinden empfiehlt es sich nachzurechnen: Wie viele Kinder wurden im vergangenen Jahr getauft? Und wie viele wurden laut den Informationen des Meldewesens in evangelischen oder katholischen Familien geboren? Ist die Kirchengemeinde eine Zuwanderungs- oder Abwanderungsgemeinde? Wie viele Mitglieder im austrittsgefährdeten Alter zwischen 20 und 35 Jahren gibt es in der Kirchengemeinde? Ist es sinnvoll, hier Angebote zu schaffen? Wie viele der Gemeindeglieder haben sich im vergangenen Jahr kirchlich getraut? Wie viele standesamtlich? Wie hoch ist die Quote derer, die sich zu Kommunion, Konfirmation und Firmung angemeldet haben? Wie viele der katholisch und evangelisch Verstorbenen wurden kirchlich bestattet? Wie haben sich diese Zahlen und Quoten in den vergangenen 10 Jahren entwickelt? Wo lohnt es sich auch quantitativ für die Kirchengemeinde Akzente zu setzen. Und wo nicht? Wo ergänzen sich Begabungen der hauptamtlich Agierenden in Nachbargemeinden? Wird der eine beispielsweise bei Trauungen stark nachgefragt und der andere eher bei der Arbeit mit Kindern und Jugendlichen? Welche pastorale Komm-Struktur sollte durch eine Geh-Struktur ersetzt werden?

Auf dieser Basis können Maßnahmen für das Gemeindeleben entwickelt werden. Dabei gilt es, auch unterschiedliche Formen von Mitgliedschaft und verschiedene Erwartungen von Mitgliedern wahr- und ernst zu nehmen. Beim Modell „Lebenslang Mitglied bleiben“ wird daher unterschieden zwischen aktiven Mitgliedern, Ad-hoc-Mitgliedern, Kasualien-Nutzern und kontaktlosen Mitgliedern.[229] Ein anderer Vorschlag unterscheidet zwischen rechnerischen, (inter)aktiven und beruflichen Mitgliedern.[230]

Was kann auf übergeordneter Ebene getan werden?

Kirchengemeinden können von übergeordneter Seite durch die Bereitstellung und Analyse von gemeindlichen Daten und deren strategierelevanter Aufbereitung, die laufende Beobachtung und Prognose von lang- und mittelfristigen Entwicklungen und die daraus resultierende Beratung unterstützt werden.

Die stetige Verbesserung der gesamten Organisationskultur und deren Reifegrad kann durch einen integrierten Qualitätsansatz verfolgt werden, wie dies beispielsweise das Freiburger Programm zur Visitation und Gemeindeentwicklung LEVI zum Ziel hat. LEVI steht dabei für Lernen, Entwickeln, Vereinbaren und Inspirieren und wurde im Erzbistum Freiburg in Anlehnung an bereits bestehende Qualitätsmanagement-Systeme entwickelt. Es dient der Standortbestimmung von Kirchengemeinden, einer fundierten Auseinandersetzung mit Fragen der „Qualität in der Pastoral" und der Weiterentwicklung der pastoralen Praxis. Auf der Basis einer Würdigung bisheriger Erfolge (Wirkungsüberprüfung) werden die nächsten Schritte der Organisationsentwicklung geplant, die den Sendungsauftrag der Kirche weiter konkretisieren helfen.[231]

Beispiel für eine landeskirchenweite strategische Aufstellung bietet die evangelische Landeskirche in Baden. Unter dem Stichwort Mitgliederorientierung hat sie sich auf den Weg gemacht, um in bestehenden kirchlichen Arbeitsfeldern eine Haltungsänderung herbeizuführen, „eine Offenheit, ein ehrliches Interesse am anderen, die Bereitschaft, die ‚Welt' des anderen wahrzunehmen und von ihm aus und vor allem mit ihm auf das zu schauen, was oft kirchliches Handeln genannt wird". Eines der ganz praktischen Arbeitsfelder für die Professionalisierung von Mitgliederorientierung ist die Dokumentationsmöglichkeit der Kontakte zu den Mitgliedern im Sinne eines Customer Relationship Managements. [232]

[229] Vgl. Worbs (2020).
[230] Vgl. Schmidt (2020).
[231] Vgl. Erzbistum Freiburg (2020b).
[232] Vgl. Kendel (2020).

Es steht wohl außer Frage: Die beiden Kirchen werden kleiner. Sie werden älter. Und sie werden ärmer. Die Frage ist nur um wie viel. Denn für Projektionen gilt noch viel stärker, was ohnehin für jede Prognose gilt. Sie sind *„Wenn-dann-Aussagen: Unter bestimmten Voraussetzungen werden diese oder jene Folgen eintreten"*. Es bleibt die Frage, wie damit umzugehen ist. Die Reaktionen der Verantwortlichen in den unterschiedlichsten Organisationseinheiten auf den projizierten Rückgang an Mitgliedern und Kirchensteuern reichte von Verteidigung und Abweisung etwaiger Sparmaßnahmen bis hin zu der Verwendung von unbestimmten Pronomen in Verbindung mit Modalverben: „man müsste", „man sollte", „man könnte" ... Dagegen hilft ein strategisches Vorgehen mit klaren Zielen. Denn am „Dann" lässt sich nichts ändern, wohl aber am „Wenn": *„Es ist Aufgabe der Politik,"* – Aufgabe der heute in den Kirchen in Verantwortung Stehenden – *„diese Voraussetzungen zu verändern"*.[233]

Viele der Vorausetzungen lassen sich nicht ändern. Und einige wie Migration, kirchenspezifische Einflüsse, überraschende geschichtliche Entwicklungen, unberechenbare geistliche Phänomene oder Skandale lassen sich auch nur schwer oder gar nicht vorhersagen. Dennoch bieten die Entwicklungen der Vergangenheit die einzige und damit die beste Grundlage zur Vorausberechnung künftiger Veränderungen. *Gundlach* (2019) hat dies treffend zusammengefasst: *„Wenn nichts passiert, wird dies passieren!"*

Und wenn etwas passiert? Es gibt Möglichkeiten, auf den Mitgliederrückgang zu reagieren. Der empirische Befund zeigt, dass es sich dabei lohnt den Blick auf die Peripherie der Parochie zu lenken. Denn eines zeigen die Zahlen deutlich: Anknüpfungspunkte ergeben sich – zumindest statistisch signifikant – nicht beim sonntäglichen Gottesdienst oder der Arbeit mit den gemeindlich Engagierten vor Ort. Vielmehr geht es um die Reichweite und Qualität kirchlicher Arbeit, um Mission und Serviceorientierung, um die Verhinderung von Skandalen und um effektive ökumenische und hierarchieübergreifende Zusammenarbeit.

Nicht um der institutionellen Selbsterhaltung, sondern um des Auftrags der Kirche, der Kommunikation des Evangeliums, der Menschen und der christlichen Botschaft willen scheint es geboten, über die Zukunft der Kirche nachzudenken. Deswegen sollte ernsthaft geprüft werden, welche Maßnahmen flächendeckend – das ist wichtig! – ergriffen werden können, um diese Zahlen zu verändern. Für gesamtkirchliche Lösungen bedarf es dazu eines Ziel- und Strategieprozesses, der die wesentlichen Aufgaben und Prioritäten genauso wie notwendige Kürzungen festlegt und der auf einem breiten Commitment beruht.

---

[233] Die zitierte Interpretation stammt von Franz Müntefering. Vgl. Bollmann/Klöpfer (2016, S. 27).

Dabei werden Konflikte auszuhalten und auszutragen sein: zwischen innovativen und bewährten Wegen, zwischen Aufbrüchen und Einsparungen, zwischen Mitglieder- und Gemeinwesenorientierung.

Es gibt Möglichkeiten zu reagieren. Und nicht immer schließt die eine Variante die andere aus. Dass dies die Kirchen herausfordern wird, liegt auf der Hand. Die Option „weiter wie bisher" erscheint jedenfalls die schlechteste Alternative zu sein.

Unverfügbarkeit als Qualitätsmerkmal von Mitgliederorientierung

von Bischof Dr. Michael Gerber (Bistum Fulda)

Resonanz ist einer der Schlüsselbegriffe für Kirchenentwicklung.* Denn er weist unmissverständlich darauf hin: Prozesse der Glaubenskommunikation und einer evangelisierenden Pastoral, eine diakonische Kirche und eine lernende Kirche können nicht nach dem Schema „Die Kirche lehrt – die Gläubigen hören" gestaltet werden.

Vielmehr braucht es eine Öffnung von Kirche für ein resonantes *In-Beziehung-Treten* mit dem Gegenüber – so auch die Befunde der Freiburger Mitgliedschaftsstudie. Offensichtlich muss das von allen etablierten Institutionen unserer Gesellschaft, wie Parteien und Verbänden, neu gelernt werden: Wie werden Menschen tatsächlich von einer Botschaft erreicht, berührt oder bewegt, damit diese „gute Nachricht" für sie Bedeutung gewinnt? Dabei will der andere nicht nur Empfänger sein, sondern sich in seiner *Selbstwirksamkeit* erfahren: Menschen reagieren bzw. antworten, nachdem sie erreicht wurden – aber immer so, dass zu keinem Zeitpunkt über den anderen verfügt werden könnte. Sich auf die *Unverfügbarkeit* in Prozessen einzulassen, ist ein springender Punkt für eine positive Mitgliederorientierung: Resonanz, das Wechselgeschehen von Erreicht-Werden und Antwort-Geben, lässt sich nicht erzwingen. Dieser Ansatz findet eine biblische Grundlage im Handeln Gottes selbst. Die Berufungsgeschichten des Alten und Neuen Testaments künden einen Gott, dessen Ruf eine echte Antwort provoziert und nicht einfach nur ein Echo hervorruft. So wird der Prophet Jona nicht bloß als Adressat oder gar Erfüllungsgehilfe Gottes dargestellt, sondern als sehr eigenständige, um nicht zu sagen eigenwillige Persönlichkeit, bei dem Gott mehrere Anläufe starten muss, damit sein Wort ihn auch tatsächlich erreicht. „Echte" Resonanzprozesse sind so gestaltet, dass sie sich auf diese Unverfügbarkeit einlassen. Resonanz lebt daher von der *Bereitschaft zur Transformation*: Die zentrale Eigenschaft ist ihre verwandelnde Wirkung auf alle Beteiligten. Niemand bleibt der- oder dieselbe, nichts bleibt dasselbe. Es gibt keine Unbeteiligten und kein Gegenüber, das außerhalb der Prozesse steht – so, als ob es sich als „ewige Wahrheit" oder „letzte Objektivität" souverän positionieren könnte.

Wenn ich mir die vielfältigen Begegnungen mit sehr unterschiedlichen Menschen in verschiedenen lokalen Kontexten kritisch vor Augen halte: Welche Kontakte haben die Qualität von Resonanz? Und welche Botschaft geht davon für uns als Kirche aus? Vier Aspekte scheinen mir zentral zu sein: Annahme – Redlichkeit – Ergriffensein – Relevanz.

1. Annahme: In Beziehung treten mit Menschen im Heute setzt eine tiefe, nicht nur formale Annahme der Gegenwartskultur voraus. Das ist nicht zu verwechseln mit einer Assimilation an den Zeitgeist. Aber gegen kulturell prägende Kräfte – etwa Digitalisierung, Beschleunigung oder Multioptionalität – kann auch keine Glaubenskommunikation erfolgreich sein. Die Apostelgeschichte zeugt davon, wie eine in diesem Sinne verstandene Annahme der Gegenwartskultur eine der Bedingungen für die Initiation von Glaubensprozessen ist. Die Botschaft des Christentums tritt heraus aus einer jüdisch-agrarisch geprägten Welt und findet ihren Weg in eine urbane, plurale Kultur. Menschen öffnen sich, wenn sie den anderen als authentisch im Heute stehend wahrnehmen.

2. Redlichkeit: Ich stehe seit 2010 in unmittelbarem Kontakt mit Betroffenen sexuellen Missbrauchs. Um diesen Kontakt, die Anerkennung des Leids und die Fragen der Entschädigung wird weiterhin kontrovers gerungen. Welche strukturellen Lehren aus dem Missbrauchsskandal gezogen werden müssen, ist eine der Fragen des Synodalen Wegs. Die Betroffenen und die gesellschaftliche Öffentlichkeit sind äußerst sensibel für die Redlichkeit des kirchlichen Handelns: Zeigt sich Kirche hier tatsächlich als lernende Organisation, oder will sie nur ihr Image wieder aufpolieren? Soll die Situation nur befriedet werden oder wird investiert, sodass bestimmte Muster künftig nie mehr Akzeptanz finden? Eine der wichtigsten Forderungen ist, dass eine neue Kultur ausgeprägt wird, in der Menschen in ihrer Personalität wahrgenommen, geschützt und gefördert werden.

3. Ergriffensein: Die Definition von Paul Tillich ist inzwischen über 50 Jahre alt: Religion als das, von dem Menschen ergriffen sind, was sie unbedingt angeht. Ich erlebe eine weiter wachsende, kritische Sensibilität, die sehr genau die Motivation und Motive wahrnimmt, warum eine Vertreterin oder ein Vertreter von Kirche mit jemanden in Kontakt tritt. Was ist tatsächlich die Grunddynamik einer evangelisierenden Pastoral? Überzeugungskraft hat das Ineinander von „Ich bin beschenkt – und ich gebe etwas weiter". Das Ergriffensein von einer Botschaft braucht

auch das Ergriffensein vom Respekt und von der Wertschätzung dem anderen und dessen Originalität gegenüber. Für eine resonante Haltung hat M.-Dominique Chenu treffend drei Gesetze des Dialogs formuliert: Ich begegne dem Dialogpartner mit Wohlwollen. Ich gewinne Einsicht in die Gründe des anderen. Im Wissen um den anderen stelle ich mich selbst infrage.**

4. Relevanz: Dieser vierte Aspekt ist mir besonders wichtig geworden – weil er sich existenziell zu bewähren hat. Was zeichnet Situationen aus, in denen Menschen die Kirche tatsächlich als relevant erleben? Zu meinem Amtsantritt in Fulda im März 2019 habe ich vom Abiturjahrgang eines beruflichen Gymnasiums ein Konvolut ausführlicher, sehr persönlicher Briefe erhalten; genau jene Gruppe, die die Freiburger Studie als besonders kritische Größe identifiziert, kann das, was mit Relevanz gemeint ist, sehr gut beschreiben: *„Um uns jungen Menschen eine Perspektive in der Kirche zu geben, braucht es mehr als nur schöne Worte. Sie müssen auf uns und unsere Lebensrealität eingehen."* (Ricarda) *„In meiner örtlichen Gemeinde hatte ich eine enge Bindung an Kirche: Unser Pfarrer war entzündet und hatte die Fähigkeit, dieses Feuer weiterzugeben. Und natürlich setzte man sich auch kritisch mit unserer Kirche der heutigen Zeit auseinander: Leider stießen wir dabei immer öfter auf Brüche zwischen Lehre und Umsetzung. Da fällt eine Identifizierung mit der Kirche dann schwer."* (Tobias) *„Mein Vater ist, seit ich denken kann, schwer krank. Am Anfang habe ich noch gebetet, aber Beten hat nie geholfen. Und auch sonst will ich der Institution Kirche nicht mein Vertrauen schenken."* (Lena) Weitere Zitate belegen einen Befund, der in der Mehrheit der Briefe ausdrücklich benannt wird: Junge Menschen stellen sich sehr ernsthaft den relevanten Fragen ihres Lebens, aber es kommt zu keiner relevanten Antwort-Begegnung, die sie mit Kirche in Verbindung bringen würden.

Wir alle hätten es wohl gerne einfacher: ein Angebot – eine erwünschte Wirkung. Eine Kirche, die das Hier und Heute angenommen hat, wird in Resonanz investieren, die nicht einfach verfügbar ist.*** Eine Pastoral, die sich aus der Unverfügbarkeit speist, wird vermutlich alte Zugänge zu menschlichen Erfahrungen neu öffnen, die länger verschüttet waren, zu denen es aber eine tiefe Sehnsucht gibt: angenommen sein, Dankbarkeit, gesegnet sein, Ehrfurcht, selbstbewusst sein, Demut.

---

* Hartmut Rosa, Resonanz. Eine Soziologie der Weltbeziehung, Berlin 2016; ders., Unverfügbarkeit, Wien 2018.

** M.-Dominique Chenu, Un théologien en liberté. Jacques Duquesne interroge le Père Chenu, Paris 1975, 168 f.

***Hartmut Rosa, Wie systemrelevant sind die Kirchen? In: Herder Korrespondenz 74 (2020) 10, 34 f.

TEIL VI – VISIONEN?

Kirchen droht die Halbierung ihrer Mitgliederzahlen
Viele Austritte, wenige Taufen – und bald brechen auch die Steuereinnahmen ein / Landesbischof warnt vor Panik

Keiner glaubt mehr an die Kirchen

Halb so viele Kirchgänger bis 2060
Studie prognostiziert drastischen Rückgang

Studie: Kirchen verlieren bis 2060 die Hälfte ihrer Mitglieder

ALARMIERENDE STUDIE
Kirchen verlieren die Hälfte ihrer Mitglieder

Prognose für 2060
Christliche Kirchen werden die Hälfte ihrer Mitglieder verlieren

Die Christen werden zur Minderheit
In 40 Jahren werden die großen deutschen Kirchen nur halb so viele Mitglieder haben wie heute, sagt eine Studie

Neue Studie zu Christen
Kirchen droht massiver Mitgliederschwund

Der Schwund ist hausgemacht
Studie Die beiden Kirchen rechnen bis 2060 mit einer Halbierung ihrer Mitgliederzahl und ihrer Finanzkraft

Der Kirche laufen die Mitglieder weg
Studie: 2060 könnte nur noch jeder dritte Deutsche katholisch oder evangelisch sein

[234]

In der deutschen Medienlandschaft überschlugen sich am 3. Mai 2019 die Schlagzeilen. Die tags zuvor veröffentlichte Projektion zur Mitglieder- und Kirchensteuerentwicklung der beiden großen christlichen Kirchen in Deutschland stand im Fokus beinahe jeder öffentlichen Berichterstattung. In den vergangenen zwei Jahren ist in den Kirchen, der Öffentlichkeit und seit Kurzem auch in der Wissenschaft viel dazu berichtet und kommentiert worden. Es wurden zahlreiche Ansatzpunkte entwickelt und breit diskutiert, die sich aus den Freiburger Zahlen mal mehr und mal weniger direkt ergaben. Viele der Vorschläge wurden zwischenzeitlich wieder verworfen. Einige wenige wurden umgesetzt und haben Veränderungen angestoßen. So stellt sich die Frage: Was bleibt von der Freiburger Studie?

Direkt nach Veröffentlichung der Projektionsergebnisse hat die Studie eine enorme nationale wie internationale öffentliche Resonanz in Print-, Hörfunk-, Online- und TV-Medien erfahren. Allein in der ersten Woche erreichte sie laut einer von der EKD in Auftrag gegebenen Medienresonanzanalyse über 116 Millionen Leser, Zuschauer und Hörer. Die reichweitenstärksten Medien waren WELT online, RTL aktuell und BILD am Sonntag. Am häufigsten nahmen Printmedien und insbesondere regionale Tageszeitungen die Projektion auf. Der Großteil der Berichterstattung konzentrierte sich auf die Darstellung der Studienergebnisse, wobei regionale Medien oft direkten Bezug auf die Ergebnisse der Diözesen und Landeskirchen vor Ort nahmen. Die meist genannten Akteure waren der Direktor des

[234] Schlagzeilen vom 3.5.2019 von Berliner Zeitung, BILD, Der Tagesspiegel, Hannoversche Allgemeine, Kölner Stadt-Anzeiger, Rheinische Post, SPIEGEL online, Süddeutsche Zeitung, tagesschau.de und WELT.

Forschungszentrums Generationenverträge Prof. Dr. Bernd Raffelhüschen und der EKD-Ratsvorsitzende Heinrich Bedford-Strohm. Ersterer erläuterte vor allem die Studienergebnisse und forderte die Kirchen zu mehr Mitgliederbindung auf. Bedford-Strohm verwies in seinen Statements darauf, dass Protestanten und Katholiken auf die projizierte Entwicklung Einfluss nehmen könnten. Ganz konkret hänge die Zukunft der Kirchen von ihrer „*Ausstrahlungskraft*" ab. In Bezug auf die Kirchensteuer regte er sowohl in der Tagesschau als auch bei RTL aktuell an, alternative Finanzierungswege zu erschließen. Der etwas weniger zitierte damalige Vorsitzende der Deutschen Bischofskonferenz Kardinal Reinhard Marx versicherte „*angesichts der Projektion nicht in Panik zu geraten*". Rege aufgegriffen wurden auch die Statements von EKD-Ratsmitglied Andreas Barner sowie des Finanzdirektors des Erzbistums Berlin, Bernd Jünemann, die an der Vorstellung der Studie beteiligt waren. Beide sahen in den Projektionsergebnissen dringenden Anlass für Veränderungen bei der kirchlichen Arbeit. Insgesamt kamen Akteure aus dem evangelischen Bereich häufiger in der Berichterstattung vor als katholische und nicht-konfessionelle Protagonisten. Interessanterweise erzielte die ehemalige EKD-Ratsvorsitzende Margot Käßmann mit einem Beitrag für die Bild am Sonntag hohe Aufmerksamkeit. Darin forderte sie die Kirchen angesichts der rückgehenden Mitgliederzahlen auf, sich stärker in gesellschaftlichen Debatten etwa im Bereich des neuen Nationalismus oder beim Dieselskandal zu positionieren.[235]

Thematisch beschäftigte sich die Berichterstattung vor allem mit der Frage, wie der projizierten Mitgliederentwicklung begegnet werden könne. Dabei wurden sowohl inhaltliche als auch finanzielle Verbesserungsvorschläge unterbreitet. Der Traditionsverlust beruhe zwar zu einem großen Teil auf dem „*Trend zur Distanzierung von Institutionen*".[236] Doch um künftige Austritte zu verhindern, sollten die Kirchen den Kontakt zu ihren Mitgliedern intensivieren und insgesamt „*attraktiver*" werden. Daneben gelte es, neue Formen der Kirchenfinanzierung zu erschließen und die Beibehaltung des Kirchensteuersystems grundsätzlich zu überdenken.[237] So könne den überwiegend kirchenspezifischen Ursachen des Mitgliederrückgangs begegnet werden. „*Letztlich haben es die Kirchen mit Gottes Hilfe selbst in der Hand, ob sie […] auch 2060 noch eine wichtige Rolle spielen werden*", fasste das Flensburger Tageblatt zusammen.[238]

In die überwiegend wohlwollende Berichterstattung mischten sich gelegentlich Beiträge, die kritisch mit den Kirchen umgingen: „*Allzu oft legen*

[235] Vgl. Käßmann (2019).
[236] Kieler Nachrichten (2019, S. 2).
[237] Vgl. bspw. Christ und Welt (2019, S. 1).
[238] Vgl. Flensburger Tageblatt (2019, S. 2).

sich die Apparate der großen Kirchen mit ihren umständlichen Strukturen selbst lahm. […] Die Zahl der Kirchenaustritte hängt aber auch erkennbar vom Bild ab, das die Kirche in der Öffentlichkeit abgibt."[239] Problematisiert wurde in diesem Zusammenhang der Umgang der katholischen Kirche mit Opfern sexuellen Missbrauchs: „*Es wird vom Vertrauen abhängen, das Menschen in die Kirchen setzen. Die aber haben gerade erst durch die sexuelle Gewalt in ihren Reihen fundamental Vertrauen zerstört*", schrieb etwa Matthias Dobrinski in der Süddeutschen Zeitung.[240] Präsenter als die kritischen Stimmen war die Sorge um eine Schwächung der Kirchen als gesellschaftliche Akteure. So schrieb Peter Riesbeck in der Passauer Neuen Presse: „*Die Kirchen werden gebraucht. Kirchliche Kindergärten, Kliniken, Alters- und Pflegeheime sind ein unverzichtbarer Teil der Versorgungsinfrastruktur.*"[241] Und Thoralf Cleven stellte in der Leipziger Volkszeitung fest, dass die Kirchen „*Impulsgeber für die Gesellschaft [sind] und […] für Kitt im bröselnden sozialen Gefüge der Republik*" sorgen.[242] Daraus schloss Benjamin Lassiwe im Weserkurier: „*Hände falten und handeln muss jetzt die Devise sein.*"[243]

Die Freiburger Studie wurde darüber hinaus in einer Reihe von etablierten Onlineformaten aufgegriffen. So wurde sie von Mr. Wissen2Go zum Thema gemacht und gilt mittlerweile auch als Wikipedia-Wissen.[244] Auch in den sozialen Netzwerken – vor allem auf Twitter – wurde die Projektion aufgegriffen. Unter den von der EKD gesetzten Hashtags #projektion2060 und #KircheimUmbruch wurde allerdings vor allem kirchenintern diskutiert.

Bei weit mehr als 100 Veranstaltungen ließen sich die verantwortlichen Gremien in beinahe allen deutschen Diözesen und Landeskirchen von den Freiburger Wissenschaftlern informieren und diskutierten intensiv über Konsequenzen und mögliche Reaktionen. Die Veranstaltungsformate waren dabei vielfältig. Die Freiburger Studie war nicht nur in Synoden, diözesanen Foren und anderen Gremien Thema. Auch Strategieworkshops, Führungszirkel, Zukunftswerkstätten und Veranstaltungen von der Gemeindeebene bis zur Deutschen Bischofskonferenz und dem Rat der EKD beschäftigten sich damit. Die hohe Nachfrage nach Informationen zur Studie führte dazu, dass sowohl die badische und die sächsische Landeskirche als auch das Erzbistum Paderborn eigene Videos produzierten, die auf Youtube frei zugänglich sind und den Kirchengemeinden und mittleren

239 Bingener (2019, S. 1).
240 Dobrinski (2019, S. 4).
241 Riesbeck (2019, S. 2).
242 Cleven (2019, S. 2).
243 Lassiwe (2019, S. 2).
244 Vgl. MrWissen2Go (2019) und Wikipedia (2020a, 2020b).

Ebenen für Veranstaltungen zur Verfügung stehen.[245] Eine von der EKD herausgegebene Projektbroschüre „Kirche im Umbruch" mit Informationen zu den Projektionsergebnissen der evangelischen Kirche, Interviews mit den Freiburger Forschern und möglichen kirchlichen Reaktionen wurde mehr als 20.000 mal angefordert.[246]

Zahlreiche leitende Geistliche und Finanzverantwortliche haben sich öffentlich zu Wort gemeldet. Nicht zuletzt die in enger Absprache und Zusammenarbeit zwischen Deutscher Bischofskonferenz (DBK), Evangelischer Kirche in Deutschland (EKD) und dem Freiburger Forscherteam vorbereitete Veröffentlichung der Projektionsergebnisse verschaffte den Kirchen die Gelegenheit, medial zu reagieren. So waren es in der öffentlichen Debatte zunächst kirchliche Akteure, die die Deutungshoheit über die projizierte Entwicklung für sich in Anspruch nehmen konnten. Die beiden führenden Repräsentanten der evangelischen und katholischen Kirche in Deutschland brachten sich direkt bei Bekanntwerden gemeinsam in die Debatte ein. Der EKD-Ratsvorsitzende Heinrich Bedford-Strohm und der Vorsitzende der Deutschen Bischofskonferenz Kardinal Reinhard Marx versicherten, dass „*die Kirchen [...] die Erkenntnisse der Studie nutzen [wollen], um sich langfristig auf Veränderungen einzustellen*". Für Marx war die „*Studie auch ein Aufruf zur Mission*". Und Bedford-Strohm zeigte sich diesbezüglich entschlossen: „*Manches am Rückgang an Kirchenmitgliedern werden wir nicht ändern können. Anderes aber schon.*"[247]

Diese Zuversicht fand sich in den Aussagen der meisten Bischöfe, Kirchenpräsidenten und Finanzverantwortlichen wieder. Oft nahmen sie darauf Bezug, dass mehr als die Hälfte des projizierten Mitgliederverlustes auf kirchenspezifische Faktoren zurückgehe und somit beeinflussbar sei. „*Diese Zahlen müssen nicht eintreten*", sagte beispielsweise der Bamberger Erzbischof Ludwig Schick im Gespräch mit domradio: „*Die Kirchen müssen sich gut aufstellen, auch neu aufstellen. Sie müssen neu hinhören auf die Menschen.*" Es gebe viele Ansatzpunkte, die sich aus der Freiburger Studie ergeben. „*Es lässt sich vieles tun und ich bin da auch hoffnungsvoll. Aber wir müssen beginnen.*"[248] Diese Reaktionen, so beteuerten die kirchlichen Verantwortlichen, müssten aber realistisch betrachtet und von grundsätzlichen Überlegungen begleitet werden. So machte der Kölner Generalvikar Markus Hoffmann klar, dass man sich dem aufgezeigten Trend sicherlich nicht vollkommen entziehen könne. Dennoch bestehe Hoffnung: „*Die Zukunft liegt ein Stück weit auch in unserer Hand. Die Zahlen machen deut-*

---

[245] Vgl. bspw. ekibatv (2020).
[246] EKD (2019).
[247] Vgl. Kirchenamt der EKD (2019b) und Sekretariat der Deutschen Bischofskonferenz (2019c).
[248] Vgl. domradio (2019c).

lich, dass wir einen neuen Aufbruch brauchen und nicht tatenlos zusehen dürfen, wenn Menschen der Kirche den Rücken kehren." Gerade auf die Frage, „*wer künftig seine Kinder taufen lässt, wer der Kirche treu bleibt, wer als Erwachsener den Weg in die Kirche findet oder zu ihr zurück*", könne die Kirche Einfluss nehmen.[249] Die Kirchen müssten sich damit auseinandersetzen, wie eine zeitgemäße Kirche aussieht und welche Rolle sie in der Gesellschaft spielt und spielen will. „*Wir müssen durch unsere Arbeit überzeugen*", betonte der Würzburger Bischof Dr. Franz Jung. Im Bistum Würzburg ließen fast 90 Prozent aller katholischen Eltern ihre Kinder taufen, deutlich mehr als in vielen anderen deutschen Diözesen. „*Wie gehen wir mit dieser großen Kontaktmöglichkeit um? […] Wir werden von den Gläubigen letztlich wie jedes andere ‚Unternehmen' nach der Qualität unseres Tuns beurteilt.*"[250] Es gelte stärker auf bisher nicht erreichte Zielgruppen wie „Digital Natives" und junge Erwachsene zuzugehen. Auch der badische Landesbischof Jochen Cornelius-Bundschuh forderte dazu auf, Außenstehende verstärkt für eine Kirchenmitgliedschaft zu gewinnen. Er regte dazu an, „*selbstbewusst auf Menschen zuzugehen, die nicht zur Kirche gehören, und sie einzuladen*".[251] Erzbischof Heiner Koch sah sich durch die Projektion ermutigt, sich „*nicht in gesellschaftliche Nischen zurückzuziehen, sondern profiliert und mutig unseren Sendungsauftrag zu allen Menschen auszubauen. Wir werden eine Kirche für alle Menschen bleiben, auch mit unseren caritativen und Bildungsangeboten.*"[252]

Insgesamt betonten die Kirchenvertreter, dass ihnen mit der Projektion eine gute Planungsgrundlage zur Verfügung stehe. Die Studie schaffe ein tiefergehendes Know-how über die wichtigste Einnahmequelle der Kirchen. Der badische Finanzreferent Martin Wollinsky fasste den Mehrwert folgendermaßen zusammen: „*Die Arbeit der Freiburger Forscher hilft uns, einen klaren und realistischen Blick auf die zu erwartenden wirtschaftlichen Rahmenbedingungen zu gewinnen. Die daraus resultierenden Herausforderungen werden wir zielgerichtet angehen, und sind zuversichtlich, dass unsere Kirche als Organisation beweglich genug ist, sich darauf einzustellen.*"[253] Deswegen sei die Durchführung der Studie nach Auffassung von Heinrich Bedford-Strohm auch richtig gewesen: „*Wichtig ist, wie man auf diese Ergebnisse reagiert.*" Und wie viele andere Bischöfe betonte er: „*Wir sind nicht kurz vor dem Aussterben.*" Auch in 40 Jahren würden noch mehr als 20 Millionen Menschen in Deutschland einer christlichen Kirche angehören. Er sehe in den Resultaten der umstrittenen Studie von katholischer

[249] Vgl. domradio (2019d).
[250] Bistum Würzburg (2019).
[251] Evangelische Landeskirche in Baden (2019).
[252] Erzbistum Berlin (2019).
[253] Evangelische Landeskirche in Baden (2019).

und evangelischer Kirche daher *„keine Katastrophenmeldung"*. Natürlich seien diese Szenarien bedrohlich und zugleich alarmierend. Allerdings sehe er der Zukunft optimistisch entgegen, wenn sich Menschen in Freiheit bewusst und aus Überzeugung zur Kirchenmitgliedschaft entschieden.[254] Die kirchlichen Stellungnahmen wurden breit rezipiert, stießen aber nicht überall auf Wohlgefallen. So stellte Reinhard Bingener in der FAZ fest, dass nicht nur der künftige Mitgliederrückgang der beiden Kirchen schon lange bekannt sei, sondern fügte süffisant hinzu: *„Für die Phrasen, mit denen die Kirchenleitungen jetzt auf die Studie reagieren, gilt das allerdings leider ebenfalls."*[255]

Bei den internen Debatten um die Konsequenzen aus der Mitglieder- und Kirchensteuerprojektion führte die unterschiedliche Organisationsstruktur von evangelischer und katholischer Kirche zu durchaus verschieden strukturierten Diskussionsprozessen. Aufgrund der klaren hierarchischen Struktur der katholischen Diözesen, an deren Spitze ein Bischof mit letztlicher Entscheidungshoheit steht, fanden die Beratungsprozesse dort zumeist kirchenintern statt. Die evangelischen Landeskirchen hingegen sind durch das synodale Prinzip basisdemokratisch organisiert. Ihre leitenden Geistlichen müssen für Grundsatz- und Haushaltsentscheidungen die öffentlich tagenden Kirchenparlamente überzeugen. Das führt zwangsläufig zu medial wahrnehmbareren Debatten, deren Gegenstand auch unfertige Konzepte im Entwurfsstatus beinhalten. Kaum ein evangelischer Bischofsbericht vor den Landessynoden verzichtete auf einen Bezug zur Freiburger Studie. Die katholischen Diözesen nahmen die Erkenntnisse eher in ihren Finanz- und Lageberichten auf. So ist es nicht verwunderlich, dass die öffentlich wahrgenommene Diskussion über Reaktionen auf die Freiburger Zahlen stärker von der evangelischen Kirche geprägt wurde.

In seinem Beitrag auf Seite 215 vergleicht der Pressesprecher des Erzbistums Berlin Stefan Förner den Ruf zu Aktivismus infolge der Freiburger Studie mit Heinrich Bölls Satire „Es wird etwas geschehen".

254 Domradio (2019a).
255 Bingener (2019).

Es muss etwas geschehen

von Pressesprecher Stefan Förner (Erzbistum Berlin)

„Lass dir mal was gegen Modalverben verschreiben!" Was lustig klingt, war ein berechtigter freundschaftlicher Rat und eine gute Beobachtung: Texte werden durch „müsste" und „sollte" keinesfalls besser, im Gegenteil.

„Es muss etwas geschehen." – „Es wird etwas geschehen", so die generelle Auskunft des Helden in Heinrich Bölls gleichnamiger Kurzgeschichte und die weitgehend übereinstimmende Reaktion auf die Projektion. Bölls Satire auf die moderne Arbeitswelt treibt den Ruf zu Aktivismus auf die Spitze, tatsächlich passiert in dem Text am Ende nichts.

Als Pressesprecher wurden wir in die Kommunikation der Projektion zu einem sehr frühen Zeitpunkt einbezogen, dafür bin ich sehr dankbar, denn Mitgliederkommunikation, insbesondere die Kommunikation mit „den 90 Prozent", die Kirche nicht mehr erreicht, gilt als eine der notwendigen Antworten auf die Projektion.

Hier haben Überlegungen, Studien und Arbeitshilfen beispielsweise aus Essen, München und Münster schon gangbare Wege gewiesen wie die Evaluierung der Qualität der Pastoral, die Erneuerung der Taufpastoral, das Entwickeln einer „Geh-hin-Struktur" beziehungsweise – mit Blick auf bereits Ausgetretene – sogar eine „Geh-hinterher-Struktur".

„Es muss etwas geschehen." Eine Projektion ist keine Glaskugel, aus der wir die Zukunft der Kirche und ihrer Finanzen ablesen können, auch kein Superrechner, in den man oben genügend Zahlen eingeben muss, damit er unten die Weltformel ausspuckt. Sie ist ein Ruf zum Handeln, der Ruf ist nicht neu, aber er ist noch nicht in allen Bereichen von Kirche vernommen worden. Das gilt für Bischofsbüros und Landpfarreien, für Kitas, Schulen und Seelsorgeämter, für die Sankt Hedwigs-Kathedrale und für die Begräbniskirche in Garz auf Rügen, um nur Beispiele aus dem Erzbistum Berlin zu nennen. Und es gilt auch für jede und jeden einzelnen Gläubigen, wie bekanntlich Mutter Teresa auf die Frage: „Was muss sich in der Kirche verändern?" kurz antwortete: „Du und ich". Mir ist klar, dass diese Anekdote insbesondere von denen gern erzählt wird, die keine grundlegenden Reformen oder Änderungen wollen. Aber sie trifft doch den Kern. Du und ich müssen anfangen und wir sind alle zuständig. Die Projektion hat mir jedenfalls deutlich vor Augen geführt, dass wir für ein ressortbezogenes Denken weder die Zeit noch das Geld haben. Für die Pressestelle und Öffentlichkeitsarbeit kann ich sagen, dass die Projektion zwar nicht unter meinem Kopfkissen oder auf meinem

Schreibtisch liegt, dass ich sie mir aber – wie so eine Art Gewissenserforschung – immer wieder in Erinnerung rufe und tatsächlich überprüfe, wie wir kommunizieren. Große Strategien und Projekte sind allerdings daraus noch nicht entstanden. Mir geht es eher darum, Menschen, die sich über Kirche ärgern und sich äußern, eine vernünftige Antwort zu geben, mich zu kümmern, wenn jemand fragt, wo und wie er sein Kind taufen lassen kann oder auch Ausgetretenen noch einmal freundlich hinterherzuschreiben. Auch die Briefe des Bischofs, die wir regelmäßig unregelmäßig verschicken, sind aus dieser Haltung konzipiert.

„Es muss etwas geschehen." Dass nicht sofort alle nach möglichen Konsequenzen fragten, mag eventuell auch daran liegen, wie sie zustande kam: Sie wurde von den Finanzdirektoren, inklusive VDD und DBK, in Auftrag gegeben und während der Recherche- und Forschungsphase begleitet. Unser Bereichsleiter Finanzen, Bernd Jünemann, der die Projektion als Mitglied einer Steuerungsgruppe während der Recherche- und Forschungsphase begleitet hatte, stellte die Projektion nicht nur vor, benannte nicht nur die besonders niedrige Berliner Taufquote von aktuell nur 37 Prozent und die hohe Austrittsquote für das Erzbistum Berlin, sondern auch Handlungsoptionen: „Hier können wir handeln und gegensteuern. Wir müssen unsere Kommunikation und unsere Pastoral überprüfen, inwiefern wir die erreichen, die über einen Austritt nachdenken."

Zwar finden sich auch hier wieder reichlich Modalverben, doch frei nach dem Sinnspruch „It's the economy, stupid!" ist aus meiner Sicht ein entscheidender Gewinn der Projektion, dass sie den Zusammenhang zwischen kommunikativem und pastoralem Handeln einerseits und den finanziellen und demografischen Folgen andererseits sehr deutlich beschrieben hat.

„Es muss etwas geschehen", wurde im Erzbistum Berlin eher verhalten gerufen, man kann nicht sagen, dass daraufhin ein hektischer Aktivismus ausgebrochen wäre. Die Notwendigkeit zu reagieren wurde kaum bestritten, allerdings verhallte der Ruf durch Corona und andere Krisen schneller, als ich gedacht hatte. Lockdown und die Absage von Gottesdiensten, von Ostern, von Firmungen und Erstkommunionen haben die Ausgangslage eher noch verschärft.

Denn wo beispielsweise Taufen nicht mehr öffentlich – vielleicht sogar im Sonntagsgottesdienst – gefeiert werden, wird ein positives Beispiel gar nicht mehr erfahr- und erlebbar.

Wir sind dabei, unsere Kommunikation und Pastoral zu überprüfen, auch mit einem Blick von außen. Es gibt ein wachsendes Bewusstsein, dass die damit verbundenen Kosten unter „Investitionen" zu verbuchen sind. So ist für unseren Generalvikar Pater Manfred Kollig SSCC die Qualität der Pastoral der Schlüssel. Er will es angehen, Standards zu entwickeln und diese auch zu überprüfen. Die Notwendigkeit zu sparen, ist für ihn unbestritten, er will aber den Spielraum auch für künftige Investitionen erhalten.

„Es muss etwas geschehen." Es wird durch die jüngsten Entwicklungen umso dringlicher, auf diejenigen zuzugehen, die schon vor dem Lockdown nicht mehr zu uns gefunden haben, diejenigen auf Rückkehrmöglichkeiten anzusprechen, die bereits ausgetreten sind, oder – wie es unser Erzbischof Dr. Heiner Koch immer wieder mahnend fordert – die Frage nach Gott wachzuhalten. Denn darüber erst wird deutlich, dass es nicht darum geht, ein kränkelndes System Kirche am Leben zu erhalten, sondern Menschen auf den Grund von Kirche, den menschenfreundlichen Gott aufmerksam zu machen.

Aus diesem Grund dürfe man sich auch nicht – so Koch – „in gesellschaftliche Nischen zurückzuziehen": „Wir werden eine Kirche für alle Menschen bleiben, auch mit unseren caritativen und Bildungs-Angeboten. Vor allem aber bauen wir voll Vertrauen darauf, dass Gott uns immer neue Wege eröffnet und sie mit uns geht." So der Berliner Erzbischof bei der Vorstellung der Projektion in Berlin. Trotz Diaspora-Situation ist es für das Erzbistum Berlin entscheidend, mit der ganzen Breite an Angeboten als Kirche erfahrbar zu sein.

„Es muss etwas geschehen", bleibt eine berechtigte Hoffnung, wird aber ein langfristiger Prozess sein. Denn es ist schädlich, Aktionen und Kampagnen ins Leben zu rufen, die nicht durch eine kirchliche Wirklichkeit gedeckt sind. Wichtiger ist es, dass Kirche nicht als Selbstzweck, sondern als eine „Kirche für alle" wahrgenommen wird.

In die Debatte mischten sich im Raum beider Kirchen einige kritische Stimmen. Aus Sicht mancher Theologen und Nichtökonomen war die grundsätzliche Sinnhaftigkeit einer Langfristprojektion nicht nachvollziehbar. Berechnungen für einen Zeitraum von über 40 Jahren seien nicht geeignet, die Wirklichkeit zuverlässig abzubilden. Die Entwicklung würde vielmehr durch unvorhergesehene Ereignisse in den nächsten Jahrzehnten maßgeblich verändert. Gerade da eine solche Vorausberechnung nicht den Anspruch erhebt, die Zukunft vorherzusagen, sondern lediglich einen vergangenen Trend in die Zukunft fortschreibt, dürfe sie keinesfalls als Grundlage für kirchliche Finanzplanungen verwendet werden. Insbesondere verbiete es sich, mit den Zahlen in den Kirchengemeinden Veränderungen anzustoßen und *„Angst zu machen"*.[256] Dies gelte besonders angesichts des Neuheitsgrads der Freiburger Ergebnisse, den einige praktische Theologen und kirchliche Verantwortungsträger infrage stellten: Die projizierten *„Mitgliedschaftszahlen weichen [...]*

[256] Vgl. Matthaei (2020), S. 612f. Zur Verwendung der Projektion als Planinstrument vgl. Teil V.

nicht prinzipiell von dem ab, was in früheren Untersuchungen auch schon herausgefunden wurde", merkte die Tübinger Theologieprofessorin Birgit Weyel an.[257] Darin war sie sich mit dem Ulmer Dekan und Württembergischen Landessynodalen Ernst-Wilhelm Gohl einig: Der Erkenntnisgewinn der Projektion stehe *„in keinem Verhältnis zum Wirbel, den sie verursacht hat*".[258] Die Freiburger Studie habe vielmehr nicht nur in der Öffentlichkeit, sondern auch in den Gemeinden vor Ort zu *„Frust und Verunsicherung*"[259] geführt, der bis heute andauere. Insbesondere bei Pfarrerinnen und Pfarrern verstärkte sie das *„lähmende[s] Gefühl, auf einem sinkenden Schiff zu sein*".[260] Gelegentlich wurde in den kirchlichen Debatten darauf verwiesen, dass statistisch-deskriptive Analysen lediglich ein Zugang unter vielen zur Wirklichkeitsbeschreibung sind. Unmittelbare Handlungsempfehlungen ließen sich daraus nicht ableiten. Es müsse der Eindruck vermieden werden, dass *„die Kirche durch ihr Handeln diesen statistischen Trend maßgeblich stoppen könnte*".[261] Im deutschen Pfarrerblatt warnte der Vorsitzende der badischen Pfarrvertretung Volker Matthaei vor der *„Folge des Phänomens der self-fulfilling prophecy [...]: Auch an der Börse wird ein guter Teil der Kursentwicklung von Unternehmen durch Psychologie beeinflusst*".[262] Er kritisierte dies insbesondere vor dem Hintergrund, dass der Projektion das erhöhte Austrittsverhalten seit 2013 zugrunde liegt. Trotz der Kritik überwiegen für viele kirchliche Verantwortliche die mit der Projektion verbundenen Chancen. Die meisten Ansatzpunkte sehen sie bei jungen Menschen zu Beginn des Erwerbslebens.Dem Entfremdungsprozess bis zur ersten Kirchensteuerzahlung müsse etwas entgegengesetzt werden: *„Für junge Menschen zwischen 14 und 28 Jahren haben wir zu wenig zu bieten. Dabei sind das biografisch besonders wichtige Jahre*", konstatierte der Würzburger Bischof Jung.[263] Für den Kirchenpräsidenten der Evangelischen Kirche von Hessen und Nassau Volker Jung ist es daher erforderlich, den persönlichen Kontakt zu den Kirchenmitgliedern stärker zu pflegen. Die Kirchen müssten *„besser verstehen, was die jungen Leute bewegt*" und sollten *„deutliche Signale des Willkommens*" senden. So könnten Zugezogene direkt angeschrieben und zu einem Kennenlernen in ihre neue Gemeinde eingeladen werden.[264] Als strategische Möglichkeiten, um junge Erwachsene in der Kirche zu halten, empfahl der Finanzchef der Erzdiözese Paderborn Dirk Wummel dort anzusetzen, wo

257 Evangelische Landeskirche in Württemberg (2019), S. 2455.
258 Vgl. Mawick (2020), S. 37. Zur Diskussion um den Neuheitsgrad der Freiburger Studie vgl. Teil V.
259 Evangelische Landeskirche in Württemberg (2019), S. 2454f.
260 Vgl. Matthaei (2020), S. 612f.
261 Vgl. Evangelische Landeskirche in Württemberg (2019), S. 2455.
262 Vgl. Matthaei (2020), S. 612.
263 Bistum Würzburg (2019).
264 FAZ.NET (2019).

die Kirchen den meisten Kontakt zu den Gläubigen haben.[265] Angesichts der niedrigen Taufbereitschaft in seinem Erzbistum rief Erzbischof Heiner Koch dazu auf, „*Hochzeiten, Kommunionfeiern und Begräbnisse sowie Einrichtungen wie katholische Schulen zu nutzen, um mit kirchenfernen Teilnehmern ins Gespräch zu kommen*“.[266] Beide Ansatzpunkte wurden in anderen Landeskirchen und Diözesen praktisch verfolgt, wie die bereits in Teil V vorgestellten Kasualagenturen der Nordkirche und der bayerischen Landeskirche sowie das Trauteam in Essen zeigen. Generell gelte es, jene Mitglieder verstärkt in den Blick zu nehmen, die sich nur selten oder gar nicht am Gemeindeleben beteiligen. Das Bistum Essen sprach sich angesichts einer von ihr in Auftrag gegebenen Kirchenausstrittsstudie dafür aus, „*nicht nur die besonders aktiven Mitglieder der ‚Kerngemeinden‘ in den Blick zu nehmen, sondern ebenso die Katholiken, die nur selten ihre Angebote nutzen*“.[267] Und das Bistum Trier verfolgt als Ziel seiner Bistumssynode gar einen grundsätzlichen Perspektivwechsel: „*vom Kreisen um sich selbst hin in eine Bewegung auf die Menschen zu, auf ihre Themen und Bedürfnisse*“.[268] Der Bamberger Erzbischof Ludwig Schick sah darin für beide Kirchen deutliche Potenziale: „*Vor allen Dingen lässt sich vieles bei den Kasualien verbessern – also Beerdigungen, Taufen – und vieles näher bei den Menschen vollziehen. Das sollten wir tun. Wir müssen eine bessere Familienpastoral haben. Das muss auch in Deutschland ökumenisch besser gehen, weil wir viele konfessionell verschiedene Paare und Familien haben.*“[269]

Vor allem in der evangelischen Kirche wurde die Möglichkeit eines Kirchensteuerrabatts für junge Erwachsene diskutiert. Der EKD-Ratsvorsitzende Heinrich Bedford-Strohm sagte dazu Anfang August 2020 gegenüber der WELT: „*Wir stellen uns die Frage, was wir tun können, um die Gruppe der 25- bis 35-Jährigen in möglichst hoher Zahl in der Kirche zu halten. Die Konfirmation liegt weit zurück. Viele junge Menschen sind mit Studium und Ausbildung beschäftigt, verlieren womöglich den Kontakt zur Kirche. Und wenn sie dann ihr erstes Gehalt bekommen, fragen sie sich, warum sie Kirchensteuern zahlen sollen und treten aus. Wir diskutieren darüber, ob es vernünftig ist, für die Gruppe der Berufseinsteiger mit der Kirchensteuer eventuell noch zu warten oder sie zu reduzieren.*“[270] Diesen Aspekt griff auch ein erster Entwurf eines EKD-Zukunftspapiers auf, der im Vorfeld der EKD-Synode 2020 innerhalb der evangelischen Kirche breit und kontrovers diskutiert, letztlich aber verworfen wurde. Der Kirchensteuerrabattvor-

265 Erzbistum Paderborn (2019).
266 domradio (2019b).
267 Vgl. Bistum Essen (2019).
268 Bistum Trier (2019).
269 domradio (2019c).
270 Welt (2020a).

schlag wurde medial vielfach kommentiert und stieß dabei auf ein geteiltes Echo. So wies beispielsweise der Beteiligungsexperte Erik Flügge darauf hin, dass die Kirchenmitgliedschaft schon vor der ersten Gehaltsabrechnung plausibel sein müsse.[271]

Auch eine generelle Abschaffung wurde diskutiert. Die Kirchensteuer biete nur auf den ersten Blick Sicherheit und Stabilität. Stattdessen wurde ein spendenbasiertes Finanzierungssystem nach angelsächsischem Modell vorgeschlagen, das nach den Erfahrungsberichten auf der örtlichen Ebene pastoralen Fortschritt initiieren kann.[272] Der Finanzbericht des Bistums Speyer wies auf das Risiko hin, wenn „*wie in anderen Ländern auch, ein anderes System der Kirchenfinanzierung rechtlich*" durchgesetzt werden würde. Dies sei mit hohen finanziellen Einbußen verbunden, da freiwillige Spenden vermutlich deutlich geringer ausfallen würden als die bisherigen Kirchensteuern.[273] Für große mediale Resonanz hatte in diesem Zusammenhang der Bericht der Landesbischöfin der Nordkirche, Kristina Kühnbaum-Schmidt, vor der Landessynode im September 2020 gesorgt. Sie regte eine grundlegende Reform der Kirchenfinanzierung an: „*Wir müssen uns fragen, ob die Kirchensteuer in ihrer bisherigen Form weiterhin die Hauptsäule der Finanzierung unserer Kirche sein kann und soll*", sagte sie. „*Unser derzeitiges Kirchensteuermodell ist nicht in Stein gemeißelt.*" Sie schlug vor, Kirchenmitglieder, -verbundene und -ausgetretene zu befragen, welche Form der Kirchenfinanzierung langfristig angewandt werden sollte.[274] Bereits kurz vor der Veröffentlichung der Freiburger Studie hatte der katholische Bischof von Eichstätt, Gregor Maria Hanke, die Abschaffung der Kirchensteuer und der staatlichen Finanzzuweisungen in Deutschland vorgeschlagen. Auch sein Vorschlag stieß auf ein breites mediales Echo.[275] Angesichts des zu erwartenden Kirchensteuerrückgangs wurde in beiden Kirchen flächendeckend die strategische Bedeutung der Erschließung neuer Finanzquellen betont.[276]

Damit Protestanten einen konkreten Nutzen aus ihrer Kirchenmitgliedschaft ziehen können, forderte der hessen-nassauische Kirchenpräsident kurz nach Veröffentlichung der Freiburger Studie Kontingente für Kinder von Kirchenmitgliedern in evangelischen Kindertagesstätten. Junge Arbeitnehmer würden sich immer öfter die Frage stellen, was ihnen die Kirchenmitgliedschaft bringe. „*Für manche ist es frustrierend, dass die Mitgliedschaft in ihrer Kirche nicht einmal bedeutet, einen Kita-Platz in einer Kindertagesstätte ihrer Kirche zu bekommen*", sagte Jung: „*Wir müssen uns stärker in*

[271] evangelisch.de (2020).
[272] Vgl. hierzu bspw. Spielberg (2012, S. 289 f.).
[273] Vgl. Bistum Speyer (2019).
[274] Vgl. Welt (2020b).
[275] Vgl. Augsburger Allgemeine (2019).
[276] Vgl. bspw. Bistum Mainz (2019, S. 40).

die jungen Menschen hineinversetzen und sie fragen: ‚Was braucht ihr von uns?'"[277] Auch dieser Vorschlag wurde medial breit diskutiert und stieß vor allem aufgrund der Finanzierung der kirchlichen Kindertagesstätten auf Kritik, die als subsidiäre Einrichtungen zwar durch Kirchensteuermittel mitfinanziert, aber überwiegend mit staatlichen Geldern betrieben werden. Ein weiterer Vorschlag zur individuellen Plausibilisierung der Kirchenmitgliedschaft kam aus der Evangelischen Kirche von Kurhessen-Waldeck. Ihr damaliger Bischof Martin Hein schlug eine Mitgliedskarte mit Vorteilen für Kirchenmitglieder vor: „*Wie können wir eigentlich diejenigen, die Mitglied der evangelischen Kirche sind, bei uns behalten? Welche Vorteile können wir ihnen möglicherweise auch durch die Kirchenmitgliedschaft verschaffen? Und wie können wir in Kontakt zu ihnen treten?*" Auch Hein sah als eine Vergünstigung, die mit der Church-Card verbunden wäre, ein Platzkontingent in evangelischen Kindergärten vor. Dies wollte er troz rechtlicher Schwierigkeiten angesichts der subsidiären Finanzierung verfolgen. Andere Vergünstigungen könnten Rabatte bei kirchlichen Veranstaltungen sein: „*Das ist zwar sehr ökonomisch gedacht. Das ist auch der Kritikpunkt, der mir gegenüber oft genannt wird. Aber letzten Endes denken Menschen heute so. Die fragen: Was habe ich davon?*"[278]

Viele kirchliche Verantwortliche sehen eine Chance zur Plausibilisierung der Kirchenmitgliedschaft in der Stärkung des diakonischen und missionarischen Profils. Der Würzburger Bischof Jung betonte in diesem Geiste: „*Um dort zu sein, wo es brennt und Menschen in Notlagen sind*", müssten verfasste Kirche und Caritas enger zusammenarbeiten. Außerdem sollten „*alle Mitarbeiter – auch die Verwaltungskräfte – als ‚erste Missionare' in den Blick*" genommen werden.[279] Konkret rechnete Dirk Wummel für das Erzbistum Paderborn vor: „*Wir haben 3.300 Mitarbeitende in den Kitas des Erzbistums, die wiederum mehrere zehntausend Kinder erreichen. Dahinter stehen noch einmal Eltern, Großeltern und Geschwister. Nehmen wir diese Zahl einfach mal sechs, dann landen wir bei einer enormen Summe. Ähnlich sieht es in unseren Schulen aus, wo hinter jedem einzelnen Schüler eine ganze Menge weiterer Menschen stehen, zu denen wir indirekten Kontakt haben.*"

Bischöfin Hofmann erläutert in ihrem Beitrag auf Seite 222, warum eine missionale Kirche eine Kirche für und mit anderen ist, die die Mauern der selbstbezogenen Kirchlichkeit verlassen muss.

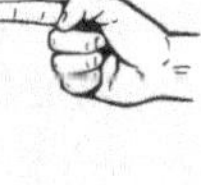

277 Vgl. FAZ.NET (2019).
278 Domradio (2019e).
279 Bistum Würzburg (2019).

Die Freiburger Studie. Erfahrungen, Erkenntnisse, Konsequenzen

von Bischöfin Prof. Dr. Beate Hofmann
(Evangelische Kirche von Kurhessen-Waldeck)

Die Freiburger Studie, die ungefähr zeitgleich zu meiner Wahl zur Bischöfin veröffentlicht wurde, hat mich durch mein erstes Jahr im Amt begleitet. Und die Erfahrungen mit der Corona-Pandemie haben die zentralen Fragen, die uns die Freiburger Studie vorgelegt hat, wie in einem Brennglas verstärkt und wichtige neue Erfahrungen erschlossen.

Kirche sein, das ist ein Geschehen, ein Prozess. Kirche geschieht an ganz unterschiedlichen Orten: in der Kirchengemeinde vor Ort, in diakonischen Einrichtungen, in Kliniken oder Schulen, auf dem Kirchentag, im Fernsehen, beim Pilgern oder auf dem Campingplatz. Sie braucht dafür nicht unbedingt feste Gebäude und sie geschieht auch nicht nur am Sonntagmorgen. Kirche geschieht für verschiedene Menschen an verschiedenen Orten. Verbunden sind sie in der Kommunikation des Evangeliums in Wort und Sakrament. Das genügt. Auch wenn die Feier des Sakramentes unter Corona-Bedingungen derzeit in den Hintergrund tritt: Diese Prozess- und Ereignisstruktur von Kirche haben wir jetzt auf ganz neue Weise erfahren. Kirche als „Bewegung" wird sichtbarer. Neue, mediale kirchliche Orte sind entstanden. Ich habe in meinem ersten Jahr nun fast so viele Videoandachten gehalten wie traditionelle Gottesdienste gefeiert!

Die Disruption unserer bisherigen Arbeit hat uns neue Kontaktflächen beschert. Digitale Verkündigung hat Menschen erreicht, die sonntags nicht in den Gottesdienst gehen, die sich aber interessiert und offen vor ihren Laptop setzen und einer Videoandacht folgen. Etliche Pfarrer*innen haben sich anfangs ganz erstaunt gezeigt über die Rückmeldungen und die Resonanz, die sie auf digitale Angebote erhalten haben. Das hat intensives Nachdenken darüber angestoßen, wie wir Gottesdienst für wen in welchen Formaten feiern. Und so manche Predigtstelle in einer kleinen Kirche vor einer kleinen Gemeinde ist Corona zum Opfer gefallen. Das hat Freiräume für Neues geschaffen: Gottesdienste im Freien, Klappstuhlgottesdienste, Gottesdienste to go in der Familie.

Neben der digitalen Kontaktfläche hat sich auch eine neue Wahrnehmung von Nachbarschaft entwickelt. Im Lockdown, in einer Zeit, in der Menschen Sorge hatten, sich in persönlicher Nähe zu begegnen, wurden Gespräche über den Gartenzaun, gemeinsames Singen mit Abstand vor dem Altenheim oder Musizieren von Haus zu Haus zu neuen Orten der

Begegnung und Vergemeinschaftung. Diese Erfahrungen verschärfen jetzt die Frage: „Wo sind die Orte, wo unsere Botschaft besonders gebraucht wird? Wo sind die Kontaktflächen, in denen Resonanz entsteht? Wo Salz wirkt und Sauerteig etwas zum Gären bringt?" Corona hat uns eine Chance geboten, uns auf die Erfahrungen und Denkweisen derer einzulassen, die Kirche bisher nicht als relevant erlebt haben.

Gleichzeitig hat sich die Frage nach der Relevanz der Kirche, die ja auch ein wesentlicher Begriff der Freiburger Studie war, noch einmal verschärft gestellt: Gerade weil es eine gesellschaftliche Debatte um die „Systemrelevanz" der Kirchen gab, zeigte sich auch, dass von Kirche viel erwartet wurde. Die Selbstverständlichkeit, mit der sie an vielen Orten präsent war, wurde mancherort erst durch ihr plötzliches Fehlen sichtbar bewusst – und heftig vermisst. Ist Kirche also doch auf eine bestimmte Weise relevant, nämlich darin, dass sie Trost, Zuwendung und Orientierung bietet, weit über das hinaus, was wir, manchmal frustriert von Austrittszahlen und niedrigen Gottesdienstbesuchen, wahrnehmen?

Der Grundgedanke der missionalen Kirche, dass Kirche vor allem Kirche für andere und mit anderen ist, und dass wir die Mauern unserer selbstbezogenen Kirchlichkeit verlassen müssen, hat jetzt eine Erfahrungsgrundlage, die die vielfältigen und manchmal schwerfälligen Reformprozesse beschleunigt hat und ihnen eine neue Richtung gibt. Der Auftrag der Kirche ist die Kommunikation des Evangeliums an alle Welt, nicht zuerst die Sicherung des Mitgliederbestandes. Diese Erkenntnis aus der Freiburger Studie hat in der Corona-Pandemie neues Gewicht erhalten. Zugleich ist der Ressourcenmangel durch die Pandemie gewachsen; möglicherweise wird sich auch der Mitgliederschwund durch die ökonomischen Folgen von Corona beschleunigen und den Reformdruck erhöhen.

Mutig und verantwortungsvoll erkunden wir die neuen Möglichkeiten, die sich uns eröffnen. Dabei werden wir manches zurücklassen, das vor Corona zum kirchlichen Leben gehörte, und dafür neu Entstandenes weiterführen. Die Freiburger Studie wird uns dabei helfen, diesen Weg entschlossen, aber auch hoffnungsvoll zu gehen.

In beinahe allen Landeskirchen und Diözesen finden derzeit Zukunfts- und Sparprozesse statt, von denen sich viele explizit auf die Freiburger Studie beziehen. Gerade für kirchliche Finanzverantwortliche bot die langfristig projizierte Kirchensteuerentwicklung die Gelegenheit, ihre in den vergangenen Jahren oft ungehörte Mahnung zu mittelfristigen Haushaltseinsparungen zu Gehör zu bringen. Insbesondere im evangelischen Bereich wurde die Initiierung einiger dieser Prozesse direkt durch die Freiburger Studie veranlasst. So hat sich die Nordkirche nach Präsentation der Projektion im Plenum der Landessynode dazu entschieden, die Kirchenleitung mit einem Prozess zum Thema „Zukunft der Kirche" zu beauftragen.[280] Wie die EKHN ihren *„Prioritätenprozess 2030"* hat auch die badische Landeskirche ihren *„Ressourcensteuerungsprozess"* ausdrücklich mit den Freiburger Ergebnissen begründet. Die Freiburger Studie habe *„eindrücklich nahegelegt, dass die Mitgliederzahlen auch in unserer Badischen Landeskirche deutlich zurückgehen werden. Dies hat im gleichen Maße Auswirkungen auf die Kirchensteuereinnahmen und damit auf die gesamte Finanzsituation"*.[281] Das Bistum Münster verkündete *„starke Einschnitte"* als Konsequenz aus der Langfristprojektion und verwies dabei auf einen *„sozialverträglichen Personalabbau"*.[282] Der Generalvikar des Bistums Hildesheim hat mit Blick auf den prognostizierten Rückgang auch den Gebäudebestand im Fokus: *„Das führt auch dazu, dass viele kirchliche Gebäude zukünftig nicht mehr benötigt werden. Insofern ist es aus wirtschaftlichen Gründen geboten, den gesamten Gebäudebestand dem notwendigen Bedarf anzupassen. Geschieht das nicht, hat das Bistum bei voraussichtlich zurückgehenden Kirchensteuereinnahmen weiterhin hohe Instandhaltungs- und Investitionskosten zu finanzieren."*[283] In diesem Sinne reagierte auch der Generalvikar des Erzbistums Freiburg Axel Mehlmann bei einer Pressekonferenz zur Vorstellung des verabschiedeten Doppelhaushalts 2020/2021 auf die Freiburger Zahlen: *„In den kommenden Monaten werden wir dann ein Konzept erarbeiten, das grundsätzlich auf die erwarteten geringeren Finanzmittel reagiert."*[284] Bischof Michael Gerber sah Gestaltungsmöglichkeiten in Bezug auf das Tauf-, Austritts- und Eintrittsverhalten und verwies auf den Strategieprozess *„Bistum 2030"* und die *„strategischen Ziele"*. Diese zielten darauf ab, das Bistum an den Ansatzpunkten der Freiburger Studie – Mitgliederbindung und Mitgliederneugewinnung – zukunftsfähig auszurichten.[285] Für den Speyerer Generalvikar Andreas Sturm war nun klar, dass die *„Frage nach einer zukünftigen Ausrichtung der Kirche im Bistum Speyer angesichts notwendiger Priorisierungen noch einmal dringlicher geworden"* ist. In diesem Zusammenhang nahm er Bezug auf den 2020 initiierten Visionsprozess im Bistum Speyer: *„Die Frage ist im Grunde die nach einer gemeinsamen Vision."*[286]

280 Vgl. Evangelisch-Lutherische Kirche in Norddeutschland (2019).
281 Wießner (2020).
282 WDR (2019).
283 Bistum Hildesheim (2020, S. 55).
284 Konradsblatt (2019).
285 Bistum Fulda (2019).
286 der pilger (2020).

Den Bezug des bereits im Jahr 2018 begonnenen „Pastoralen Zukunftswegs“ im Erzbistum Köln zur Freiburger Studie erläutert Erzbischof Rainer Maria Kardinal Woelki in seinem Beitrag unten.

Der Pastorale Zukunftsweg im Erzbistum Köln

von Erzbischof Rainer Maria Kardinal Woelki (Erzbistum Köln)

Es sind große Herausforderungen, vor die eine immer säkularere Gesellschaft die Kirche stellt. Als ich 2014 zum Erzbischof von Köln ernannt wurde und von Berlin in meine Heimatdiözese zurückkehrte, war ich mir dessen sehr bewusst. Schon bei meinem Amtsantritt habe ich mir daher das Ziel gesetzt, die Kirche im Erzbistum Köln zukunftsfähig aufzustellen. 2015 initiierte ich den Pastoralen Zukunftsweg. Auf mehreren Etappen sollten ihn möglichst viele Laien und Seelsorger aktiv mitgehen. Ganz bewusst ist das vor allem ein geistlicher Weg, denn das Ziel ist es, Christus in die Mitte zu stellen – in der Eucharistie ebenso wie im Wort Gottes und der Gemeinschaft. Schließlich ist es Seine Kirche. Er soll unser ganzes Leben bestimmen – besonders das Leben der Kirche im Erzbistum Köln.

Gott ist Mensch geworden, mitten in unserer Geschichte unter den konkreten Bedingungen dieser Welt. Deshalb soll auch dieser geistliche Weg an den konkreten Gegebenheiten in der Welt nicht vorbeigehen. Das kann nur dann gelingen, wenn er die reale kirchliche Situation, von der er ausgeht, nicht ausblendet. Er muss sie klar und nüchtern wahrnehmen und benennen. Dazu zählen seelsorgliche Aspekte – „Wie und für wen wollen wir uns als Katholikinnen und Katholiken im Erzbistum Köln einsetzen?“ – ebenso wie die personellen und finanziellen Ressourcen. Der letztgenannte Bereich hat durch die Covid-19-Pandemie noch eine massive Verschärfung erfahren.

Um das so realistisch wie möglich zu betrachten, haben wir uns mit der zu erwartenden Mitgliederentwicklung im Erzbistum Köln und ihren finanziellen Konsequenzen beschäftigt. Die Daten zur langfristigen Entwicklung der Katholikenzahl und des Kirchensteueraufkommens sind in die Planungen für die nächsten Jahre eingeflossen. Die Ergebnisse der Freiburger Studie haben die Erkenntnis geschärft, dass der Rückgang der Zahl der Kirchenmitglieder im Erzbistum nicht nur auf demografische Faktoren, sondern auch und noch stärker auf das Tauf-, Austritts- und Aufnahmeverhalten zurückzuführen ist. Diese Erkenntnis macht deutlich, dass wir Mitverantwortung für die künftige Entwicklung tragen.

Das ist auch als Chance zu verstehen: Es führen in erheblichem Maße solche Faktoren zu dem projizierten Mitgliederrückgang, auf die wir als Kirche mittelbar oder unmittelbar einen Einfluss haben. Das bestärkt das Bemühen, die von Papst Franziskus vielfach benannte und geforderte Evangelisierung in den Mittelpunkt des Pastoralen Zukunftsweges zu stellen und sie zu unserem Anliegen zu machen. Evangelisierung ist *„die eigentliche und wesentliche Sendung der Kirche"* und das *„Leitkriterium [...], unter dem wir alle Schritte erkennen können, die wir als kirchliche Gemeinschaft in Gang zu setzen gerufen sind"*.*

Papst Franziskus gibt damit einen Hinweis auf die Prioritäten, die das kirchliche Engagement heute und in Zukunft haben sollte. Dafür bin ich dankbar. Alle finanziellen und personellen Überlegungen dienen dem Ziel, *„die Freude am Evangelium wiederzugewinnen, die Freude, Christen zu sein."*** Mit dem Pastoralen Zukunftsweg möchte ich Menschen in die Jüngerschaft Jesu einladen, das heißt immer (und wieder) mehr Menschen dafür zu gewinnen, sich in den Dienst Gottes und in den Dienst der Menschen zu stellen. Deshalb sind etwa die Etablierung einer Willkommenskultur, die Stärkung der Glaubenskommunikation, die Suche nach pastoralen Innovationen und die lebensbegleitende Katechese zentrale Elemente auf dem Pastoralen Zukunftsweg.

All unser Tun bleibt Aktionismus, wenn es nicht getragen ist vom Gespräch mit Gott selbst, vom Gebet, von der sonntäglichen Eucharistiefeier als dem zentralen Anker unseres Glaubens. Weitere, vielfältige liturgische Formen kommen dazu, alte und neue. Sie geben Halt und Orientierung auf dem gemeinsamen Weg in die Zukunft, bei dem Gott unsere Perspektive und unser Handeln bestimmen soll.

* Brief von Papst Franziskus an das pilgernde Volk Gottes in Deutschland. Vatikanstadt 29. Juni 2019. In: Verlautbarungen des Apostolischen Stuhls Nr. 220. Hrsg. vom Sekretariat der Deutschen Bischofskonferenz, Bonn 2019, Nr. 6, S. 15.
** A. a. O., Nr. 7, S. 16.

Das im Bereich der EKD veröffentlichte und viel diskutierte Thesenpapier „Hinaus ins Weite – Kirche auf gutem Grund" macht sich die Grundergebnisse der Projektion 2060 ebenfalls zu eigen: „*Ausgangspunkt der folgenden Überlegungen ist die Einsicht, dass die Kirchen in Deutschland zukünftig weniger Mitglieder und weniger Ressourcen haben werden. Strukturen und Angebote können nicht im jetzigen Umfang fortgeführt werden. Die Gründe für den prognostizierten Rückgang sind zum Teil demografischer Art. Darauf hat die Kirche keinen Einfluss. Gleichzeitig lässt sich beobachten: Christlicher Glaube hat für viele Menschen an Plausibilität und Relevanz verloren.*“ Und im Prozess zur Neuorientierung der Finanzstrategie der EKD werden die „*Ergebnisse der Freiburger Studie als Herausforderung*“ angenommen, „*indem es die Mitgliederentwicklung für beeinflussbar hält und dabei den Auftrag, das Evangelium zu den Menschen zu bringen, und die von der Mitgliederbasis abhängigen Gestaltungsmöglichkeiten der Kirche in wechselseitige Beziehung setzt*“.[287]

Die angestoßenen Spar- und Strategieprozesse sehen in den Diözesen und Landeskirchen überwiegend deutliche Einsparziele vor. Viele Kirchen haben das Ziel „30 Prozent bis 2030“ ausgegeben. Ob diese Sparzwänge genügend Raum für eine damit einhergehende strategische Schwerpunktsetzung lassen, bleibt abzuwarten. Zu hoffen ist es. Denn letztlich scheint zu stimmen, was Stefanie Witte in der Osnabrücker Zeitung kommentierte: „*Am Ende kann der Wandel auch eine Chance sein — für mehr Ökumene, neue Formen der Gemeinschaft, Besinnung aufs Wesentliche. Voraussetzung ist, dass dieser Wandel aktiv gestaltet und nicht passiv erduldet wird.*“[288]

[287] EKD (2020).

[288] Witte (2019, S. 5).

Literatur- und Quellenverzeichnis

Augsburger Allgemeine (2019), Eichstätt, Bischof Hanke stellt Kirchensteuer in Deutschland infrage, https://www.augsburger-allgemeine.de/bayern/Bischof-Hanke-stellt-Kirchensteuer-in-Deutschland-infrage-id53911446.html (Zugriff 09.11.2020).

Arndt, Christian (2009), Analyse und Prognose des Kirchensteueraufkommens der EKD in Deutschland mit zeitreihen- und panelökonometrischen Modellen, zugl.: Hohenheim, Univ., Diss., 2008, Tübingen.

Bach, Stefan, Martin Beznoska und Viktor Steiner (2016), Wer trägt die Steuerlast? Verteilungswirkungen des deutschen Steuer- und Transfersystems, in: Politikberatung kompakt, Nr. 347, Heft 114.

Bach, Stefan, Giacomo Corneo und Viktor Steiner (2006), Top incomes and top taxes in Germany, in: CESifo working papers, Heft 1641.

Baumann, Ute, Johannes Bermpohl und Wolfgang Leiser (2020), Das Projekt „Kirchenpost“ der Evangelisch-Lutherischen Kirche in Bayern, in: Kirche – ja bitte! Innovative Modelle und strategische Perspektiven von gelungener Mitgliederorientierung, hrsg. von David Gutmann, Fabian Peters, André Kendel, Tobias Faix und Ulrich Riegel, 2. Aufl., Neukirchen-Vluyn, S. 100–107.

Benz, Tobias, Christian Hagist und Bernd Raffelhüschen (2011), Projektion des Kirchensteueraufkommens und der Katholikenzahl im Erzbistum Köln, Studie im Auftrag des Erzbistums Köln, Freiburg.

Benz, Tobias und Bernd Raffelhüschen (2013), Projektion des Kirchensteueraufkommens und der Katholikenzahl im Bistum Limburg, Studie im Auftrag des Bistums Limburg, Freiburg.

Beznoska, Martin und Tobias Hentze (2016), Die Wirkung des demografischen Wandels auf die Steuereinnahmen in Deutschland, in: IW-Trends – Vierteljahresschrift zur empirischen Wirtschaftsforschung, 43. Jg., Heft 3, S. 77–93.

Bingener, Reinhard (2019), Arme Kirchen, in: FAZ vom 03.05.2019, Frankfurt am Main.

Birkelbach, Klaus (1999), Die Entscheidung zum Kirchenaustritt zwischen Kirchenbindung und Kirchensteuer. Eine Verlaufsdatenanalyse in einer Kohorte ehemaliger Gymnasiasten bis zum 43. Lebensjahr, Zeitschrift für Soziologie 28(1999)2, S. 136–153.

Bistum Essen (2019), Perspektiven, https://www.bistum-essen.de/info/bistum/finanzen/perspektiven (Zugriff 09.11.2020).

Bistum Fulda (2019), Projektion der Kirchenmitglieder und des Kirchensteueraufkommens für das Bistum Fulda, https://www.bistum-fulda.de/bistum_fulda/presse_medien/liste_pressemeldungen/2019/2019 02/bpd_2019_5/bpd_20190502_01_Projektion.php (Zugriff 11.11.2020).

Bistum Hildesheim (2020), Geschäftsbericht 2019, https://www.bistum-hildesheim.de/fileadmin/dateien/PDFs/Geschaeftsbericht/geschaeftsbericht2019.pdf (Zugriff 09.11.2020).

Bistum Limburg (2020), schaut hin, Leitwort für den 3. Ökumenischen Kirchentag in Frankfurt gewählt, https://bistumlimburg.de/beitrag/schaut-hin/ (Zugriff 17.10.2020).

Bistum Mainz (2019), Eine Kirche, die teilt, Handreichung für die erste Phase des Pastoralen Weges in den Dekanaten, https://bistummainz.de/export/sites/bistum/pastoraler-weg/galleries/downloads/BM_PW_Handreichung_Onlineversion.pdf (Zugriff 09.11.2020).

Bistum Regensburg (2020), Jede Zahl hat ein Gesicht, Finanzkommunikation im Bistum Regensburg, www.zahlengesichter.de (Zugriff 03.11.2020).

Bistum Speyer (2019), Jahresabschluss zum 31. Dezember 2018, https://www.bistum-speyer.de/fileadmin/user_upload/1-0-0/Internetredaktion/Downloads/Jahresabschl%C3%BCsse_2018/Ver%C3%B6ffentlichund_Bistum_Speyer.pdf (Zugriff 09.11.2020).

Bistum Trier (2019), Mit den Menschen unterwegs sein, Beitrag vom 2. Mai 2019, heraus-gerufen.de (Zugriff 09.11.2020).

Bistum Würzburg (2019), „Wir müssen durch unsere Arbeit überzeugen“, https://pow.bistum-wuerzburg.de/aktuelle-meldungen/detailansicht/ansicht/wir-muessen-durch-unsere-arbeit-ueberzeugen/ (Zugriff 09.11.2020).

Bollmann, Ralph und Inge Kloepfer (2016), „Die Jungen müssen kämpfen lernen“, in: Frankfurter Allgemeine Sonntagszeitung vom 10.07.2016, S. 27.

Bonin, Holger (2001), Generational Accounting, Theory and Application, Berlin, Heidelberg.

Bonin, Holger, Terry Gregory und Ulrich Zierahn (2015), Übertragung der Studie von Frey/Osborne (2013) auf Deutschland, Bonn.

Bowles, David und Andy Zuchandke (2012), Entwicklung eines Modells zur Bevölkerungsprojektion - Modellrechnungen zur Bevölkerungsentwicklung bis 2060, Leibniz Universität Hannover - Wirtschaftswissenschaftliche Fakultät, Diskussionspapier Nummer 499, Hannover.

Bowley, Arthur Lyon (1924), Births and Population in Great Britain, in: The economic journal: the journal of the Royal Economic Society, 34. Jg., Heft 134, S. 188–192.

Breidenbach, Philipp, Roland Döhrn und Tanja Kasten (2015), Wer trägt den Staat im Jahr 2015? Die aktuelle Verteilung der Steuer- und Abgabenlasten auf die Bevölkerung in Deutschland, Essen.

Brümmerhoff, Dieter und Thiess Büttner (2015), Finanzwissenschaft, 11. Aufl., Berlin/Boston.

Bundesagentur für Arbeit (2019), Die Arbeitsmarktsituation von Frauen und Männern 2018, Nürnberg.

Bundesministerium der Finanzen (2017a), Besteuerung von Alterseinkünften, Aktualisierung Juli 2017, Berlin.

Bundesministerium der Finanzen (2017b), Datensammlung zur Steuerpolitik, Ausgabe 2016/2017, Berlin.

Bundesministerium der Finanzen (2020a), Ergebnisse der 158. Steuerschätzung - Scholz: „Wir haben die Finanzen im Griff“, https://www.bundesfinanzministerium.de/Content/DE/Pressemitteilungen/Finanzpolitik/2020/09/2020-09-10-PM-Ergebnisse-der-Steuerschaetzung.html (Zugriff 17.10.2020).

Bundesministerium der Finanzen (2020b), Kassenmäßige Steuereinnahmen nach Steuerarten in den Kalenderjahren 2010–2019, Berlin.

Bundesministerium des Innern, für Bau und Heimat (BMI) (2020), Christliche Kirchen, https://www.bmi.bund.de/DE/themen/heimat-integration/staat-und-religion/christliche-kirchen/christliche-kirchen-node.html (Zugriff 12.11.2020).

Burkimsher, Marion (2014), Is Religious Attendance Bottoming Out? An Examination of Current Trends Across Europe, in: Journal for the Scientific Study of Religion, 53. Jg., Heft 2, S. 432–445.

Cannan, Edwin (1895), The probability of a cessation of the growth of population in England and Wales during the next century, in: The economic journal: the journal of the Royal Economic Society, 5. Jg., Heft 20, S. 505–515.

Christ und Welt (2019), Soll die Kirchensteuer abgeschafft werden?, 09.05.2019, Hannover.

Cleven, Thoralf (2019), Was schafft Bindung? in: Leipziger Volkszeitung vom 03.05.2019, Leipzig.

der pilger (2020), Bistum Speyer schlägt Sparkurs ein, Im Pilger-Interview erläutern Generalvikar Andreas Sturm und Diözesan-Ökonom Peter Schappert die geplanten Haushaltsmaßnahmen des Bistums, https://www.pilger-speyer.de/nachrichten/im-gespraech/article/bistum-speyer-schlaegt-sparkurs-ein/ (Zugriff 09.11.2020).

Deutscher Bundestag (2004), Entwurf eines Gesetzes zur Neuordnung der einkommensteuerrechtlichen Behandlung von Altersvorsorgeaufwendungen und Altersbezügen (Alterseinkünftegesetz - AltEinkG), Drucksache 15/2563, Berlin.

Dittrich, Stefan, Ulrike Gerber und Volker Kordsmeyer (2013), Einkommensanalyse mit dem Taxpayer-Panel, in: Daten in der wirtschaftswissenschaftlichen Forschung: Festschrift zum 65. Geburtstag von Prof. Dr. Joachim Merz, Wiesbaden, S. 71–88.

Dobrinski, Matthias (2019), Die Kraft der Minderheit, in: Süddeutsche Zeitung vom 03.05.2019, München.

domradio (2019a), Bedford-Strohm zur Studie über Kirchenaustritte, „Keine Katastrophenmeldung“, https://www.domradio.de/themen/glaube/2019-06-22/bedford-strohm-zur-studie-ueber-kirchenaustritte (Zugriff 09.11.2020).

domradio (2019b), Erzbischof Koch mahnt bei Kirchenmitgliederentwicklung „Kleinere Kirche darf nicht zur Sekte werden“, https://www.domradio.de/themen/bist%C3%BCmer/2019-05-07/kleinere-kirche-darf-nicht-zur-sekte-werden-erzbischof-koch-mahnt-bei-kirchenmitgliederentwicklung (Zugriff 11.11.2020).

domradio (2019c), Erzbischof Schick zur Entwicklung der Kirchenmitgliederzahlen, „Diese Zahlen müssen nicht eintreffen“, https://www.domradio.de/themen/reformen/2019-05-03/diese-zahlen-muessen-nicht-eintreffen-erzbischof-schick-zur-entwicklung-der-kirchenmitgliederzahlen (Zugriff 09.11.2020).

domradio (2019d), Erzbistum Köln: In 40 Jahren nur noch halb so viele Katholiken, „Nicht tatenlos zusehen“, https://www.domradio.de/themen/erzbistum-koeln/2019-06-01/erzbistum-koeln-40-jahren-nur-noch-halb-so-viele-katholiken (Zugriff 09.11.2020).

domradio (2019e), Kann eine Mitgliedskarte für Christen vor Austritten schützen? Evangelische Kirche Hessen plant „Church Card“, https://www.domradio.de/themen/%C3%B6kumene/2019-05-10/evangelische-kirche-hessen-plant-church-card-kann-eine-mitgliedskarte-fuer-christen-vor-austritten (Zugriff 09.11.2020).

Easterlin, Richard A. (2005), Diminishing Marginal Utility of Income? Caveat Emptor. Social Indicators Research 70, S. 243–255.

Ebertz, Michael N. (2005), Religion, Christentum und Kirche in den Pluralen Gesellschaften Europas, in: Handbuch Interreligiöses Lernen, hrsg. von Peter Schreiner, Ursula Sieg und Volker Elsenbast, Gürtersloh, S. 41–56.

Eicken, Joachim und Ansgar Schmitz-Veltin (2010), Die Entwicklung der Kirchenmitglieder in Deutschland, Statistische Anmerkungen zu Umfang und Ursachen des Mitgliederrückgangs in den beiden christlichen Volkskirchen, in: WISTA – Wirtschaft und Statistik, Heft 6, S. 576–589.

ekibatv (2020), Kirche im Umbruch, Vortrag von Fabian Peters, www.bit.ly/freiburg2060 (Zugriff 06.11.2020).

Erzbistum Berlin (2019), Vorstellung der Studie zur langfristigen Projektion der Kirchenmitglieder und des Kirchensteueraufkommens im Erzbistum Berlin am 7. Mai 2019 in Berlin, Statement von Erzbischof Dr. Heiner Koch, https://www.erzbistumberlin.de/fileadmin/user_mount/PDF-Dateien/Pressemeldungen/20190507ProjektionStatementKoch.pdf (Zugriff 11.11.2020).

Erzbistum Freiburg (2020a), Einfach kirchlich heiraten, www.einfach-kirchlich-heiraten.de (Zugriff 03.11.2020).

Erzbistum Freiburg (2020b), Visitationen (LEVI) https://www.ebfr.de/html/content/visitationen_levi.html (Zugriff 02.11.2020).

Erzbistum Paderborn (2019), Bei tiefer Sehnsucht nach Glaubens- und Sinnfragen ansetzen, Interview mit Finanzchef Dirk Wummel, https://wir-erzbistum-paderborn.de/aktuelles/bei-tiefer-sehnsucht-nach-glaubens-und-sinnfragen-ansetzen/ (Zugriff 09.11.2020).

Eurostat (2019), Pressemitteilung 70/2019 vom 25.04.2019: „Erwerbstätigenquote der 20- bis 64-Jährigen in der EU erreichte im Jahr 2018 mit 73,2% neuen Spitzenwert".

Eurostat (2020), Gesamtfruchtbarkeitsrate, Anzahl der Kinder pro Frau, https://ec.europa.eu/eurostat/tgm/table.do?tab=table&plugin=1&language=de&pcode=tps00199 (Zugriff 27.10.2020).

evangelisch.de (2020), Mitgliedschaft, Erik Flügge: Kirchensteuer-Rabatt hält nicht von Kirchenaustritt ab, https://www.evangelisch.de/inhalte/177408/27-10-2020/erik-fluegge-kirchensteuer-rabatt-haelt-nicht-von-kirchenaustritt-ab (Zugriff 09.11.2020).

Evangelische Kirche Berlin-Brandenburg-schlesische Oberlausitz (EKBO) (2020), Checkliste Willkommenskultur, Praxisblatt, https://akd-ekbo.de/wp-content/uploads/PB_2-04_Checkliste_Willkommenskultur.pdf (Zugriff 14.10.2020).

Evangelische Kirche in Deutschland (EKD) (2019), Kirche im Umbruch, Zwischen demografischem Wandel und nachlassender Kirchenverbundenheit, Eine langfristige Projektion der Kirchenmitglieder und des Kirchensteueraufkommens der Universität Freiburg in Verbindung mit der EKD, Hannover.

Evangelische Kirche in Deutschland (EKD) (2020), Prozess zur Neuorientierung der Finanzstrategie der EKD, 7. Tagung der 12. Synode der EKD, 8. und 9. November 2020, https://www.ekd.de/prozess-zur-neuorientierung-der-finanzstrategie-der-ekd-60360.htm (Zugriff 10.11.2020).

Evangelische Kirche von Hessen und Nassau (EKHN) (2020), Die Impulspost. Kirche geht neue Wege in der Ansprache ihrer Mitglieder.

https://www.ekhn.de/ueber-uns/aufbau-der-landeskirche/medien/impulspost.html (Zugriff am 25.10.2020).

Evangelische Landeskirche in Baden (2019), Projektion gibt Aufschluss über langfristige Mitgliederentwicklung der Kirchen in Deutschland, Ergebnisse für die badische Landeskirche, https://www.ekiba.de/html/aktuell/aktuell_u.html?&m=16515&cataktuell=&m=31197&artikel=19323&stichwort_aktuell=&default=true (Zugriff 09.11.2020).

Evangelische Landeskirche in Württemberg (2019), Wort der 50. Sitzung der 15. Evangelischen Landessynode, Stuttgart.

Evangelischer Pressedienst (2020), Kirchen fehlen Millionen durch Einbußen bei der Kirchensteuer, https://www.evangelisch.de/inhalte/172744/18-07-2020/kirchen-fehlen-millionen-durch-einbussen-bei-der-kirchensteuer (Zugriff 17.10.2020).

Evangelisch-Lutherische Kirche in Bayern (2017), Profil und Konzentration, Zeugnis geben von der Liebe des menschgewordenen Gottes, München.

Evangelisch-Lutherische Kirche in Bayern (2018), Landessynode, Besonderes Kirchgeld abgeschafft, https://www.kirche-und-geld.de/besonderes-kirchgeld-abgeschafft.php (Zugriff 27.10.2020).

Evangelisch-Lutherische Kirche in Norddeutschland (2019), Nordkirche will Prozess einleiten, um Prioritäten für kirchliche Arbeit zu beraten, Landessynode beauftragt Kirchenleitung zur „Zukunft der Kirche", https://www.nordkirche.de/nachrichten/nachrichten-detail/nachricht/landessynode-beauftragt-kirchenleitung-zur-zukunft-der-kirche (Zugriff 09.11.2020).

Evangelisch-Lutherische Kirche in Norddeutschland (2020), Landesbischöfin: „Kasualagentur" der Nordkirche soll 2021 starten. https://www.nordkirche.de/nachrichten/nachrichten-detail/nachricht/landesbischoefin-kasualagentur-der-nordkirche-soll-2021-starten (Zugriff am 27.10.2020).

FAZ.NET (2019), Evangelische Kirche, Kita-Plätze gegen Mitgliederschwund, https://www.faz.net/aktuell/rhein-main/ekhn-praesident-jung-will-mit-kita-plaetzen-gegen-mitgliederschwund-kaempfen-16181477.html (Zugriff 09.11.2020).

Fetzer, Stefan (2005), Determinanten der zukünftigen Finanzierbarkeit der GKV, Doppelter Alterungsprozess, Medikalisierungs- vs. Kompressionsthese und medizinisch-technischer Fortschritt, Freiburg.

Fiola, Reinhard (2020), Kirchenkiste, in: Kirche – ja bitte! Innovative Modelle und strategische Perspektiven von gelungener Mitgliederorientierung, hrsg. von David Gutmann, Fabian Peters, André Kendel, Tobias Faix und Ulrich Riegel, 2. Aufl., Neukirchen-Vluyn, S. 44–50.

Flensburger Tageblatt (2019), 03.05.2019, Hände falten und handeln, S. 2.

Frejka, Thomas und Charles F. Westoff (2008), Religion, Religiousness and Fertility in the U.S. and in Europe, in: European Journal of Population/Revue Européenne de Démographie, 24. Jg., Heft 1, S. 5–31.

George, M. V., Stanley K. Smith, David A. Swanson und Jeff Tayman (2004), Population Projections, in: The Methods and Materials of Demography, hrsg. von Jacob Siegel und David A. Swanson, San Diego, S. 561–601.

Goujon, Anne, Sandra Jurasszovich und Michaela Potančoková (2017), Religious Denominiations in Austria, Baseline study for 2016 - Scenarios until 2046, ÖIF Forschungsbericht.

Graf, Friedrich Wilhelm (2004), Die Wiederkehr der Götter, Religion in der modernen Kultur, 3. Aufl., München.

Gundlach, Thies (2018), Wohin wächst der Glaube? Überlegungen zur geistlichen Aufgabe einer kleiner werdenden Kirche, in: Pastoraltheologie 107, S. 427–435.

Gundlach, Thies (2019), Wohin wächst der Glaube? - Zur geistlichen Bedeutung der Freiburger Studie. Der Paulus-Code. Mitgliederorientierung heute. Hofgeismar, 09.09.2019.

Gutmann, David (2017), Die Sonderauswertung für die katholische Kirche der Lohn- und Einkommensteuerstatistiken 2001, 2004, 2007, Ergebnisse und Erkenntnisse für die (Erz-)Diözesen in Deutschland, Kurzexpertise im Auftrag des Verbands der Diözesen Deutschlands, Freiburg.

Gutmann, David (2020), Kirchensteuerzahlende in Deutschland, Ergebnisse aus den Lohn- und Einkommensteuerstatistiken, in: Kirche & Recht, 26. Jg., Heft 1, S. 93–110.

Gutmann, David und Fabian Peters (2018), Die Sonderauswertung für die evangelische und katholische Kirche der Lohn- und Einkommensteuerstatistik 2013 – Ergebnisse und Erkenntnisse, Kurzexpertise für die Evangelische Kirche in Deutschland und den Verband der Diözesen Deutschlands, Freiburg.

Gutmann, David und Fabian Peters (2020), German Churches in Times of Demographic Change and Declining Affiliation: A Projection to 2060, in: Comparative Population Studies, 45. Jg., S. 3–34.

Gutmann, David, Fabian Peters, André Kendel, Tobias Faix und Ulrich Riegel (Hrsg.) (2020), Kirche – ja bitte! Innovative Modelle und strategische Perspektiven von gelungener Mitgliederorientierung, 2. Aufl., Neukirchen-Vluyn.

Gutmann, David, Fabian Peters und Bernd Raffelhüschen (2019), Einkommensteuer im Spiegel der nachgelagerten Besteuerung von Alterseinkünften, in: Wirtschaftsdienst, 99. Jg., Heft 11, S. 777–783.

Hackett, Conrad, Phillip Connor, Marcin Stonawski, Vegard Skirbekk, Michaela Potančoková und Guy Abel (2015), The Future of World Religions: Population Growth Projections, 2010-2050, Why Muslims Are Rising Fastest and the Unaffiliated Are Shrinking as a Share of the World's Population, Washington.

Hackett, Conrad, Brian Grim, Vegard Skirbekk, Marcin Stonawski und Anne Goujon (2011), Global Christianity: A Report on the Size and Distribution of the World's Christian Population, Washington.

Halm, Dirk und Martina Sauer (2017), Muslime in Europa. Integriert, aber nicht akzeptiert? Gütersloh.

Hardin, Garret (1968), The Tragedy of the Commons, in: Science 162, S. 1243–1248.

Homburg, Stefan (2015), Allgemeine Steuerlehre, 7. Aufl., München.

Kaelble, Martin (2020), V, W, U, L: die vier wichtigsten Szenarien der Corona-Rezession, https://www.capital.de/wirtschaft-politik/v-w-u-l-die-vier-wichtigsten-rezessionsszenarien (Zugriff 17.10.2020).

Käßmann, Margot (2019), Eine Frage der Haltung, Die Kirchen brauchen Mut! In: Bild am Sonntag vom 05.05.2019, S. 18.

Kastrup, Martin (2020), Mittelfristige Finanzplanung 2020 bis 2024. Bericht in der Sitzung der 16. Landessynode am 3. Juli 2020, Stuttgart, https://www.elk-wue.de/fileadmin/Downloads/Wir/Synode/2020/02_Sommertagung_2020/Berichte_und_Reden/TOP_13_-_Mittelfristige_Finanzplanung_2020-2024_-_Bericht_des_Oberkirchenrats_-_Oberkirchenrat_Dr._Kastrup.pdf (Zugriff 17.10.2020).

Keller, Dirk (2020), „In die Stadt gehen" – Citykirchenarbeit als Forum experimenteller Projektarbeit, in: Kirche – ja bitte! Innovative Modelle und strategische Perspektiven von gelungener Mitgliederorientierung, hrsg. von David Gutmann, Fabian Peters, André Kendel, Tobias Faix und Ulrich Riegel, 2. Aufl., Neukirchen-Vluyn, S. 30–43.

Kendel, André (2020), Voraussetzungen für eine gelingende Mitgliederorientierung in der Badischen Landeskirche, in: Kirche – ja bitte! Innovative Modelle und strategische Perspektiven von gelungener Mitgliederorientierung, hrsg. von David Gutmann, Fabian Peters, André Kendel, Tobias Faix und Ulrich Riegel, 2. Aufl., Neukirchen-Vluyn, S. 122–131.

Kieler Nachrichten (2019), Verlorene Bindekraft, 02.05.2019, Kiel.

Kirchenamt der EKD (2018), Gezählt 2018, Zahlen und Fakten zum kirchlichen Leben, Hannover.

Kirchenamt der EKD (2019a), Gezählt 2019, Zahlen und Fakten zum kirchlichen Leben, Hannover.

Kirchenamt der EKD (2019b): Pressemitteilung der EKD vom 02.05.2019: Langfristige Projektion der Kirchenmitglieder und des Kirchensteueraufkommens in Deutschland, Hannover.

Kirchenamt der EKD (2020a), Gezählt 2020, Zahlen und Fakten zum kirchlichen Leben, Hannover.

Kirchenamt der EKD (2020b), Kirchenmitglieder, (Wieder-)Aufnahmen, Kasualien, Kirchenaustritte, Kirchensteuern und Kirchgeld von 1991 bis 2019, Aufbereitung für das Forschungszentrum Generationenverträge, Hannover.

Konradsblatt (2019), Erzbistum Freiburg will Sparkonzept erarbeiten, https://www.konradsblatt.de/html/aktuell/aktuell_aktuell_u.html?&artikel=116583&m=23041&stichwort_aktuell= (Zugriff 09.11.2020).

Lassiwe, Benjamin (2019), Weniger Opium, in: Weserkurier vom 03.05.2019, S. 2.

Lerch, Mathias, Michel Oris, Philippe Wanner und Yannic Forney (2010), Affiliation religieuse et mortalité en Suisse entre 1991 et 2004, in: Population English Edition, 65. Jg., Heft 2, S. 217–250.

Leslie, P. H. (1945), On the use of matrices in certain population mathematics, in: Biometrika, 33. Jg., S. 183–212.

Llyod, William Forster (1833), Two Lectures on the Checks to Population, Oxford University Press.

Mankiw, Nicholas Gregory und Mark P. Taylor (2018), Grundzüge der Volkswirtschaftslehre, 7. Aufl., Stuttgart.

Matthaei, Volker (2020), Projektion 2060 – Cui bono? Wem nützt die Studie „Kirche im Umbruch"?, in: Deutsches Pfarrerblastt 10/2020, S. 611–615.

Mawick, Reinhard (2020), „Nachsteuern kaum möglich." Die Tübinger Theologieprofessorin ist skeptisch, ob sich der Trend in Sachen Kirchenmitgliedschaft beeinflussen lässt. Auch die Kirchensteuer hält sie für überholt, in: zeitzeichen 21. Jg., Heft 2, S. 37-39.

Merz, Joachim (2004), Einkommens-Reichtum in Deutschland, Mikroanalytische Ergebnisse der Einkommensteuerstatistik für Selbständige und abhängig Beschäftigte, in: Perspektiven der Wirtschaftspolitik: eine Zeitschrift des Vereins für Socialpolitik: PWP, 5. Jg., Heft 2, S. 105–126.

Merz, Joachim und Markus Zwick (2005), Hohe Einkommen: Eine Verteilungsanalyse für Freie Berufe, Unternehmer und abhängig Beschäftigte mit Mikrodaten der Einkommensteuerstatistik, in: Schmollers Jahrbuch: journal of contextual economics, 125. Jg., Heft 2, S. 269–298.

MrWissen2Go (2019), Gottloses Deutschland? Warum die Kirchen ein Problem haben, https://www.youtube.com/watch?v=rK-sIAjvwpU (Zugriff 6.11.2020).

Norris, Pippa und Ronald Inglehart (2007), Sacred and secular, Religion and politics worldwide, Cambridge.

Peri-Rotem, Nitzan (2016), Religion and Fertility in Western Europe: Trends Across Cohorts in Britain, France and the Netherlands, in: European journal of population = Revue europeenne de demographie, 32. Jg., S. 231–265.

Peters, Fabian (2017), Der Ruf nach Steuersenkungen und seine Folgen, Aufkommens- und Verteilungswirkung aktueller Einkommensteuerreformvorschläge, in: Sozialer Fortschritt, 66. Jg., S. 415–432.

Peters, Fabian und David Gutmann (2019), Endlich Entlastung für Familien!? Der Einfluss einer Anhebung des Kinderfreibetrags auf die Kirchensteuer, in: Kirche & Recht, 25. Jg., Heft 1, S. 66–80.

Peters, Fabian und David Gutmann (2020), Kirchensteuerentwicklung der beiden großen Kirchen in Deutschland. Eine Projektion bis 2060, in: Zeitschrift für öffentliche und gemeinwirtschaftliche Unternehmen, 43. Jg., Heft 1, S. 65–84.

Peters, Fabian, David Gutmann, André Kendel, Tobias Faix und Ulrich Riegel (2019), Mitgliederorientierung als Zukunftsaufgabe von Kirche, in: Kirche – ja bitte! Innovative Modelle und strategische Perspektiven von gelungener Mitgliederorientierung, hrsg. von David Gutmann, Fabian Peters, André Kendel, Tobias Faix und Ulrich Riegel, Neukirchen-Vluyn, S. 14–28.

Peters, Fabian, Wolfgang Ilg und David Gutmann (2019), Demografischer Wandel und nachlassende Kirchenzugehörigkeit: Ergebnisse aus der Mitgliederprojektion der evangelischen und katholischen Kirche in Deutschland und ihre Folgen für die Religionspädagogik, in: Zeitschrift für Pädagogik und Theologie, 71. Jg., Heft 2, S. 196–207.

Petersen, Jens (2004), Die Anknüpfung der Kirchensteuer an die Einkommensteuer durch § 51a EStG, in: Bochumer Kirchensteuertag, Grundlagen, Gestaltung und Zukunft der Kirchensteuer, Band 1, Bochumer Schriften zum Steuerrecht, hrsg. von R. Seer und B. Kämper, Frankfurt am Main, S. 101–163.

Petersen, Jens (2017), Kirchensteuer kompakt: Strukturierte Darstellung mit Berechnungsbeispielen, 3. Aufl., Wiesbaden.

Pollack, Detlef und Gergely Rosta (2015), Religion in der Moderne, Ein internationaler Vergleich, Frankfurt am Main.

Pötzsch, Olga (2016), (Un-)Sicherheiten der Bevölkerungsvorausberechnungen, Rückblick auf die koordinierten Bevölkerungsvorausberechnungen für Deutschland zwischen 1998 und 2015, in: WISTA – Wirtschaft und Statistik, Heft 4, S. 36–53.

Raffelhüschen, Bernd, Dirk Mevis, Pascal Krimmer und Stefan Fetzer (2006), Langfristige Prognose des Kirchensteueraufkommens für die katholische Kirche in Deutschland, Gutachten im Auftrag des Verbands der Diözesen Deutschlands (VDD), Freiburg.

Raffelhüschen, Bernd, Fabian Peters und David Gutmann (2020), Die Kirchen und ihre Mitglieder. Eine nicht ganz so einfache Beziehung, in: Kirche – ja bitte!, Innovative Modelle und strategische Perspektiven von gelungener Mitgliederorientierung, hrsg. von David Gutmann, Fabian Peters, André Kendel, Tobias Faix und Ulrich Riegel, 2. Aufl., Neukirchen-Vluyn, S. 196–206.

Rees, Philip H. und Alan G. Wilson (1977), Spatial population analysis, London.

Riesbeck, Peter (2019), Kirche wird gebraucht, in: Passauer Neue Presse vom 03.05.2020, Passau.

Riegel, Ulrich, David Gutmann, Fabian Peters und Tobias Faix (2019), Does Church Tax Matter? The Influence of Church Tax on Leaving the Church, in: International Journal of Practical Theology, 23. Jg., Heft 2, S. 168–187.

Riegel, Ulrich, Thomas Kröck und Tobias Faix (2018), Warum Menschen die katholische Kirche verlassen, Eine explorative Untersuchung zu Austrittsmotiven im Mixed-Methods-Design, in: Kirchenaustritt oder nicht – wie Kirche sich verändern muss, hrsg. von Markus Etscheid-Stams, Regina Laudage-Kleeberg und Thomas Rünker, Freiburg, S. 125–207.

Riesebrodt, Martin (2000), Die Rückkehr der Religionen, Fundamentalismus und der „Kampf der Kulturen", München.

Rogers, Andrei (1967), Matrix analysis of interregional population growth and distribution, in: European congress // Regional Science Association, 18. Jg., S. 177–196.

Rogers, Andrei (1975), Introduction to multiregional mathematical demography, New York.

Rünker, Thomas (2020), „Willkommenskultur" und berührende Gottesdienste – Mitgliederorientierung im Bistum Essen, in: Kirche – ja bitte!, Innovative Modelle und strategische Perspektiven von gelungener Mitgliederorientierung, hrsg. von David Gutmann, Fabian Peters, André Kendel, Tobias Faix und Ulrich Riegel, 2. Aufl., Neukirchen-Vluyn, S. 88–99.

Sachverständigenrat zur Begutachtung der Gesamtwirtschaftlichen Entwicklung und Statistisches Bundesamt (2017), Für eine zukunftsorientierte Wirtschaftspolitik, Jahresgutachten 17/18, Wiesbaden.

Schmidt, Thomas (2020), Das Mitgliedschaftsparadox, in: Kirche – ja bitte!, Innovative Modelle und strategische Perspektiven von gelungener Mitgliederorientierung, hrsg. von David Gutmann, Fabian Peters, André Kendel, Tobias Faix und Ulrich Riegel, 2. Aufl., Neukirchen-Vluyn, S. 171–182.

Sekretariat der Deutschen Bischofskonferenz (2019a), Katholische Kirche in Deutschland, Zahlen und Fakten 2018/19, Bonn.

Sekretariat der Deutschen Bischofskonferenz (2019b), Kirchliches Handbuch, Statistisches Jahrbuch der Bistümer im Bereich der Deutschen Bischofskonferenz, Bonn.

Sekretariat der Deutschen Bischofskonferenz (2019c), Pressemeldung der DBK Nr. 069 vom 02.05.2019: Langfristige Projektion der Kirchenmitglieder und des Kirchensteueraufkommens in Deutschland, Bonn.

Spielberg, Bernhard (2012), Gott dienen mit dem Mammon, in: Gemeinde unter Druck – Suchbewegungen im weltkirchlichen Vergleich: Deutschland und die USA, hrsg. von Andreas Henkelmann und Matthias Sellmann, S. 249–292.

Statistische Ämter des Bundes und der Länder (2014a), Zensus 2011, Ergebnisse kartografisch und visuell, https://ergebnisse.zensus2011.de/#MapContent:00,D1 (Zugriff 22.10.2020).

Statistische Ämter des Bundes und der Länder (2014b), Steuern regional, Ergebnisse der Steuerstatistiken, Ausgabe 2014, Wiesbaden.

Statistische Ämter des Bundes und der Länder (2016), Zensus 2011: Vielfältiges Deutschland, Endgültige Ergebnisse, Düsseldorf.

Statistische Ämter des Bundes und der Länder (2017), Steuern regional, Ergebnisse der Steuerstatistiken – Aktualisierung ausgewählter Karten, Ausgabe 2017, Wiesbaden.

Statistische Ämter des Bundes und der Länder (2020a), Arbeitnehmerentgelt, Bruttolöhne und -gehälter in den Ländern der Bundesrepublik Deutschlands 1991 bis 2019, Reihe 1, Ländererergebnisse Band 2, Ergebnisse der Revision 2019, Frankfurt am Main.

Statistische Ämter des Bundes und der Länder (2020b), Revision der Volkswirtschaftlichen Gesamtrechnungen 2019, Information des Arbeitskreises „Volkswirtschaftliche Gesamtrechnungen der Länder“, https://www.statistikportal.de/sites/default/files/2020-07/InfoRev2019_M%C3%A4rz2020.pdf (Zugriff 26.10.2020).

Statistisches Bundesamt (2015), Bevölkerung Deutschlands bis 2060, 13. koordinierte Bevölkerungsvorausberechnung, Wiesbaden.

Statistisches Bundesamt (2016a), Methodenbeschreibung zur Sonderauswertung für die evangelische und die katholische Kirche. Lohn- und Einkommensteuerstatistik 2001, 2004 und 2007, Wiesbaden.

Statistisches Bundesamt (2016b), Qualitätsbericht Lohn- und Einkommensteuerstatistik, Wiesbaden.

Statistisches Bundesamt (2017a), Bevölkerungsentwicklung bis 2060, Ergebnisse der 13. koordinierten Bevölkerungsvorausberechnung, Aktualisierte Rechnung auf Basis 2015, Wiesbaden.

Statistisches Bundesamt (2017b), Statistisches Jahrbuch Deutschland 2017, Wiesbaden.

Statistisches Bundesamt (2018a), Methodenbeschreibung zur Sonderauswertung für die evangelische und die katholische Kirche, Lohn- und Einkommensteuerstatistik 2014, Wiesbaden.

Statistisches Bundesamt (2018b), Sonderauswertung Kirchensteuer der Lohn- und Einkommensteuerstatistik für das Veranlagungsjahr 2014, Sonderauswertung für die evangelische und die katholische Kirche, Wiesbaden.

Statistisches Bundesamt (2018c), Wanderungen nach Religionszugehörigkeit, Sonderauswertung für die katholische und evangelische Kirche, Wiesbaden.

Statistisches Bundesamt (2019a), Bevölkerung im Wandel, Annahmen und Ergebnisse der 14. koordinierten Bevölkerungsvorausberechnung, Wiesbaden.

Statistisches Bundesamt (2019b), Bevölkerung und Erwerbstätigkeit 2016, Bevölkerungsfortschreibung auf Grundlage des Zensus 2011, Fachserie 1, Reihe 1.3, Wiesbaden.

Statistisches Bundesamt (2020a), Bevölkerung, Erwerbstätige, Erwerbslose, Erwerbspersonen, Nichterwerbspersonen [jeweils im Alter von 15 bis unter 65 Jahren]: Deutschland, Jahre, Geschlecht, Mikrozensus, Wiesbaden.

Statistisches Bundesamt (2020b), Preisindizes für die Bauwirtschaft, Fachserie 17, Reihe 4, Wiesbaden.

Statistisches Bundesamt (2020c), Pressemitteilung Nr. 282 vom 29.07.2020: „Geburtenziffer 2019 auf 1,54 Kinder je Frau gesunken“, https://www.destatis.de/DE/Presse/Pressemitteilungen/2020/07/PD20_282_122.html (Zugriff 27.10.2020).

Statistisches Bundesamt (2020d), Pressemitteilung Nr. 377 vom 29.09.2020: „Lebenserwartung für neugeborene Mädchen 83,4 Jahre, für Jungen 78,6 Jahre“, https://www.destatis.de/DE/Presse/Pressemitteilungen/2020/09/PD20_377_12621.html (Zugriff 27.10.2020).

Statistisches Bundesamt (2020e), Sonderauswertung Kirchensteuer der Lohn- und Einkommensteuerstatistik für das Veranlagungsjahr 2016, Sonderauswertung für die evangelische und die katholische Kirche, Wiesbaden.

Statistisches Bundesamt (2020f), Verbraucherpreisindex für Deutschland, 1991–2019, Wiesbaden.

Swiatkowski, Sebastian (2020), Draußen. Hier. Die mobile Kirchenbank, in: Kirche – ja bitte! Innovative Modelle und strategische Perspektiven von gelungener Mitgliederorientierung, hrsg. von David Gutmann, Fabian Peters, André Kendel, Tobias Faix und Ulrich Riegel, 2. Aufl., Neukirchen-Vluyn, S. 51–65.

Trzebiatowska, Marta und Bruce Steve (2012), Why are Women more Religious than Men? Oxford University Press.

Verband der Diözesen Deutschlands (2020a), Katholiken, (Wieder-)Aufnahmen, Kasualien, Kirchenaustritte von 2012 bis 2019, Freiburg.

Verband der Diözesen Deutschlands (2020b), Statistik der Kirchenlohnsteuer, Kircheneinkommensteuer und Abgeltungsteuer, Bonn.

Voas, David und Alasdair Crockett (2005), Religion in Britain: Neither Believing nor Belonging, in: Sociology, 39. Jg., Heft 1, S. 11–28.

Voas, David und Stefanie Doebler (2011), Secularization in Europe: Religious Change between and within Birth Cohorts, in: Religion and Society in Central and Eastern Europe, 4. Jg., Heft 1, S. 39–62.

Vormweg, Frank (2020), Markenentwicklung im Bistum Münster im Kontext von Mitgliederorientierung und Glaubwürdigkeits- und Vertrauensverlust, in: Kirche – ja bitte! Innovative Modelle und strategische Perspektiven von gelungener Mitgliederorientierung, hrsg. von David Gutmann, Fabian Peters, André Kendel, Tobias Faix und Ulrich Riegel, 2. Aufl., Neukirchen-Vluyn, S. 133–142.

Wagner-Rau, Ulrike und Emilia Handke (2019), Provozierte Kasualpraxis, Rituale in Bewegung, Stuttgart.

Welt (2020a), EKD-Ratschef Bedford-Strohm, „Wenn ich frage, ob wir Flüchtlinge ertrinken lassen sollen, kommt meistens ein Nein“, https://www.welt.de/politik/deutschland/plus212710995/Seenotrettung-Wenn-ich-frage-ob-wir-Fluechtlinge-ertrinken-lassen-sollen-kommt-meistens-ein-Nein.html (Zugriff 09.11.2020).

Welt (2020b), Hamburg, Nordkirche, Landesbischöfin stellt Kirchen-Finanzierung über Steuer infrage, https://www.welt.de/regionales/hamburg/article216646302/Kirchen-Bischoefin-stellt-Kirchensteuer-infrage.html (Zugriff 09.11.2020).

Whelpton, Pascal Kidder (1928), Population of the United States, 1925 to 1975, in: American Journal of Sociology, 34. Jg., Heft 2, S. 253–270.

WDR (2019), Bistum Münster muss Millionen sparen, https://www1.wdr.de/nachrichten/westfalen-lippe/bistum-muenster-sparen-100.html (Zugriff 09.11.2020).

Wikipedia (2020a), Mitgliederentwicklung in den Religionsgemeinschaften, https://de.wikipedia.org/wiki/Mitgliederentwicklung_in_den_Religionsgemeinschaften (Zugriff 06.11.2020).

Wikipedia (2020b), Römisch-katholische Kirche in Deutschland, https://de.wikipedia.org/wiki/Römisch-katholische_Kirche_in_Deutschland (Zugriff 06.11.2020).

Wießner, Helmut (2020), Bericht zum Ressourcensteuerungsgesetz vor der Landessynode der Evangelischen Landeskirche in Baden, https://www.ekiba.de/html/media/dl.html?i=299735 (Zugriff 10.11.2020).

Witte, Stefanie (2019), Zahl der Kirchenmitglieder bis 2060 halbiert: Keine Panik!, in: Neue Osnabrücker Zeitung vom 03.05.2019, S. 5.

Worbs, Frank (2020), Das Modell „Lebenslang Mitglied bleiben“: Grundlagen, Voraussetzungen und Maßnahmen für die Beziehungspflege mit distanzierten Mitgliedern in der Kirche, in: Kirche – ja bitte!, Innovative Modelle und strategische Perspektiven von gelungener Mitgliederorientierung, hrsg. von David Gutmann, Fabian Peters, André Kendel, Tobias Faix und Ulrich Riegel, 2. Aufl., Neukirchen-Vluyn, S. 108–121.

Bildnachweis

S. 4 David Gutmann, © Lisa Farkas
S. 4 Fabian Peters, © EKD
S. 139 Kristina Kühnbaum-Schmidt, © Marcelo Hernandez, Nordkirche
S. 148 Ulrike Trautwein, © Sybille Fendt, Ostkreuz
S. 159 Martin Wollinsky, © ekiba Hornung
S. 170 Klaus Pfeffer, © Nicole Cronauge, Bistum Essen
S. 191 Volker Jung, © EKHN Norbert Neetz
S. 199 Jan Zaehringer, © privat
S. 204 Michael Gerberg, © Julia Steinbrecht
S. 215 Stefan Foerner, © Erzbistum Berlin
S. 222 Beate Hofmann, © medio.tv Christian Schauderna
S. 225 Rainer Maria Woelki, © Erzbistum Köln, Reiner Diart